はじめに

この度は『これまでになかったラグビー戦術の教科書』を手にとっていただき誠にありがとうございます。

僕がラグビーの戦術に興味を抱いたのは、ある人物との出会いがきっかけでした。

その方は、現在慶応義塾高等学校でスポットでコーチングをされている谷田信太郎さんです。

2008年、ニュージーランドでコーチング留学されていた谷田さんが帰国した時に縁あって出会い、その際ラグビーの構造から、今では当たり前となっている戦術の「ポッド」、さらにはスキルに至るまですべてを教えていただき、大きな衝撃を受けました。

こうしたラグビーの構造や戦術を少しでも伝えたいとの思いから、Twitterやブログといった SNS やセミナーを通じて発信してきました。

本来ラグビーの戦術は、構造から説明すればどなたにでも理解してもらえるにも関わらず、コーチや経験者でないと分からないと思われているところがあり、一度きちんと理論を体系化したいという想いがありました。

また2019年ワールドカップで日本代表が大躍進した理由として、ハードワークはもちろんのこと、世界一といっても過言ではない「戦術を使った駆け引き」がありました。

国内には、こうした「戦術を使った駆け引き」の存在が明らかにされておらず、ラグビーの情緒的価値のみに焦点が当たることがしばしば見受けられます。

決してそれらを否定しようとは思いませんし、僕自身その価値に誇りを感じていますが、ラグビーの持つ面白さはそれだけではありません。

ラグビーの構造や戦術、日本代表の戦略や戦術を私の解釈を通して伝えることで、ラグビーの戦術的な文化を築くきっかけの一つとなれば幸いです。

今回、執筆にあたり出版社カンゼンの滝川昂様には多大なるご協力をいただきました。この場をお借りして厚く御礼申し上げます。

2020年3月　井上正幸

目次

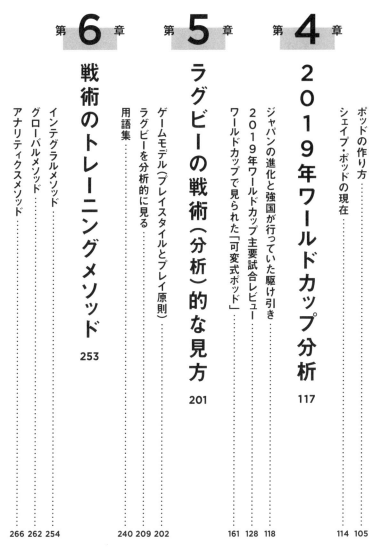

Profile

井上正幸(いのうえ・まさゆき)

オーストラリアラグビーコーチング資格レベル2保持。大東市立住道中学校でラグビーを始め、大阪府立大東高校を経て大阪体育大学に入学しラグビー部に在籍。大学卒業後、整形外科のインプラントを販売する会社「オルソテック(株)」に勤務する傍ら、1998年、関西ラグビー協会に所属する「くすのきクラブ」を創設し、2020年近畿クラブリーグのカテゴリーAに昇格する。また、2008年から兵庫医科大学でコーチを始め、09年西日本医科学生総合大会4位、11年関西医歯薬学生ラグビーフットボールリーグ2位、12年同大会3位、13年同大会2位の成績を収める。14年に京都成章高校スポットコーチとして、全国高校ラグビー大会4位、15年同大会8位、16年大阪体育大学スポットコーチとして、関西大学ラグビーBリーグ優勝、17年ヘッドコーチとして同リーグで優勝。入れ替え戦にも勝利してAリーグへ昇格させた(2019年に退任)。著書に『ラグビー3カ月でうまくなる基本スキル』(学研)がある。

図版の見方

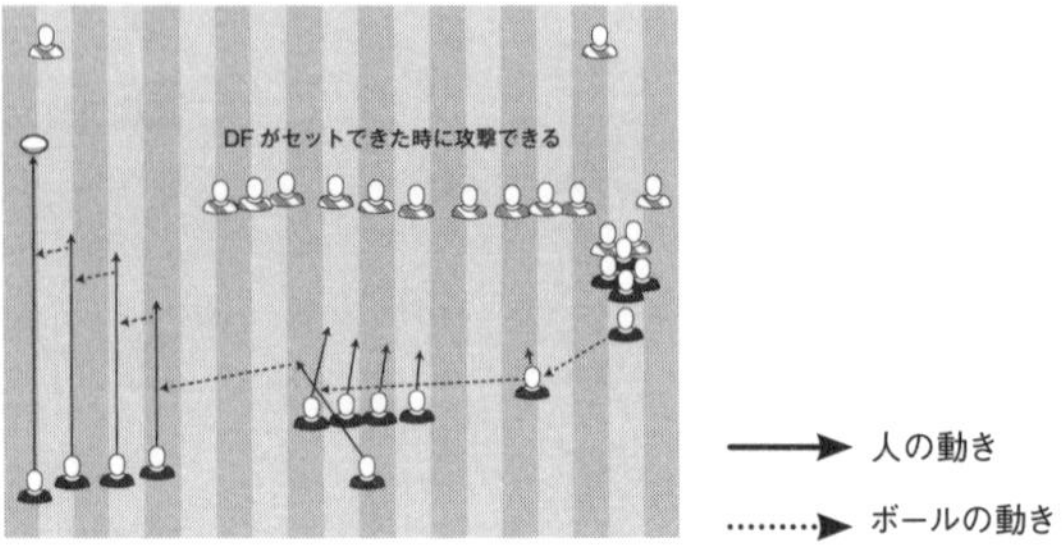

<参考書籍>

- 『ラグビーとイギリス人』エリク・ダニング/ケネス・シャド共著大西鉄之祐/大沼賢治共訳(ベースボールマガジン社)
- 『オフサイドはなぜ反則か』中村敏雄著(平凡社)
- 『メンバーチェンジの思想』中村敏雄著(平凡社)
- 『500年前のラグビーから学ぶ』杉谷健一郎著(文芸社)
- 『エディー・ジョーンズ　異端の指揮官』マイク・コールマン著　高橋紹子訳(東洋館出版社)
- 『プレー経験ゼロでもできる実践的ゲームモデルの作り方』脇真一郎著(ソル・メディア)
- 『サッカーの新しい教科書』坪井健太郎著　小澤一郎構成(カンゼン)
- 『誰にでもわかるサッカー説明書　戦術編・上下巻』森亮太／坪井健太郎共著
- 『スペイン流　サッカーライセンス講座』ランデル・エルナンデス・シマル著　倉本和昌訳(ベースボールマガジン社)
- 『サッカー年代別トレーニングの教科書』中野吉之伴著(カンゼン)
- 『戦術的ピリオダイゼーション入門』ティモ・ヤンコフスキ著　フットボールウィークリー編集部訳　東邦出版
- 『バルセロナフィジカルトレーニングメソッド』ラファエル・ポル著　坪井健太郎訳　小澤一郎監修(カンゼン)

<参考Webサイト>

- 日本経済新聞　「多彩な攻撃に正確なパス　データで見るラグビー日本」谷口誠
  https://www.nikkei.com/article/DGXMZO52151410U9A111C1000000/
- NISHIKAWA RUGBY COLUMN
  http://nishikawarugbycolumn.web.fc2.com/
- フットボールのルールを巡る社会/文化的考察 永田洋光
  https://edo.repo.nii.ac.jp/?action=repository_action_common_download&item_id=334&item_no=1&attribute_id=18&file_no=1

第1章

ラグビーの戦術とはなにか？

戦術とラグビーというスポーツの関係

戦術とは「競技のルールから導き出される強い行動を基準として、自分たちの優位性を生かせる約束事をチーム内で共有する行為」だと考えています。

ラグビーのグラウンドは、縦幅約100m、横幅約70m。サッカーやアメリカンフットボール、バスケットボールと違って前にいる味方にパスができません。

そのルールの歴史的な背景には、ラグビー独特の価値観が存在します。

ルールが成文化される1845年以前のラグビーは、ラグビーとサッカーが明確に区分されておらず、村同士で民族的ゲーム（フットボール）が行われていました。

そこで行われるゲームはスポーツとはほど遠く、日常的に暴力行為が起きており、どちらかと言えばその暴力を楽しむ「祭り」のようなものでした。

ここでのルールは「慣習」によって定められ、お互いの話し合いによって成立したと言われています。

あまりの激しさに、その時代の権力者は何度も禁止令を出したほどでした。

村の祭りとして行われていた「フットボール」の舞台は、のちに学校へと移ります。

学校へと舞台が移ったフットボールは、「下級生いじめ（プリフェクト・ファギング）」の道具として使われます。その頃、イギリスでは、「狩猟」などの野蛮な遊びが横行しており、「脱野蛮化」として狩猟やフットボールを禁止する学校もありました。

その頃、「下級生いじめ」の道具として使われていた「フットボール」をイギリスのラグビー校校長のトーマス・アーノルド氏がジェントルマン教育に利用します。

アーノルドは狩猟を禁止する代わりにフットボールを認め、そして、「プリフェクト・ファギング」と呼ばれる下級生いじめをやめさせる手段として、プリフェクト（級長）に権限を与えることで、彼らによる「統制的自治」という形を取らせたのです。

アーノルドは、チームゲームの「人格統制」の効果を期待して、フットボールを推奨したと言われています。

二つの禁止行為がフットボールをサッカーとラグビーに分ける

18世紀半ばから19世紀にかけて、イギリスで産業革命が起こり、鉄道が走るようになると、色々な地域から大学に進学することになります。

そこで、地域単位の慣習で行われていたフットボールのルールを統一する必要が出てきました。

ここで焦点になったのが二つの行為です。

一つ目は「手の使用を認めるかどうか」ということ。二つ目は、「ハッキング」と呼ばれる行為でした。

この時代のフットボールは、ラックのような塊の状態がたびたび起こり、その中にあるボールを蹴りあって塊からボールを前に出し、相手のゴールを目指していました。

塊の中での肉弾戦は怪我も多く、先端に鉄片を取り付けた靴で蹴り合うため、すねを骨折する選手もいました。

そして、このすねを蹴る行為は「ハッキング」と呼ばれ、その蹴り合いに参加することが

「勇敢さ」の象徴とされていたのです。

しかし、その塊でボールを蹴り合う行為に参加せず、塊の前でボールが出てくるのを待ち、出てきたボールを蹴ってゴールを狙う「待ち伏せ行為」をする選手が出てきました。そのため、その選手を「卑怯者」として罰するルールの「オフサイド」が生まれました。

この二つの行為を容認しないグループが、1863年に「association football」を創設します。略して「soccer」と呼ばれるようになりました。

のちにラグビーでも「ハッキング」は禁じられますが、遅れること8年後の1871年に手の使用やハッキングを認めるグループによって「rugby football union」が創設されます。

サッカーは人間の最高器官である「手」の使用を禁ずることで、「不条理な状況下の自己統制」を競技に求めたのに対して、ラグビーは人間の機能に制限を設けませんでしたが、自らの意思によってフェアにプレイするといった「自由な状況下での自己統制」を競技に求めることになりました。

これらが背景にあり、二つの競技の「オフサイドルール」は、おのおの全く違ったものになっていきます。

サッカーは、「ハッキング」を禁じたことで密集が存在しなくなり、「待ち伏せ行為」の問題については、「防御側の最後尾の選手より前で待ち伏せできない」というルールを設けることで解消されました。

ラグビーは、「ハッキング」こそなくなりましたが、「男らしさ」の象徴である密集における「肉弾戦」は残りました。一方で「待ち伏せ行為」はグラウンド全般で禁止となり、その結果、「ボールより前でプレイできない」としたルールが生まれました。

定量型スポーツと連続性の高いスポーツ

ラグビーの塊の中での肉弾戦は、この競技の象徴ではありますが、観る側にとっては何がそこで行われているのかがわかりにくく面白くないものでした。

アマチュアリズムから脱退してプロフェッショナルとしてラグビーと袂を分けたのが「リーグラグビー」で、このわかりにくい密集の攻防をなくすことで、見やすいプロスポーツとして独自に発展させていきました。

アメリカにラグビーが広まった時も同様で、密集での攻防をなくし、さらには前進のために前へのパスができないのは非効率だということで「前方へのパス」を認め、独自に進化し、アメリカンフットボールという形になっていきます。

ちなみに、バスケットボールは室内でもフットボールができるようにと1891年、YMCAのネイサン・スミスというアメリカ人が考案しました。

室内でタックルするのは危険なので、身体接触を禁ずるルールとしましたが、タックルがないとボールを奪い返すことができないので、ボールをバウンドさせて前進する「ドリブル」という手段が生まれます。

以前はフットボールもそうでしたが、1点を取り合うスポーツであったため、バスケットボールのゴールは底が空いていない籠になっていたそうです。

アメリカンフットボールやリーグラグビーは密集での攻防を禁止したために、ゲームに連続性がなくなりました。

その結果、攻撃回数に制限を持たせて、一回一回の攻防を楽しむスポーツとなっていったのです。

攻撃権が「定量型」のスポーツは、決められた攻撃回数の中でどういう手を打っていくかといったような「戦略的な駆け引き」がゲームを成立させる上で重要であり、その必要性は観戦者にも理解されやすかったと考えます。

それとは逆に、サッカーやバスケットボールは、身体接触を制限したために攻防一体となった連続性の高いスポーツとなりました。

ボールを前に運ぶ手段をルールで制限したことで、不自由を作り出し、その不自由を感じさせない「巧みさ」が人々を魅了していったのです。

定量型と連続性を内包するラグビー

それらの競技に対して、ラグビーは密集での攻防を制限付きで認めて連続性を生み出し、パスやラン、キックでボールを前に進める局面と、密集での攻防戦という二つの局面を内包させるスポーツとなりました。

この二つの局面があることにより、連続性がありながらも密集が起こるたびに次の攻撃を作り出すといった特殊なゲーム構造となっていったのです。

しかも、毎回同じ形からスタートするわけではなく、「攻撃側がゲインして防御する側が間に合わない状態で攻撃を仕掛けることが可能」というように、前の局面が次の局面に影響を与える「定性的」なスポーツとして発展していきます。

アメリカンフットボールやリーグラグビーは、一つひとつの局面やその駆け引きを楽しむスポーツとして発展し、サッカーは一つの局面で完結している「シームレス」なスポーツとして発展しましたが、ラグビーは連続性がありながらも、「前進する局面」と「ボールを争奪する局面」が交互に訪れて、前の局面が次の局面に影響を与えるスポーツとなりました。

つまり、ラグビーは「局面を積み重ねる」ことが極めて重要なスポーツだと言えます。

ラグビーの戦術とはなにか？

セットプレイやモール、キックを使ったエリア戦術などラグビーには多様な要素がありますが、ここでは「パスを使った攻撃」を中心に、ラグビーの戦術について書いてみたいと思います。

攻防が組織化される以前のラグビーは身体接触が可能な球技であるため、その特性からフィジカルの優位性が勝敗に反映されるスポーツでありました。

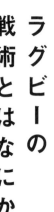

フィジカルの優位性は今でも勝敗に影響を及ぼしますが、それ以外の要因も勝敗に大きく作用するのが現代ラグビーの特徴です。

ラグビーでは、「オフサイドルール」の存在により、ボールを前にパスできない上、横幅70m×縦幅100mの空間にサッカーのように選手を配置することができず、横幅70m上に選手をポジショニングさせることになります。

これは、横幅70ｍの空間しか使えないことを意味しています。

ラグビーが「1対1の連続」と捉えられていた時代では横幅70ｍは十分なスペースであり、フィジカルの優位性は勝敗に直結していましたが、防御が組織化されると「個」の力で突破していくのは困難となります。

横か後ろにしかパスできないこのスポーツにおいて、キックを警戒して後ろに2人下がったとして13人。防御が組織化されたことで、横幅約70ｍのグラウンドを13人で守ることは、物理的に可能となってしまいました。

つまり、それでも防御を突破するためには攻撃を連続させる必要が出てきたのです。

組織化された防御を突破するために

ラグビーは前へのパスが禁止されているため、サッカーのように攻撃のフォーメーション（図1）を縦に組むことができず、攻撃を連続させるためにはブレイクダウンでボールを獲得しなければなりません。

そこで横にフォーメーションを組んで、ユニット内でブレイクダウンを作る「ポッドシステム」が考案されました（図2はポッドが三つで、図3はポッドが4つ。9番、10番、12番はポッドにボールを運ぶ意思決定者としてポッドには含まれません）。

この戦術は、前に人を配置できない「オフサイドルール」を逆手に取り、意図的にブレイクダウンを作って攻撃することが戦術の基盤となります。

ラグビーはサッカーのようにシームレス（継ぎ目がない）なスポーツではありません。ブレイクダウンという攻撃を停滞させる局面が発生し、防御側もそれによってオフサイドラインの後方にセットし直すという行動を取ります。

攻撃側はブレイクダウンが発生する前に、その位置を予測して先にポッドを作っておく（ポジショニングする）ことができますが、防御側はブレイクダウンの発生後にそこを基準にしてポジショニングをしなければなりません（図4・5）。

つまり、攻撃側はそのタイムラグを利用し、防御側がセットし直す前に攻撃を開始できるというメリットがあります（図6）。

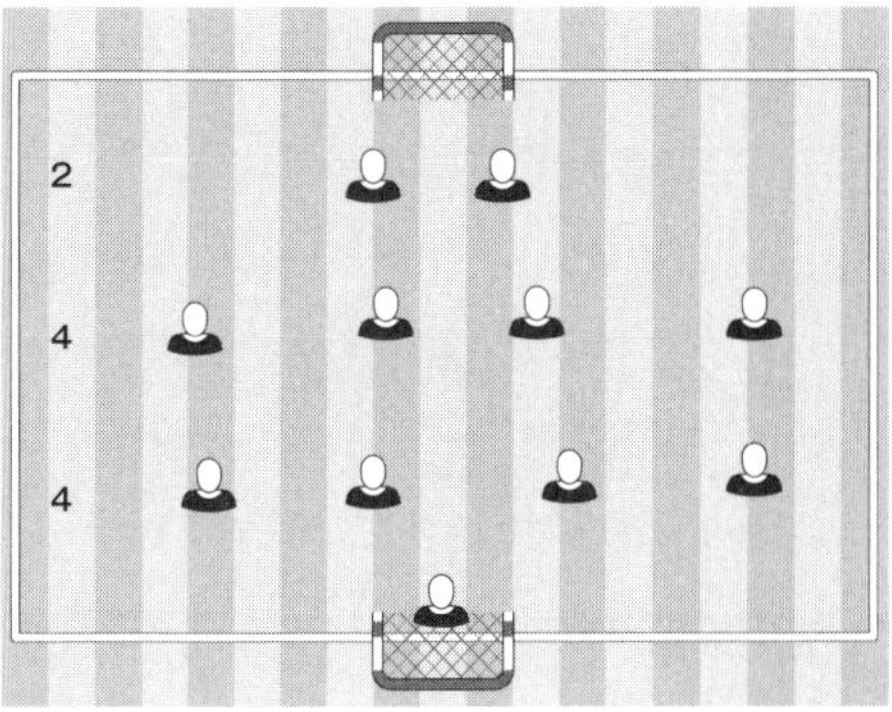

図1

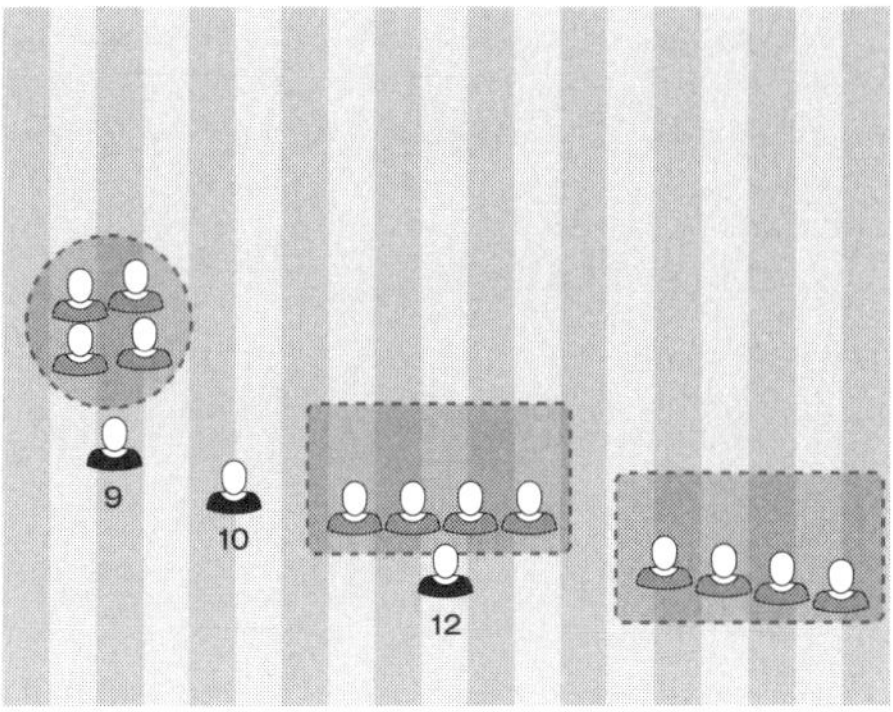

図2

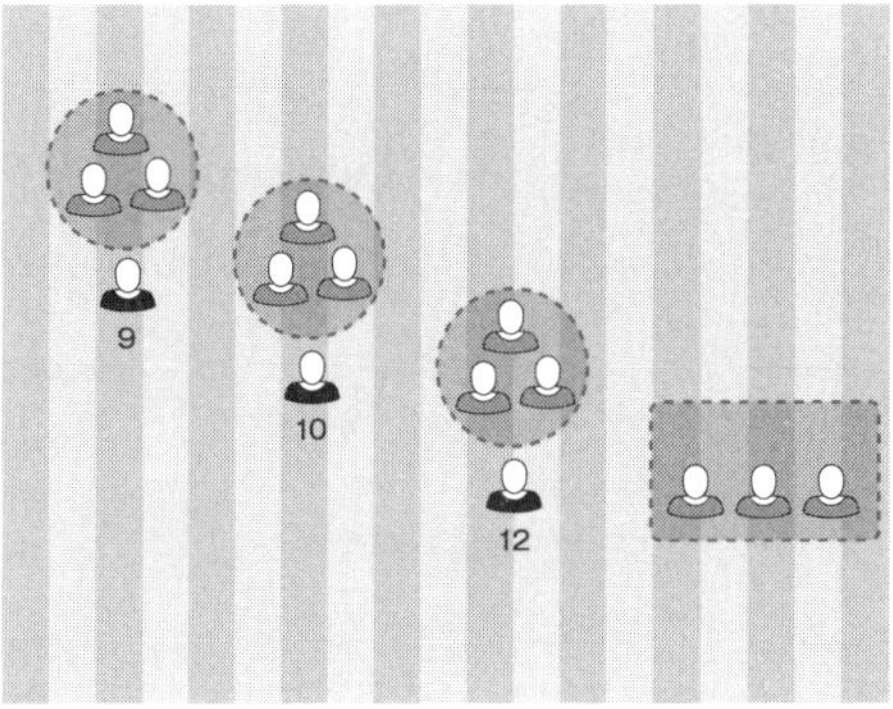

図3

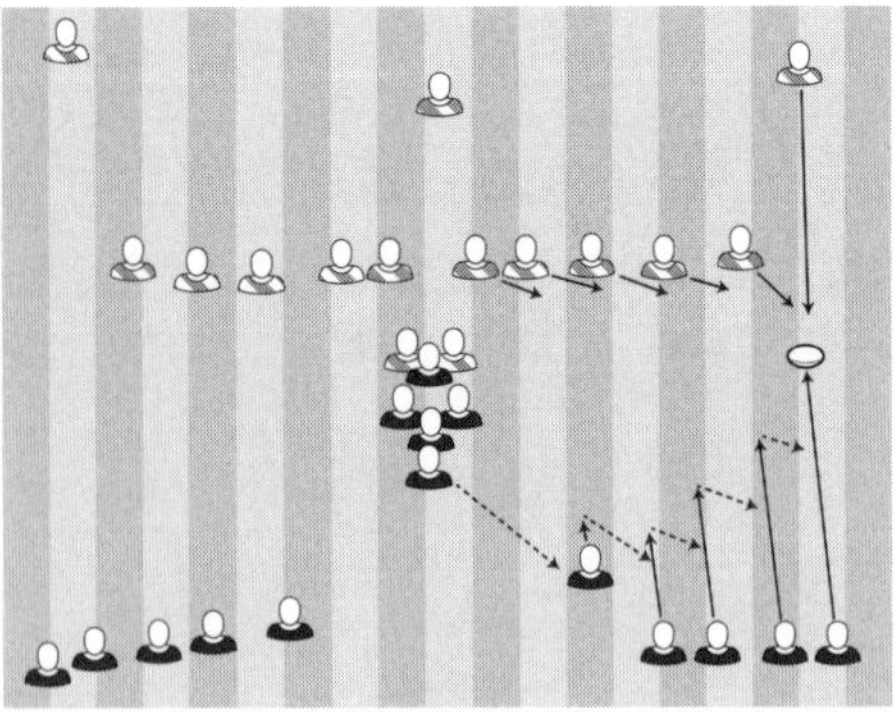

図4

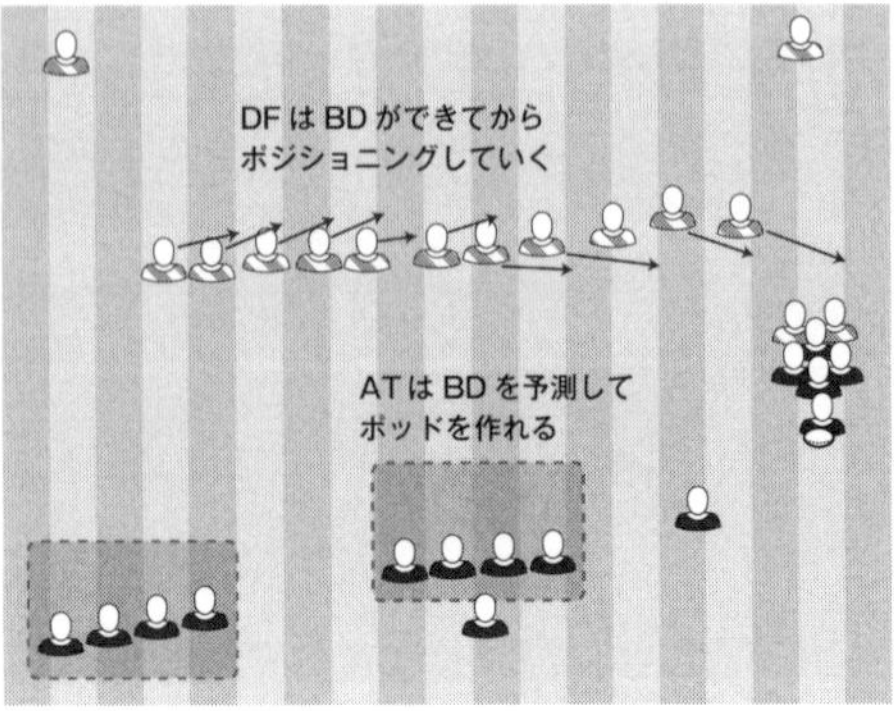
DFはBDができてから
ポジショニングしていく
ATはBDを予測して
ポッドを作れる

図5

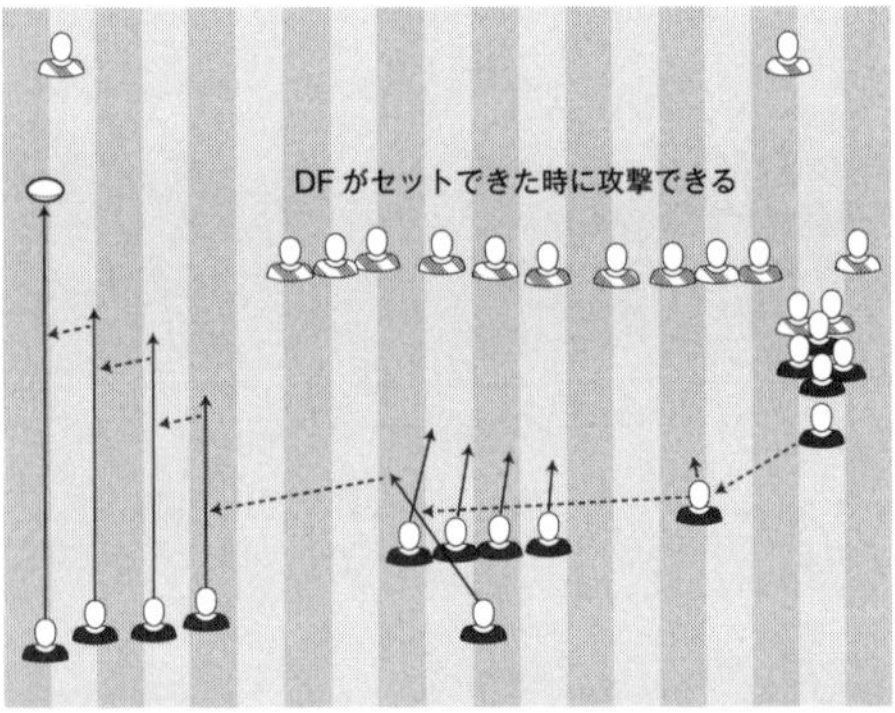
DFがセットできた時に攻撃できる

図6

ブレイクダウンという攻撃の「継ぎ目」の存在は、今まではボールを奪い返されるリスクであり、起こさないようにすることが良しとされてきましたが、皮肉にも防御の進化により、攻撃の「起点」として必須な要素となりました。

「ポッド」が生まれる前の攻撃の考え方は、フォワードは1番から5番と8番が近場の攻撃、6、7番がバックスがボールを展開した時のサポートという形で、ポジションにおける役割がありましたが、「ポッド」はポジションの役割をなくして、フォワードであってもパスをし、バックスであってもブレイクダウンに積極的に参加することが必要条件になりました。

フォワード、バックスの区別なくポッドを作り、従来はバックスが作っていた「アタックライン」にフォワードも参加し、ブレイクダウンが発生すると原則的にはタックルされた選手のポッド内の選手（フォワード、バックスの区別なく）がブレイクダウンに参加します。

ブレイクダウンを速くリサイクルできれば、あらかじめ決められた配置でポッドができているので、防御のポジショニングが遅れている場所（ポッド）へとボールを運び、攻防を有利にすることができます。

そのため、ポッド内にいる選手はブレイクダウンが発生したらすぐに参加できるように、狭くポジショニングして、ブレイクダウンのリサイクルスピードを上げることにフォーカスします。

ミスマッチを突け

ポッドは、防御のポジショニングが遅れることにより、外側にスペースが生まれる「数的優位」と「質的優位（ミスマッチ）」という二つの戦術的な優位性を作ることができます。

質的優位は「個の能力差」という意味ではありますが、ラグビーにおいてはポジションにおける「相対的な優劣」を突いて、足の遅いフォワードがポジショニングしているところに足の速いバックスを攻撃させたり、逆にバックスがポジショニングしているところをフォワードに攻撃させることで、身体的特性の能力差を利用して攻撃することです。

一般的に防御は、足の遅いフォワードの一列の選手がブレイクダウンの周囲をポジショニングして、外側に行くに従って背番号が大きくなっていきます。

これは、スペースの狭いブレイクダウンの周囲をパワーのあるフォワードの一列の選手に守らせ、スペースの広い外側を足の速いウイングに守らせるという意図です。

ポッド内はフォワードとバックスが混在してポジショニングしているので、「エッジ」と呼ばれる外側にポジショニングしている防御側のウイングに対して、攻撃側はパワーのあるフォワードをポジショニングさせることで、質的な優位を保つことができます。

ワールドカップでジャパンの姫野和樹選手、アマナキ・レレイ・マフィ選手、リーチマイケル選手、ピーター・ラブスカフニ選手といったフォワードで突破力のある選手がウイングのさらに外側でボールをもらう場面がありましたが、これはまさにポッドを利用した攻め方なのです。

また、ボールを左右に大きく動かすことで、本来ブレイクダウンの周囲を守る足の遅いフォワードの一列の選手がポジショニングに遅れてしまい、「ミッドフィールド」と呼ばれるグラウンドの中央に残ります。

そのミッドフィールドを足の速いバックスの選手が仕掛けるのも、質的な優位を利用した攻撃と言えるでしょう。

田村優選手がミッドフィールドでフォワードの裏側（バックドア）でボールを持って仕掛ける行為は質的な優位を意図したものと考えられますし、サモア戦で15番の山中亮平選手が10番の田村優選手からリターンパスを受けて、ブレイクダウンのすぐ近くを突破し、最後のトライに繋がったプレイはブレイクダウンをミッドフィールドで作ってはいますが、質的優位を利用した攻撃と言えます。

ブレイクダウンを戦術的に確保したことでラグビーが変わった

ラグビーはキックやミスを除けば、ブレイクダウンでボールを奪われない限り、攻撃権を失うことはありません。

攻撃が組織化される以前のラグビーでは、ブレイクダウンでボールを確保できる戦術的な保証がなかったため、何度も前進を試みた末にトライがあるといった「いかにゲインを重ねるか」というスポーツでありました。

速くブレイクダウンをリサイクルして防御のポジショニングを遅らせたとしても、その次の攻撃権は保証されていないので、そういう意味で攻撃は刹那的であったように思います。

しかし、ポッドが生まれ、ブレイクダウンを戦術的に確保することができるようになったおかげで、ラグビーは攻撃を「積み重ねる」スポーツへと変わりました。

1回の攻撃ではゲインできなかったとしても、速いリサイクルによって防御のポジショニングが遅れているポッドに連続してボールを運び続けることで、防御の綻びを徐々に大きくして崩していく。これが、現代ラグビーにおける攻撃の考え方になっています。

「スクラム」「ラインアウト」「キックオフ」「モール」の戦術的価値

ラグビーにはたくさんの要素が存在し、その優劣が試合の色々な局面に相互に影響しあうスポーツです。

特に「スクラム」「ラインアウト」「キックオフ」といったゲームがリスタートする局面は、戦術的にも心理的にもゲームに大きな影響を与えるものになっています。

キックオフの意図

キックオフは、「どこに蹴るか」で攻撃側の意図を知ることができます。

「ショート（手前）」に蹴る場合は、コンテストしてポゼッションを狙っていることがわかりますし、「ロング」だと敵陣深くでの攻防、もしくは相手にタッチキックを蹴らせて、ハーフウエイライン付近でのマイボールラインアウトを意図していることがわかります。

また、ロングに蹴って11番か14番にキャッチさせることができれば、高い確率で走ってくるので的を絞ることが可能です。

最近では、キックオフを蹴る側に一番足の速い11番か14番の選手をチェイスさせて、ボールをキャッチした相手選手にプレッシャーをかける方法も見られます。できるだけ敵陣でブレイクダウンを作らせて、陣地を稼ごうという意図です。

敵陣10～22ｍの間の「ミドル」の位置にキックオフボールが蹴られた場合、キャッチする側は直接タッチキックを狙えないので、敵陣での攻防を意図していることがわかります。

このケースでは、キャッチする側はパスを使ってボールを動かしたり、ノータッチのロングキックを蹴ってキックの攻防を行ったり、ハイパントでハーフウエイライン付近の攻防を意図します。

ポゼッションの獲得が狙いですが、例えボールを奪えなくてもハーフウエイライン付近での防御になるので、自陣に釘付けにされるリスク回避に繋がります。

敵陣10ｍ付近での「ショート」をキックオフで狙ってきた場合では、蹴ったボールをそのまま再獲得することを意図しています。

キックを蹴る位置も、「中央」の防御は「左右」に比べると人の配置が薄くなっているので有効です。

ただ、キックを蹴る側も中央を狙う場合、相手に奪われると両サイドどちらも攻められるリスクが生まれるので、より慎重な判断が求められます。

また、キックオフのキャッチにも様々な工夫が見られるようになってきました。確実にボールをキャッチするために、ラインアウトのように「リフト」を使い、ボールをキャッチすることもあります。

さらに、以前はフォワードの配置を片側に集めていたのですが、リフト、キャッチの技術も上がり、両側に配置するチームも増えてきました。

その場合、2人でリフトするだけでなく、1人でリフトしてキャッチするチームもあります。

両側にバランスよく配置することにより、キャッチした後に逆側にもフォワードが配置されているので攻撃しやすくなっているのです。

キックオフを蹴る側、蹴られる側のどちらにおいても、フォワードを片側に集めてしまうと数的バランスや質的バランス（バックスがいるところにフォワードが立つといったミスマッチが起こる）が崩れて不利が生じてしまうため、キックオフを蹴る側、蹴られる側どちらもフォワードを両側に配置するチームが増えてきました。

「シーケンス」を使ってフォーメーションを作る

1試合に15回前後あるスクラムやラインアウトに関しては、「決まった場所」に「決まった選手」がいるので、選手を「どこにどのように配置するか」といった攻撃の「フォーメーション」を作りやすくなっています。

そのフォーメーションを作るためには、「シーケンス」を利用します。シーケンスの作り方については第3章で詳しく説明しますが、フェイズごとにブレイクダウンに入る選手を事前に決めておき、他の選手を任意のチャンネルへ配置することで、ポッドというフォーメーションを完成させます。

また、ラインアウトでは、ショートラインアウトを使うことで、ラインアウトに参加していないフォワードの選手をあらかじめ決められた場所に配置することも可能になります。

このようにスクラムやラインアウトはフォーメーションを作るための起点にもなっており、誰がどこにいるかが明確になっている状態からフォーメーションを作れるので、「ストラクチャー」と呼ばれています。

逆に、カウンターアタックやターンオーバーなど、誰がどこにいるかが明確に定まっていない状態を「アンストラクチャー」と呼んで区別しています。

勝敗の鍵を握るセットプレイの優劣

「セットプレイ」の戦術的な価値は、その優劣で攻撃の機会（ポゼッション）が変化することにあります。

特に、スクラムにおける優位差が大きい場合は、ボールの獲得に影響を及ぼすだけではなく、反則を意図的に狙うこともできます。

これは、攻撃側であっても防御側であっても同様です。

ラインアウトは、それ単体ではボールの獲得に影響を与えるだけですが、ラインアウトからモールへ移行した場合は話が変わってきます。防御側が合法的に止める、もしくは取り返す手段を持っていなければ前進を止めることができず、反則をおかすリスクも高まります。

またラインアウトが劣勢の場合は、キックの使い方にも気を付けなければなりません。自陣10m付近のキックの攻防でロングキックを蹴って相手陣22m内に入り、それに対して相手がタッチキックを蹴ってきた場合、ラインアウトにプレッシャーをかけられ、ポゼッションを失うことも考えられるからです。

またロングキックの攻防に負けて、こちらがタッチキックを蹴らなければならなくなるとポゼッションを失い、相手のモールが強ければ前進されるリスクを負うことになります。

ロングキックやラインアウトの優劣を考えて、キックの攻防を「ロングキック」ではなく、「ハイパント」にするパターンもあります。ハイパントの場合は、20〜25mはボールを前に進めることができ、50／50の状況でボールの再獲得を狙うこともできます。

逆に、「セットプレイ」や「モール」が優位な場合、それを全面に押し出して、ゲームをコ

ントロールすることができます。

セットプレイやモールで負けることは、ポゼッションを奪われ、攻撃の起点を失うだけでなく、戦略的なゲームの進め方に大きな影響を及ぼします。

さらに、スクラムやモールで負けることは、ポゼッションや戦略的な意味合いだけでなく、フォワードの肉弾戦での敗北を意味し、心理的なダメージも大きく、チームの士気に関わってくる重要な要素でもあるのです。

エリアマネジメント

キックでゲームをコントロールする

ラグビーは縦約１００ｍのグラウンドで相手陣地のゴールライン（トライ）を目指す球技です。

ボールを前方にいる味方へパスできないといった競技特性から、「前進」が他球技に比べて困難なことはここまで説明した通りです。

すなわち、自陣で攻防を行うことはリスクをはらんでおり、グラウンドのどこで攻防を行うのかは、相手との力関係や戦術が大きく関係してきます。

例えば、防御が得意なチームの場合は、相手にボールを渡すことをいとわず、キックで前進して、できるだけ敵陣で防御を行い、相手の反則を誘うことでスコアに繋げていくこともあります。

2019年のワールドカップ準々決勝の南アフリカとジャパンの一戦、南アフリカは後半、積極的にキックを使って、ジャパンを苦しめました。

特に中盤の自陣10m付近では、9番からのハイパントを多用しており、南アフリカがハイパントを取れば敵陣10〜22mの間でジャパンが崩れた状況でポゼッションを獲得することができますし、仮にポゼッションを獲得できず、ジャパンが攻撃してきてもボールを奪い返すだけの自信が南アフリカにはありました。

もし、ジャパンが蹴り返してきた場合には、南アフリカも蹴り返して同じことを繰り返せばよいので、ジャパンは打つ手がなく、南アフリカが完全にゲームをコントロールした状態になってしまったのです。

また、相手のバックスリーに強力なランナーがいる場合、ロングキックをキャッチさせてカウンターをさせるよりも、ハイパントでポゼッションを奪いに行き、相手にキャッチされても走らせないようするという方法も戦略の一つです。

ハイパントを蹴られた側は、次の攻防に備えて必ず下がらなければならないので、相手のフィットネスを奪うことができます。

さらにゆっくり下がると、相手にキャッチされた場合に防御ラインを形成できず、次の攻防で不利になります。

戦術の多様性を示したジャパン

逆に相手の攻撃に脅威があり、ボールを渡したくない場合は、自陣からキックを使わずにパス主体で攻撃することもあります。もちろん、この戦い方にはリスクもあり、こちらの攻撃が相手の防御よりも優位であると判断できる場合に限られます。

ワールドカップ準決勝で、ニュージーランドはイングランドに対して後ろにスペースがあるにも関わらず、相手にボールを渡したくないためにキックを使わず、パスで攻撃をして、何度もボールを奪われました。

ジャパンに目を向けると、予選プールでのロシアやサモアに対してはキックを攻撃の手段として用いており、特にサモア戦に関しては、相手のカウンターの脅威とフィットネスを奪うために「ハイパント」を多用していました。

しかし、アイルランドとスコットランドに対しては、相手にボールを渡さずに攻撃し続けるため、キックを極力使わずにパス主体で攻撃するラグビーで戦い、勝利を収めました。

このようにジャパンは、短期間の試合で対戦相手に応じて大きく戦術を変えており、一つのチームでラグビーの多様性を表現しているように思います。

4つのゾーンでキックを使い分ける

一般的なキックの使い方のガイドラインとしては、自陣22m内は「デンジャラス・ゾーン」、自陣22mからハーフウエイラインまでを「キッキング・ゾーン」、ハーフウエイラインから敵陣22mまでを「アタッキング・ゾーン」、敵陣22m内を「フィニッシュ・ゾーン」として区別しています。

このデンジャラス・ゾーンでは、ゴール前からの脱出を目的に、「ロングキック」を使ってできるだけ陣地を稼ぎます。

デンジャラス・ゾーンではグラウンドを前方と後方の二つに区切り、より自陣側では2フェイズ以内でのキックが90%、敵陣側では4フェイズ以内でのキックが90%という数値が目安となります。

グラウンドの端でスクラムやブレイクダウンがあると、角度がないためにタッチキックを蹴りにくいので、蹴りやすい角度になるように真ん中にブレイクダウンを作り直して、タッチキックを狙います。

デンジャラス・ゾーンでも自陣側では難しいのですが、敵陣側ではキッカーはブレイクダウンの「ポケット」と呼ばれる真後ろにポジショニングしてのキックの場合、相手に的を絞らせてしまうので、パスの可能性のある45度の位置にポジショニングしてキックを蹴ります。

もしブレイクダウンで停滞してしまった場合には、キッカーへのプレッシャーをできるだけ回避するためにフォワードをキッカーの前に並ばせ、キッカーにプレッシャーが真っ直ぐに来ないようにします。

このフォワードの選手の配置を「シールド」と呼びますが、あからさまに邪魔をすると「オブストラクション」を取られてしまうので、チャージに来る選手に対してフォワードのパスがあると思わせて、キッカーへ直接プレッシャーに向かわせないようにすることも重要です。また、チャージはキッカーの蹴り足に向かって来るので、右足であれば右側から、左足であれば左側からのプレッシャーを警戒します。

そのため、キッカーの外側にフォワードのシールドがあるのが望ましいと言えます。

キッキング・ゾーンに潜むリスク

キッキング・ゾーンでは、ロングキックとハイパントを使ってテリトリーとポゼッションを狙います。

以前は、ロングキックを敵陣深くに蹴り込んで、相手にタッチキックを蹴らせたり、ボールを動かして後方でキックをカバーしているバックスリーの選手を上げてキックを蹴るスペースを作っていましたが、最近は後方を守るバックスリーの選手の守備範囲が広くなり、「ナイトリング」と呼ばれる両サイドのタッチライン際の後方を2人で守るシステムが普及してます。

後ろを3人ではなく2人でカバーするため、前の防御を12人ではなく13人で行うことができ、ラインディフェンスに厚みが生まれます。それによって、後方に下がっている選手が動かなくなり、より後方にスペースが生まれにくい状況となりました。

さらにロングキックを使った場合、キャッチ側に選択肢が多いのも敬遠されつつある理由の一つです。

その一つ目が、ロングキックの蹴り返しで、相手チームにロングキッカーがいる場合にキックの攻防が不利に働くことが考えられます。

二つ目の理由として挙げられるのが、ハイパントの蹴り返しです。カウンターでハイパントを蹴られるとハーフウエイライン付近でのキャッチの攻防になります。

キャッチできれば良いですが、キャッチされてしまうとハーフウエイライン付近で相手ボールとなり、しかもディフェンスラインを引くべき選手はチェイスで前にいるので、全力で戻らなければなりません。

ハイパントを蹴った側がキャッチした場合は、防御側がカオスになった状態で攻撃することができるのでメリットが大きいと言えます。

三つ目はパスやランでのカウンターアタックです。

最初からキックを使うと、キャッチする側はカウンターアタックの準備を速く整えられ、前進することができます。

そのため、ロングキックを蹴る場合は、最初からキックを選択するのではなく、防御を動かしてカウンターアタックの準備ができない状態にしてからでなければ、逆にリスクになってしまいます。


以上の理由により、このエリアからハイパントを使うチームが増えてきました。

キッキング・ゾーンにおける2種類のハイパント

ハイパントにも二通りあり、一つはタッチライン近くで9番から「ボックス」と呼ばれるブラインド側に蹴るキック。もう一つは「ミッドフィールド」と呼ばれるグラウンドの中央からオープン側にあげるハイパントです。

どちらにも一長一短があり、通常ハイパントは、20～25m先にキャッチを競ることができる位置へ落としますが、ボックスの場合は9番から蹴るので、ボールを後ろに下げることなく、ブレイクダウンの位置から20～25m前進することができます。

ただ、9番から蹴る場合、相手との距離が近くチャージされるリスクがあるため、一度ボールを止めて、チャージされないようにブレイクダウンの横にフォワードで「シールド」を作ったり、キックするスペースを確保するためにフォワードが縦に重なって長いブレイクダウンを作ります。

防御側もハイパントが来ることがわかるので、その間に背の高いフォワードがキックを警戒して下がったりと防御側にも準備する時間を与えます。

9番からのキックでよく見られるのが、ラインアウトからモールを組んでのハイパントです。モールは押されるリスクもあるので相手フォワードも簡単に下がることができず、効果的な手段と言えます。

オープンキックの場合は止めずに流れの中で蹴ることができるので、防御側にキックを警戒する時間を与えることはありませんが、ボールはブレイクダウンから10m近く下げることになり、ブレイクダウンから10〜15mしか前進できなくなります。

このゾーンでのキックはチームによって様々です。最初から蹴るチームもあれば、ワールドカップにおけるスコットランド戦やアイルランド戦のジャパンのように、ポゼッションにこだわってパスで攻め立てることもあります。

またハイパントを使う上で重要なスキルに、「エスコート」というものがあります。

ハイパントをキャッチする側はキャッチしてから（されてから）下がるのではなく、キックの瞬間に全力で下がることで、相手にキャッチされてもディフェンスラインを引くのが速くなり、カオスの状況を回避することができます。

また、ボールの軌道に沿って全力で下がることで、チェイサーがボールへ真っ直ぐアプローチするのを防ぎ、味方のキャッチャーがキャッチしやすい状況を作り出します。

ジャパンがワールドカップで心配されていた「ハイパントキャッチ」も、この「エスコート」の存在により、高い確率でのキャッチに繋がっていたように思います。

アタッキング・ゾーンとフィニッシュ・ゾーンのキック

アタッキング・ゾーンでは、ボールを失うことでの直接的な失点のリスクは少ないので、積極的に攻撃することができます。

このエリアではボールを動かし続け、下がっている相手のバックスリーと駆け引きして裏のスペースへキックを使ったり、ブレイクダウンの真後ろにポジショニングする9番がラインディフェンスに参加している場合には、下がっているバックラインとラインディフェンスを引くフロントラインの中間へチップキックを落とすことも考えられます。

チップキックは、ラインディフェンスの外側の選手がプレッシャーかけることばかり考えて前のめりになっている時も有効です。

また、パスで外側を攻撃して下がっている選手を引き出し、グラバーキックを蹴るのも有効な手段となってきます。

従来、このエリアはパス、ランが中心ではありましたが、ワールドカップの準々決勝でイングランドはオーストラリアに対して「5フェイズ」、フランスと対戦したウェールズは「8フェイズ」でゲインできなければハイパントを使ってカオスを作り出そうとしていました。

最後にフィニッシュ・ゾーンですが、このゾーンでは後ろのスペースがほとんどないため、ディフェンスラインが前がかりになってきます。

また、ボールを下げたくないためフォワードによる近場の攻撃が主体になり、防御自体が内側へ寄っていかざるを得ない状況が多くなるのも特徴です。

外側へのパスに対しては、外側の選手が前に出る「アンブレラディフェンス」で対応するのですが、外側のスペースは空いています。

そこで攻撃側は近場を攻撃したり、順目に攻撃することで防御を誘導して順目側や逆目側の外側にスペースを作り、キックパスを使います。


また、ボールを動かしてグラバーキックを使うことも有効です。

ちなみに、準々決勝の南アフリカ戦でのジャパンは、南アフリカがどのエリアでも外側のスペースを空けてラッシュアップしてくるのを見越して、陣地を回復させたいデンジャラス・ゾーンでは外側の選手へキックパスを使っていました。

自陣では、下がった状態の南アフリカのバックラインが、キックを警戒して上がってこられないのを見越した見事なプレイ選択だったと思います。

しかも、開始早々に使ったことで、外側のディフェンスにキックパスがあると思わせることに成功。南アフリカのディフェンスが前へ出るかどうか迷い始め、ジャパンは前半に主導権を握ることができました。


これはあくまで一例で、チームの状況によってゾーンの区切りを増やしたり、変えたりする

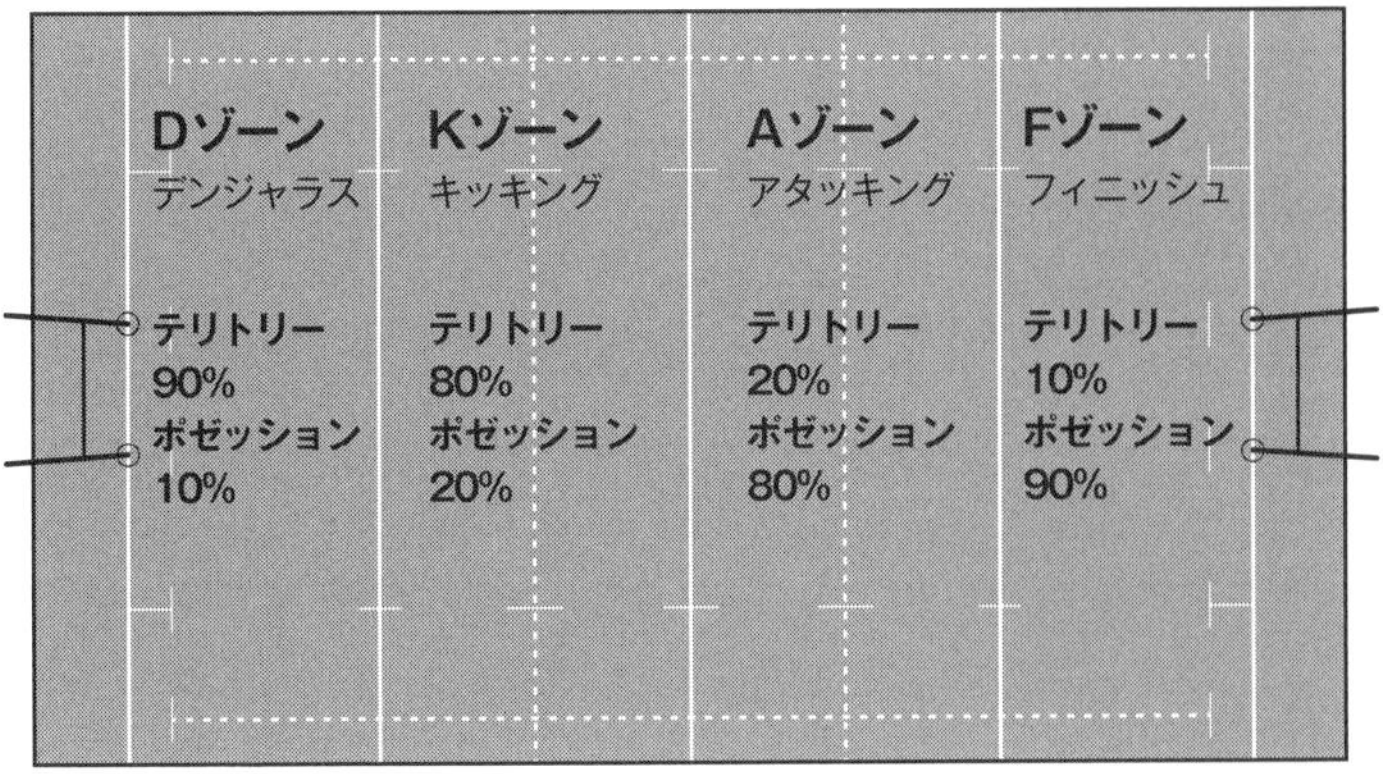

ことは可能です。

また、パス、キックのバランスも自チームの状況や対戦相手との力関係によって変えていくべきだと思います。

キックの攻防

キックを使って攻撃する場合、チェイスをかける選手とバックラインを守る選手を決めておくことで、相手にキックを蹴るスペースを与えなくてすみます。

あくまで一例でありますが、観戦する際の指標やチーム作りの参考にしていただければと思います。

キックを使う場合、ショートパントやグラバーキックといった自分で再獲得を狙いにいくキック以外は、基本的にはキッカー（仮に10番）と15番、逆サイドのウイング（仮に14番とします）でバックラインを守ります（図1）。

14番は、相手チームがカウンターアタックでボールを回してくることに備えて、キックもパスも対応できる位置にポジショニングします。

もし、相手が回してきたら14番は上がり、15番と10番が連動しながら移動して後方のスペースを埋めていきます（図2）。

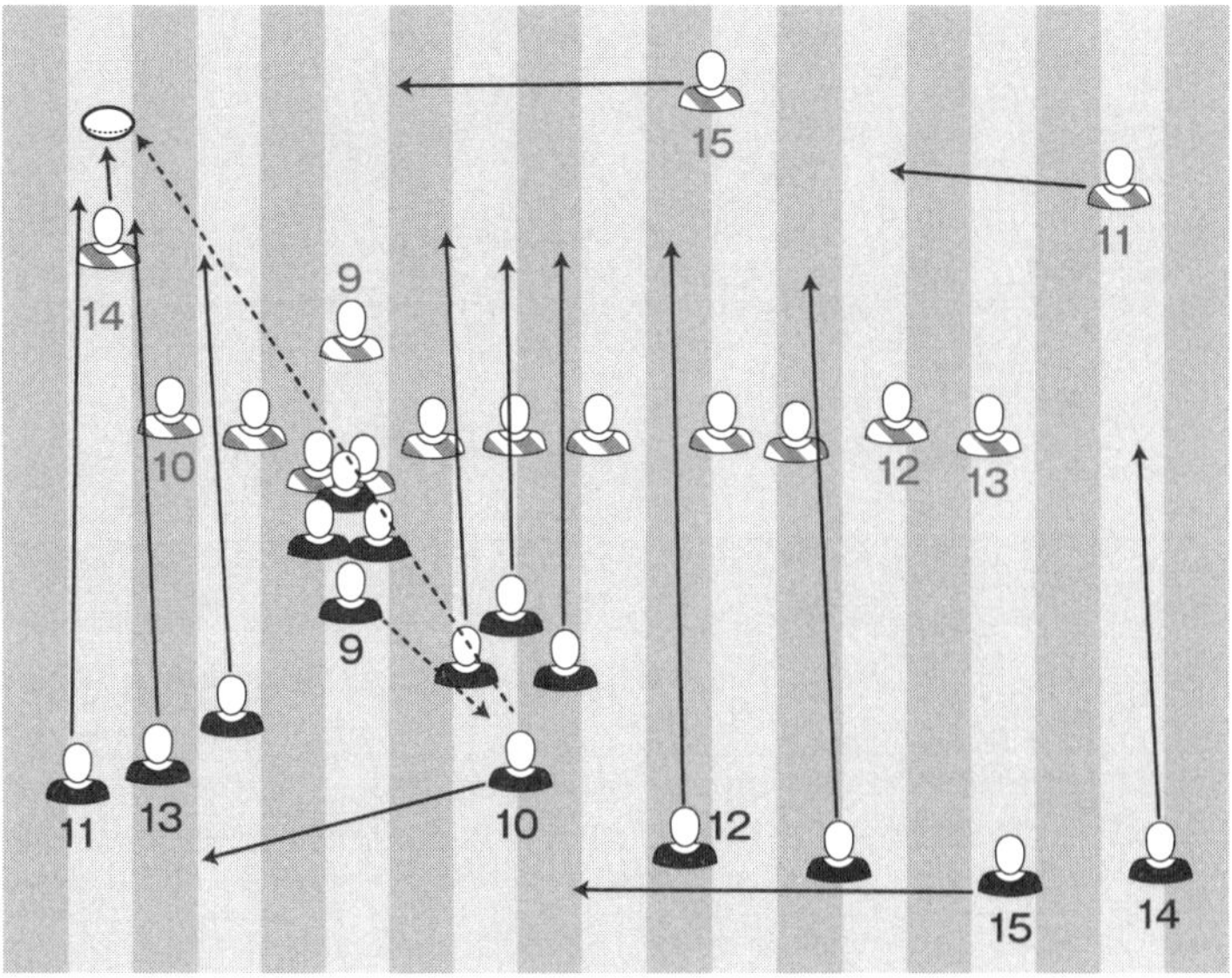
15
11
9
14
10
12
13
9
11
13
10
12
15
14

図1

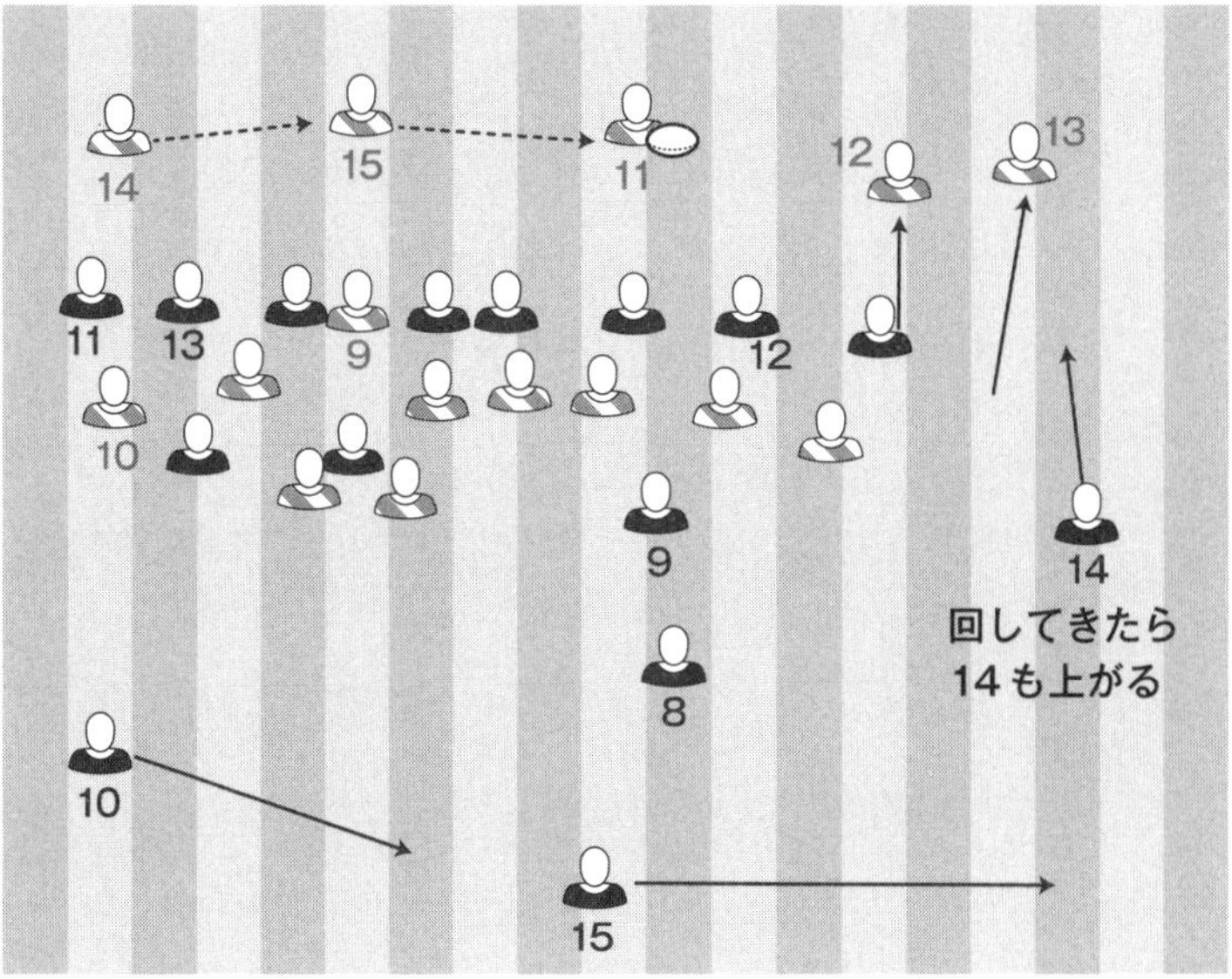
14
15
11
12
13
11
13
9
12
10
9
14
回してきたら
14も上がる
8
10
15

図2

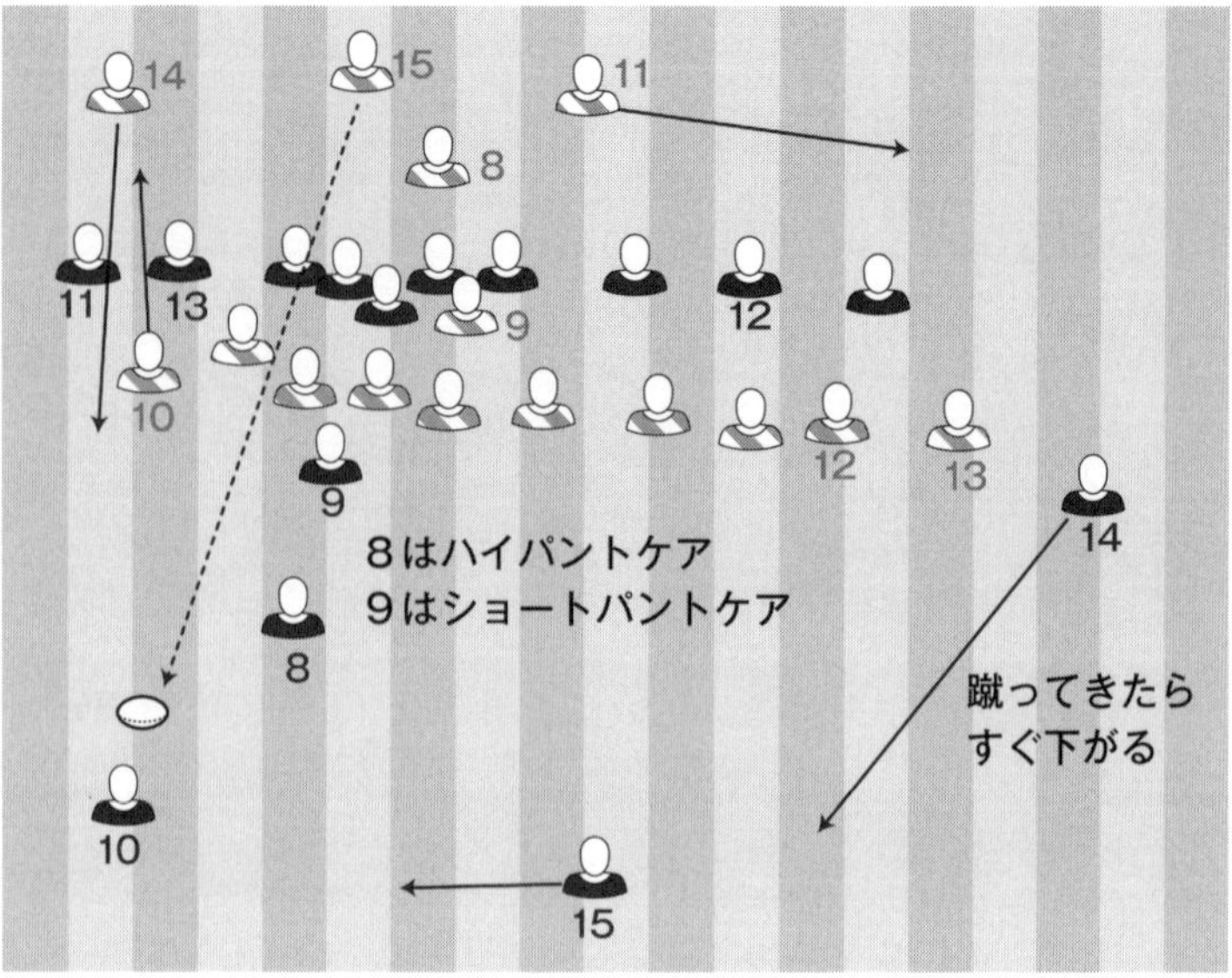

図3

相手が蹴り返してきた場合は、14番はすぐに下がり、カウンターアタックやミスに備えます（図3）。

相手の蹴り返しのキックをさらにこちらが蹴り返す場合、10番か15番のどちらかが蹴りますが、蹴らなかった選手（仮に10番とします）がチェイスに出て、替わりにチェイスしている11番を下げます（図4）。

14番もカウンターアタックやミスに備えて蹴られた時は連動して動きますが、蹴り返すと同じように、相手がボールを回してきても蹴ってきても対応できる位置にポジショニングします（図4）。

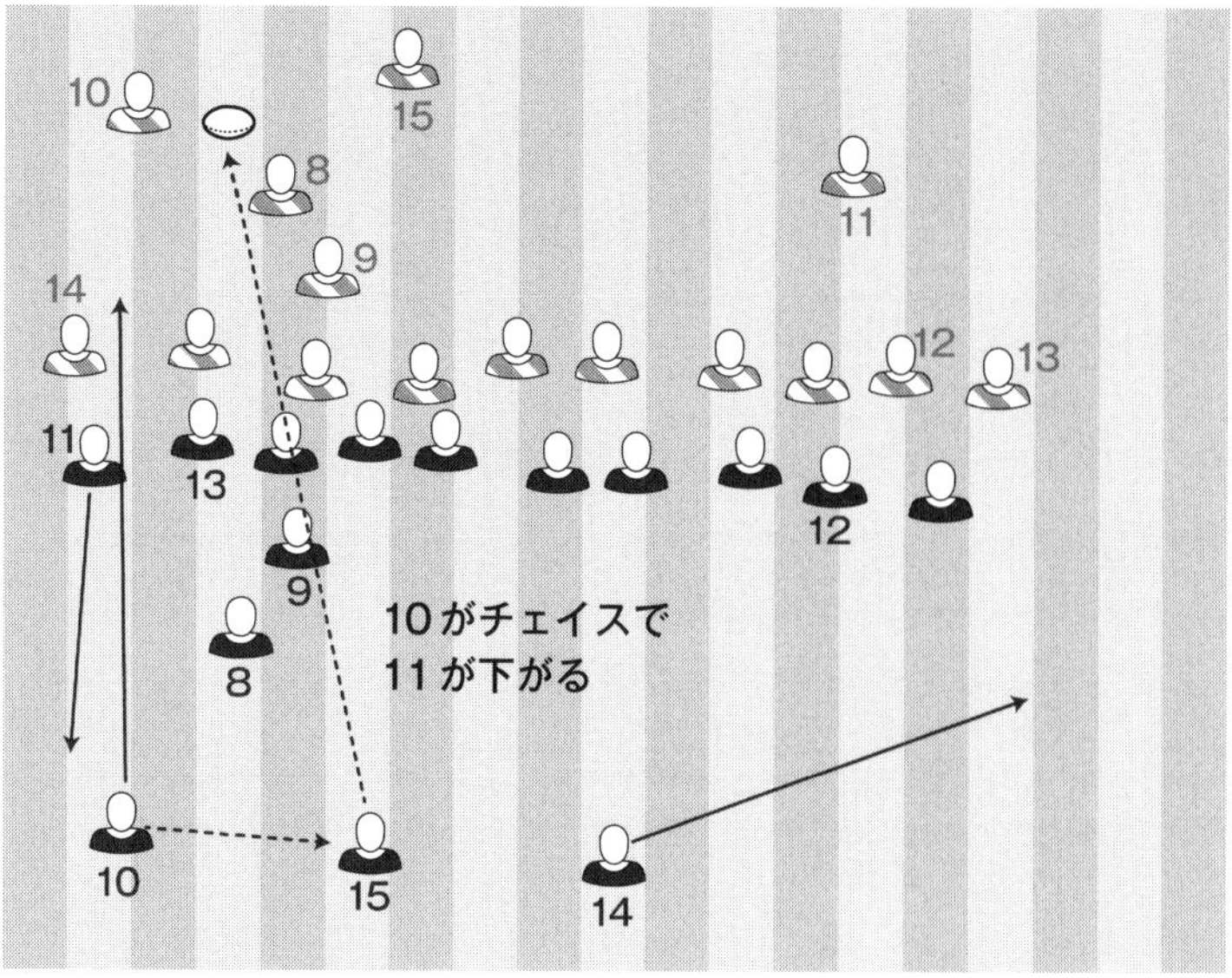

図4

キックが10番からではなく、ボールを回して12番から蹴る場合、15番はチェイスに出て12番と10番と逆サイドのウイングでバックラインを形成し、15番から蹴る場合は、15番と10番と逆サイドのウイングでバックラインを作ります。

　ハイパントも基本的には同じで、キッカーと15番と逆サイドのウイングでバックラインを形成しますが、9番からのハイパントの場合は、ボールを再獲得した場合に備えて9番もチェイスラインの少し後ろからチェイスに加わります。その場合は10番、15番、逆サイドのウイングをバックラインに下げることで対処します。

　相手のキックに対して、こちらが蹴り返す場合も同様にキッカー（縞15）が残り、1

人がチェイス（縞14）、逆サイドのウイング（縞11）はパスを回されても蹴られても良い位置にポジショニングし、10番が下がることでバックラインを3人で保ちます（図3・4）。

もし、バックラインを2人で守る場合は、10番、15番、11番、14番が交代で守ります。

原則キッカーではない選手がチェイスに出るのは同じです。

縞15番がオープン側のバックラインを守ることが多いので、縞15番がチェイスに出る場合、オープンウイング（仮に縞11番とします）と入れ替わってポジショニングし、縞10番はブラインドウイング（仮に縞14番とします）と入れ替わってポジショニングすることになります（図5・6）。

キックの攻防時は、8番がハイパントをケアして、フロントラインとバックラインの中間のミドルライン上をボールとともに左右に動き、9番はショートパントをケアするために、フロントラインのすぐ後ろをボールとともに左右に動きます（図3）。

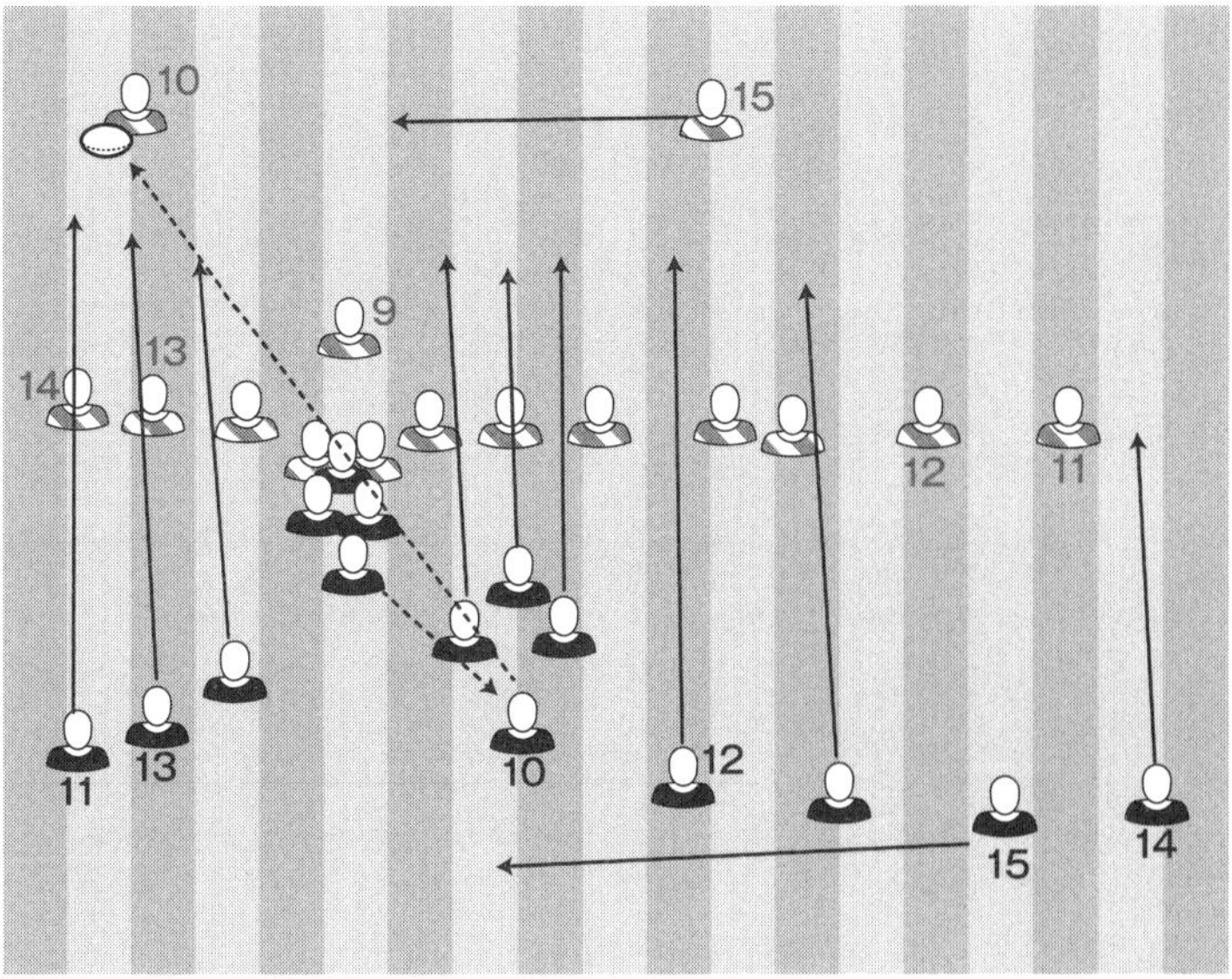
10
15
9
14
13
12
11
11
13
10
12
15
14

図5

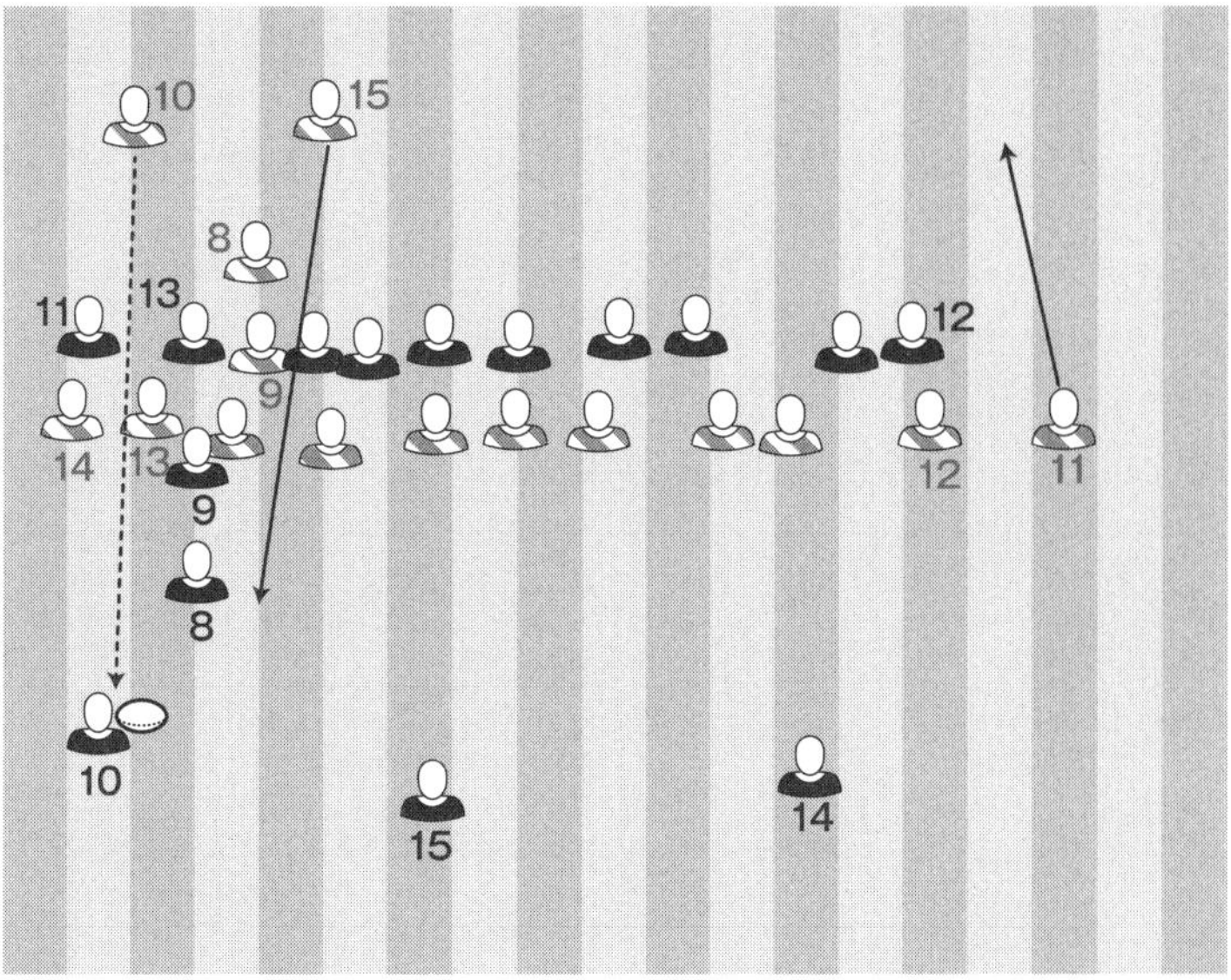
10
15
8
11
13
12
9
14
13
12
11
9
8
10
15
14

図6

カウンターアタックの基準

カウンターアタックは原則、ボールを保持する自分たちがタックルされる位置、つまりブレイクダウンができるであろう位置がハーフウエイラインを越えられるかどうかで判断します。

キャッチした位置がハーフウエイラインから遠くても相手のチェイスが遅く、カウンターアタックを仕掛けても、ハーフウエイラインを越えられると判断できれば仕掛けられますし、ハイパントなどで相手と接近しているためにキックが使えず、ハーフウエイラインを越えられないのにブレイクダウンができることもあります。

相手のキックに対して、11番、15番、14番のバックスリーは連動して動き、ボールの落下するスペースをカバーします。

そこからキックを蹴る場合は1人がチェイスしていきますが、カウンターアタックの場合はこの3人が中心になって仕掛けます。

チェイスに来ている相手防御との間合いが20m以上あれば、ボールを大きく動かして前進し、防御をストレッチ（広げる）させることができます。

もし、相手との間合いが狭かったり、味方の戻りが遅い場合は、この３人でカウンターアタックを仕掛けます。

その場合、ギャップの生まれやすいチェイスしているバックスとフォワードの選手の間（トランジション）を狙うか、フォワードがチェイスしているミッドフィールドを狙うことを考えます。

もちろん、ブラインド側にチャンスがある場合はブラインド側を狙っていきますが、ミッドフィールドでブレイクダウンができると、次の攻撃の方向が両サイドどちらでも展開可能なため、中央の優先順位が高くなります。

カウンターアタックで簡単なムーヴを使うチームもありますが、何よりブレイクダウンを安定させることが一番重要です。

そのため、カウンターアタックを仕掛けてブレイクダウンを作る場合は、バックスリーに８番を加えることが多くなります。

状況判断と意思決定の違い

意思決定とは、スペースがない状況からスペースを作り出す行為であり、未来を予測して判断を下すことを言います。

対して、状況判断とは現象に対する「最適解」を導き出すことで正解がありますが、意思決定とは判断を共有することで正解へと導いていきます。

状況判断は、自分がプレイに関わって局面を打開していきますが、意思決定は自分が実際にプレイに関わる必要がありません。

逆にプレイに関わる時間が長くなってしまうと、防御や味方の状況を確認する時間がなくなり、次の攻撃の指示を出すことが困難になります。

戦術には規則性があり、チーム内でそれを共有することで戦術が機能します。

「配置されたポッドにボールを運ぶ」という規則性はわかりやすい分、攻撃側の意思決定に関わる負担が減りますが、規則性があるがゆえに防御側も守りやすくなります。

つまり、共有すべき規則性は「ボールの運び方」ではなく、戦術を実現するための「コンセプト」や「プレイ原則」です。

意思決定者の指示のもと、味方を移動させてポッドを作り替え、相手に対して色々な優位を作り出すことが必要ですが、意思決定者がプレイに直接関与する時間が長いと、こうした意思決定に関わる時間が取れなくなります。

ジャパンはその時間を作り出すために「ピストンアタック」を使いました。

国内では、こうした「意思決定」の存在が明らかにされていないために、「状況判断」で全てが語られる傾向にあります。

もちろん、速いスピードで防御と接近して状況判断できる選手が良い選手であり、状況判断が優れているかどうかの指標は確かに必要です。

ただし、スペースがない状況では、そもそも状況判断のしようがありません。

防御が進化した現代ラグビーでは、未来へ向かう意思決定により、味方を動かして局地的に数的、質的優位（ミスマッチ）を作り出すことが重要なのです。

第2章

戦術の変遷

―― 進化する攻撃、守備

個々の戦い

国によって異なるラグビースタイル

1990年代初頭（第2回ワールドカップ後）までのラグビーはそれぞれのチームの特性や個人の優位性が戦術に反映されていました。

ラグビー宗主国のイングランドは身体が大きく足も速いのですが、気候的に雨が多かったため、身体の大きなフォワードを前面に出し、スクラムやモールで優位に立ったのちにバックスでトライを取りに行く戦術を多くとっていました。またキックを多用し、ゲームをコントロールすることにより、テリトリーの確保や局面打開のためにハイパントを用いて、ロックまたはセンターにキャッチさせるなどしてトライを取りにいきました。

イングランドの特筆する部分は、コーチングシステムを統一化したことにあります。それはドン・ラザフォードさんがイングランドラグビー協会に就任したことが大きく、『Better

Rugby』や『A Guide for Players』などの著書を作成し、イングランド全土に流布させた功績は絶大なものでした。それにより、個人によってバラバラだったコーチングを統一することが可能になりました。これは現代のコーチングシステムの礎ともなりました。

フィジーは娯楽が少なく、ラグビーが生活の一部として存在し、余暇の大部分を占めています。ラグビーは学校やクラブで教わるものではなく、遊びであるために制約が少なく、自由にプレイします。

コンタクトがないタッチフットが浸透しており、自然とボールを繋ぐことに慣れていくのです。また、手足が長いこともボールを繋ぐことに有利に働きます。

かつては「パスをしたら外側にサポートについて数的優位を作る」という考え方が一般的でしたが、フィジーではパスをしたらキャリアーの内側を走ってもう一度パスを狙うのが一般的です。

今では当たり前の考え方ですが、フィジーでは遊びの中から内側にサポートにつく方が合理的と判断したのだと思います。

そして彼らの独特のパスやサポートは「フィジアンマジック」と呼ばれることになります。

フランスはボールを持ったらパスではなく仕掛けを考えます。ボールキャリアーが1対1で仕掛けるだけでは脅威は少ないのですが、フランスが秀でているのは、キャリアーが仕掛けることで生まれるスペースにサポーターが連動することです。外側のサポーターが真っ直ぐに走り込んでパスをキャッチするだけではなく、キャリアーが仕掛けたスペースにサポーターが深い位置から色々な角度に走り込んで防御を混乱させます。防御が予測できないプレイをすることから「フレンチフレア」と形容されました。

ニュージーランドでは、ラグビーは戦闘能力の高い原住民のマオリ族に愛され、移民であるイギリス人との間で融合されます。アングロサクソンや太平洋の島々のアイランダー、オランダ系の南アフリカ人と比べると身体のサイズは大きくなかったものの、その戦闘能力の高さは「コンタクトスポーツ」であるラグビーにうまく適合します。ラグビーが国技となっているために、普及、育成に早い段階から力を入れており、スキルの高い選手が多いのも特徴です。

オーストラリアは、移民を受け入れて多様性や多民族共同体を求められるようになったため、色々なルーツと隣り合わせになった時に、新しい価値観をリスペクトして良いものをミックスする文化があります。

そのため、他のスポーツから流用したり、スポーツ科学に裏打ちされたものをすぐに利用するのがうまく、新しい戦術やスキルの流行が早いのが特徴です。

15人制のユニオンの地上波放送は非常に少なく、13人制のリーグラグビーが独占しているため、他種なルーツを持つプレイヤーが見せる新しい価値観からテレビを通じて影響を受けています。

戦術としては「シェイプ」や縦回転のパス、主流になっている縦回転のキックである「ドロップパント」はリーグラグビーから影響を受けており、またコーチもリーグラグビーから積極的に呼んでいるようです。

プロ化の影響を受けて、他国でもリーグラグビーの戦術やスキルが共有され、オーストラリアの戦術やスキルの優位性がなくなってきているように思います。

各大学の個性が際立っていた日本ラグビー

国内に目を移すと、大学ラグビーは人気が高く、それぞれのチームカラー（特色）も際立っていました。

明治大学は身体の大きな選手を集めて、その選手たちを鍛えあげるのが特徴で、彼らは「重戦車」と形容されました。

身体の大きな重戦車フォワードを縦に走らせてゲインすることで防御がそこに集まり、外側にスペースを作り出すというラグビーです。

故・北島忠治監督の「前へ」というチームコンセプトはそのままチームの哲学として引き継がれています。

この「前へ」は、そもそも相手ゴールラインに対して90度垂直に進めば、最短距離でトライを取れるといった真理に基づいており、それが結果、フォワードが縦に走り込むことへ繋がっています。

早稲田大学は、1927年のオーストラリア遠征で「展開戦法」を学びます。スクラムを7人で組み、NO8を展開攻撃に参加させるオーストラリアの理論は、ボールを左右に大きく動かす「ゆさぶり戦法」へと発展していきます。

ゆさぶり戦法は、フォワードのサポートプレイとバックスのパスプレイを徹底的に鍛えあげることで成立し、明治大学の身体の大きいフォワードを鍛えあげてセットプレイや近場の攻撃で防御を崩していく「重戦車」とは、対極的な思想を早稲田大学は持つことになります。

ちなみに、今で言う「ラッシュアップディフェンス」と呼ばれる、相手にプレッシャーをかけるディフェンスの先駆けとなる「シャローディフェンス」は、1970年に出版された『Dr. D.H.Craven rugby handbook』の影響を受けた早稲田大学の大西鐵之祐さんが考えたディフェンスシステムです。

ただ、日本は「シャローディフェンス」の呪縛から逃れられず、防御の組織化に着手するのに年月を要することになります。

慶應大学は日本最古のチームとして1899年に創部されます。

当時の英文学教員であったイギリス人エドワード・クラークがケンブリッジ大学留学から戻った田中銀之助とともに学生を指導したのが始まりと言われています。

慶應大学は山中湖での夏合宿で行われる、1000本スクラムに代表されるような猛練習が有名です。特に「タックル」の強さには定評があり、そのタックルを最大限にいかすため、「ハイパント」を軸に相手にボールを渡してから奪い返す戦術を使います。

今で言えば、南アフリカのような戦い方を確立しました。

関西では、戦後の日本ラグビーの戦術や技術向上等を進めたのは同志社大学や京都大学を指導した星名秦さんでした。彼はいち早く「ラグビー・フットボール・ユニオン」等で出版された技術書を翻訳し、「日本ラグビー協会」内に広めていきます。その後、星名さんの指導を受けた岡仁詩さんが同志社大学の指揮を執り、平尾誠二さん、林敏之さん、大八木淳史さん等才能ある人材にも恵まれて全国大学選手権三連覇の偉業を達成します。

1980年代の同志社ラグビーはよく「自由」と表現されますが、それは猛練習や型にはまった練習方法を取り入れずに、星名さんや岡さんの考えをもとに自分たちで考えるラグビーを行った先駆けと言える存在でありました。

1980年代は、それぞれのチームの性格や選手の特性から戦術的な「コンセプト」や「スタイル」は存在していたものの、均衡した局面を変えるのは強力な個人の力に依存しているゲーム構造であったと考えます。

シーケンスの誕生

「オープン化」によって生まれた新しい戦術

1995年にラグビーはアマチュア宣言を撤廃し、プロフェッショナルを容認する「オープン化」に踏み切ります。

これにより、ラグビーはプロフェッショナルとアマチュアが共存する独特な構造となります。翌1996年にオーストラリアのメディア王、ルパート・マードックによって、ニュージーランド、オーストラリア、南アフリカの3ヵ国12チームによるリーグ戦（※現在のスーパーラグビーの前身）が始まります。

そこで台頭したのが、オーストラリアです。

90年代は個の能力が高いニュージーランド勢が優勝を飾りますが、1999年の第4回ワールドカップでオーストラリアが優勝を収めると、翌2000年にはオーストラリアのチームであるブランビーズが準優勝、さらに2001年には優勝を果たします。

それと同時にオーストラリアは、「個の戦い」であったラグビーを「組織の戦い」へと飛躍的に進化させました。

それまでの攻撃は、チームの特徴や性格、個人の能力に基づいて組み立てられていましたが、その攻撃を積み重ねることを前提とした戦術が生まれます。

その戦術とは、一次攻撃、二次攻撃、三次攻撃、四次攻撃……とブレイクダウンごとに選手を配置して、攻撃の方向、場所だけではなく、誰がボールを持ち込んで、誰がサポートに行くのかといったところまで攻撃が緻密にデザインされたもので、「シーケンス」と呼ばれました。この戦術は1996年に「スーパー12」の「ACTブランビーズ」でヘッドコーチのロッド・マックイーンが成功させたもので、当時は画期的なアイデアでした。このシステムはエディー・ジョーンズに引き継がれて2001年には「ACTブランビーズ」を優勝に導きました。

自分たちの意図通りに相手を崩す攻撃

この戦術は、スクラムやラインアウトといったセットプレイを起点に、コールによって選手が決められた通りに動くように選手の動きをプログラミングして、防御を自分たちの意図した通りに動かしてスペースを作ろうとするものです。攻撃側は自分たちの特徴や高い個人の能力を最大限に発揮されるように組み立てることができます。

例えばフォワードの突破力のあるチームに、足の速いウイングの選手が一人いる場合、セットプレイから二次攻撃、三次攻撃で、フォワードをハーフやスタンドからの1パスで順目側に連続攻撃させることで防御を順目に誘導します。足の速いウイングの選手は逆目側の外側にポジショニングさせておいて、決められたフェイズで誘導された防御の逆をとって一気に展開していくといった形です。

逆に、バックスの展開が得意なチームが突破力のあるフォワードの選手をいかしたい場合は、セットプレイからウイングまで大きく展開した後、二次攻撃でフォワードが9番からのパスでさらに順目側へと攻撃して防御をストレッチ（広げる）させます。

三次攻撃で逆目側にその突破力のあるフォワードの選手を配置して、ストレッチされた防御の間を狙わせます。配置する場所は、9番からでも10番からでもチームの特徴や相手の弱点に合わせて決めていきます。

また、ハーフやスタンドからの1パスで突っ込んでいく場合、キャッチしたフォワードの選手が単に突っ込むのではなく、隣にいる選手に1パスをしたり、順目にフォワードが連続攻撃していたチームがフォワードで攻撃すると見せかけてバックスに展開するというように、シーケンスを使った駆け引きをすることもできます。

「対面主義」からの脱却

さらにオーストラリアは防御の構造に着目し、防御においても革新的な進歩を遂げます。

ラグビーは前にパスはできませんが、ボールを蹴ることで前に運ぶことはできます。

ただ、オフサイドルールがあるために攻撃側の選手はブレイクダウンより前にポジショニングすることはできず、防御側はサッカーのように立体的に配置する必要はありませんが、キックに備えて2人ないし3人で後方のスペースを守る必要があります。

そのため、防御側はディフェンスラインを12人から13人で守らなければならず、常に「数的不利」な状況にあるのです。

これまでの防御は対面との戦いであり、自分のポジションの選手に抜かれないことが重視されており、ブレイクダウンでの争奪がフォワードの役割でした。

ブレイクダウンからボールが出ると、そこに参加していたフォワードは、バックスのディフェンスラインの裏を走ることで、ディフェンスラインを抜けてくる選手やウイングの外側を抜けてくる相手選手を捕まえる役割を担っていました。

このことは対面の選手だけをマークする「マンマークディフェンス」だけではなく、パサーの対面にいる選手が、パスと同時に次のキャリアーへとマークを移して数的不利を解消するための「ドリフト（スライド）ディフェンス」でも同じであり、「1対1」の連続として防御が捉えられていました。

そこで、フォワードでもフランカー、NO8といった3列の選手は絶対的なスピードが求められ、フォワードはディフェンスラインの裏を走る「バッキングアップ」と呼ばれるランニングコースを研究していました。

この対面主義的な思想から、ラグビーはチームとして組織で守ることへシフトしていきます。

まず、ブレイクダウンに入る防御側の人数を整理して、そこに参加しないフォワードの選手を「フローター(漂う人)」と呼び、ブレイクダウン周囲にポジショニングさせるようにします。チームによって呼称は異なりますが、ブレイクダウン直近の選手をディフェンスの「柱」という意味で「ピラー」「ポスト」と呼びます。

このピラーやポストといったフローターとバックスのディフェンスラインを繋げることで、内側と外側が断絶していたディフェンスラインに連続性を持たせて、ディフェンスラインを個々の「点」ではなく「面」にして、内側からプレッシャーをかけるシステムを作り上げました。このシステムは、1994年にはオーストラリアのコーチたちが共同で作り上げたと言われています。

攻撃は「シーケンス」によって「積み重ねるもの」になり、防御はブレイクダウン周囲のポジショニングの概念を確立したことにより「点」ではなく「面」でプレッシャーをかけていくものとなりました。

ラグビーは従来の「個対個」から「組織対組織」へと、その構図を変えていくことになったのです。

ポッドの誕生

２０００年代に入ると、何手か先まで前もって考えて攻撃する「シーケンス」という戦術で防御を崩していくのは難しくなっていきます。

シーケンスは、パワーやスピードのある選手を軸に、彼らが突破、もしくは防御を集める役割を担っており、「防御を誘導する戦術」です。

つまり、防御が誘導されることを前提に戦術が構築されており、シーケンスが浸透するに従って、防御が攻撃側の思い通りに動かないことが起こり始めました。

また、シーケンスには決められたフェイズしかデザインできないという限界があり、それ以降の攻撃は従来のような短調な攻撃に終始するため、防御が攻撃を上回るようなゲーム構造へと変わっていったのです。

ブレイクダウンが防御側に与える影響を逆手に取る

そこで、ニュージーランドでは選手やチームの特性で攻撃が左右される戦術ではなく、ゲームの構造から紐解かれた戦術が生み出されました。

すなわち、相手より勝っている部分から戦術を組み立てるような「相対的な優位性」ではなく、ラグビーのルールから導き出される「構造的な優位性」をもとに組み立てられた戦術です。

ラグビーの構造については第1章でも説明しましたが、ラグビーには「ブレイクダウン」と呼ばれる密集でボールを奪い合う局面が存在します。

従来は、攻撃が停滞するとされるこの局面を利用して防御を崩していくことを考えたのです。

ラグビーの「オフサイドルール」は独特で、ブレイクダウンが起こる度に発生し、防御側はブレイクダウンの後方に並ばなければ「オフサイド」の反則になります。

組織的な防御をするためには、ブレイクダウンの後方に一列に並んでディフェンスラインを揃えてポジショニングすることが重要で、この揃えたディフェンスラインを面のまま連動して動かすことで組織的な防御は可能になり、前述のピラーやポストを立て、面を揃えてディフェンスします。

つまり、ブレイクダウンが起こると防御側はゲインの有無に関わらず、その後方にポジショニングし直さなければなりません。

攻撃側がブレイクダウンでボールを奪われるリスクを抑えることができれば、攻撃側がブレイクダウンを作ることは停滞を招くわけではなく、防御側にポジショニングし直すことを強いることになります。

このことは、ブレイクダウンから速くボールを出すことで、防御側のポジショニングが整う前に攻撃することに繋がり、防御を乱すことが可能になります。

「ブレイクダウンから速くボールを出せばチャンス」ということはこれまでも言われていたことであり、そのための方法が「速くサポートに行けるかどうか」といった選手の能力に頼ったものでした。

シークエンスはあらかじめブレイクダウンができる場所を共有し、誰がそのブレイクダウンに参加するのかを事前に決めていましたが、そこには「決められたフェイズだけ」といった限界があります。

「ボールは人より速い」という原則を利用する

そこでグラウンドを縦のレーンで区切り、それぞれのレーンにフォワード、バックスの区別なく選手を配置する「フォーメーション」を作ることでブレイクダウンを安定化させる方法が生まれます。

サッカーはグラウンドを横に区切ってフォーメーションを作りますが、ラグビーは前にパスができず、またブレイクダウンをリサイクルしなければいけないので、グラウンドを縦のレーンで区切って攻撃のチャンネルを作ります。

任意のレーン（チャンネル）にボールを運び、そのレーン内のユニットでブレイクダウンをリサイクルしますが、このユニットが「ポッド」と呼ばれていたので、この戦術はチャンネルの数に応じて「3ポッド」「4ポッド」と呼ばれるようになりました（※第1章参照）。

選手の配置を決めて攻撃をチャンネル化したことで、一定のフェイズで終了するシーケンスと違い、戦術的には永続的なブレイクダウンリサイクルが保証されることになりました。

ポッドができる以前は、「ブレイクダウンを速くリサイクルすると防御のポジショニングが間に合わない」と抽象的に表現されていましたが、ポッドができて「2秒以内にブレイクダウンをリサイクルすると、その周囲のポジショニングが間に合わない」と明確な基準が生まれました。定石として防御は、ブレイクダウンから見て内側からポジショニングしていくために、ブレイクダウン周囲（内側）がポジショニングしてからでないと外側もポジショニングできません。

すなわち、ブレイクダウン周囲のポジショニングが完了する前である「2秒以内」にボールを出せれば、防御はディフェンスラインが作れていないので、攻撃側にとっては大きなチャンスがあります。

この「ブレイクダウン周囲」とは、ブレイクダウンを中心とした左右（順目、逆目）2人ずつ4人のポジショニングのことであり、この4人のポジショニングが完成するのに現実的には「2秒以上」かかります（図1・2・3）。

もし、順目側のブレイクダウン周囲のポジショニングが遅れると、外側の防御は内側に向かってポジショニングするので外側にスペースが生まれ（図4）、逆に順目側を優先して逆目側のポジショニングが遅れると、逆目側の外側の防御は内側に向かってポジショニングするため、逆目側の外側にスペースが生まれます（図5）。

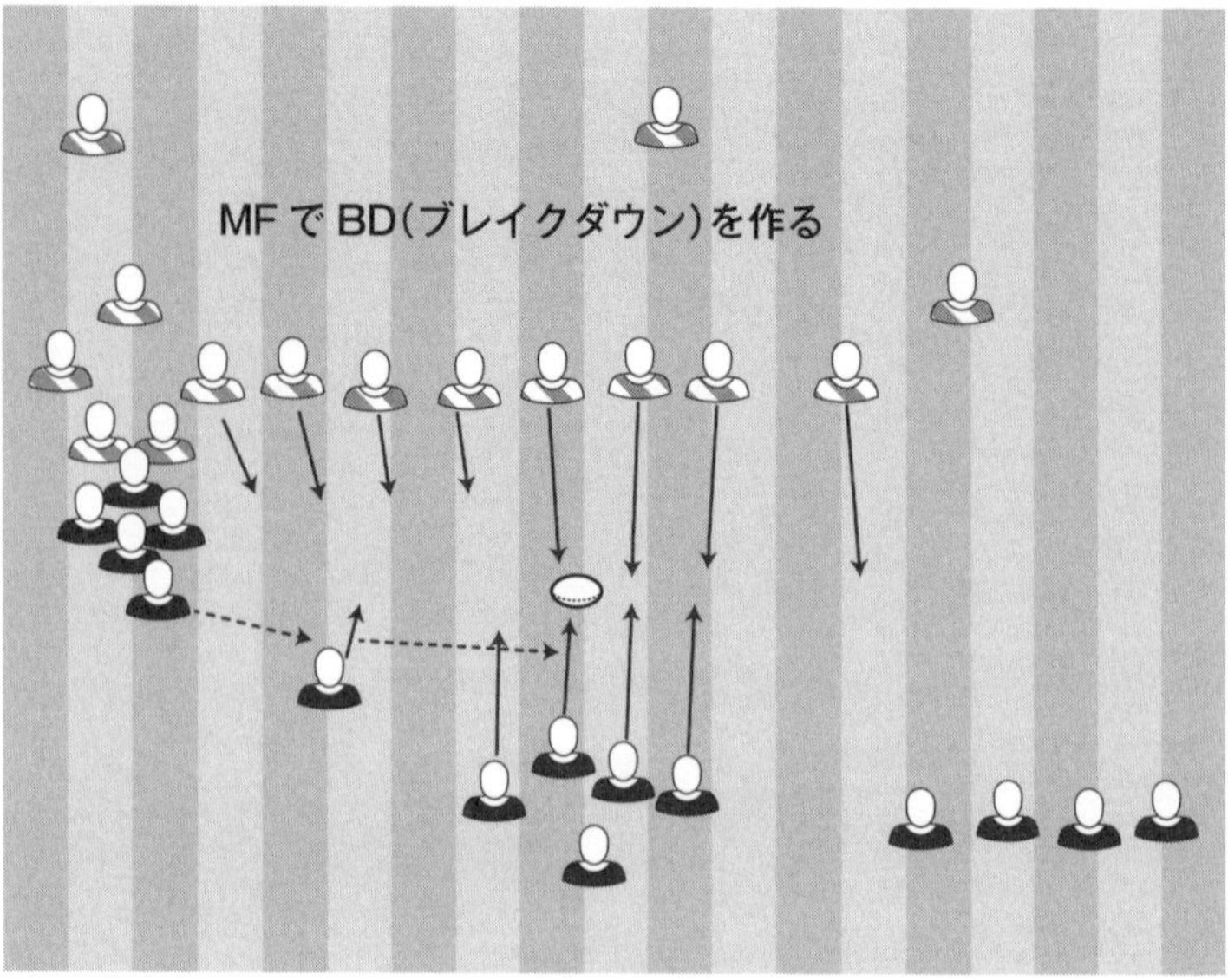
MF で BD(ブレイクダウン)を作る

図1

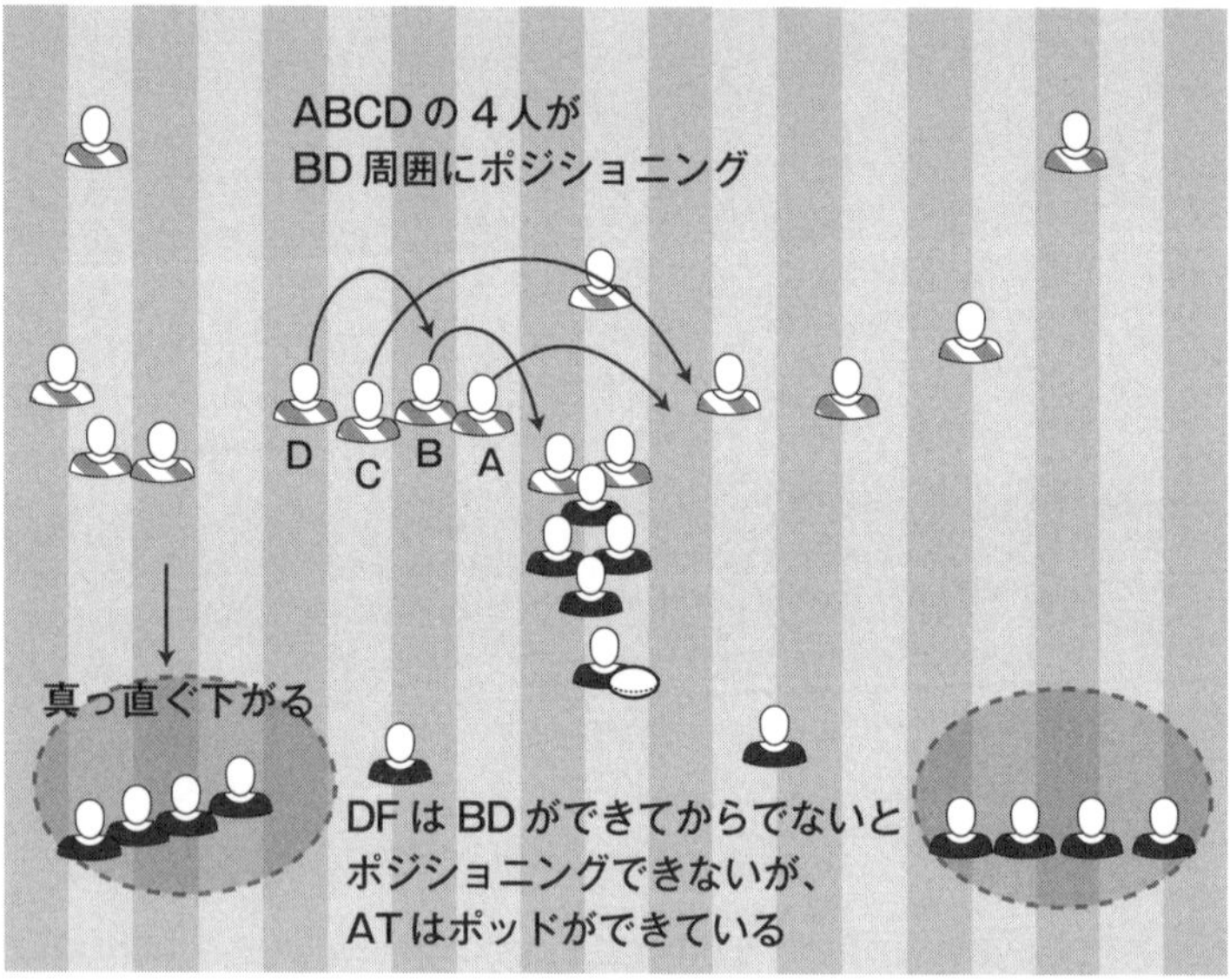
ABCD の 4 人が
BD 周囲にポジショニング
D
C
B
A
真っ直ぐ下がる
DF は BD ができてからでないと
ポジショニングできないが、
AT はポッドができている

図2

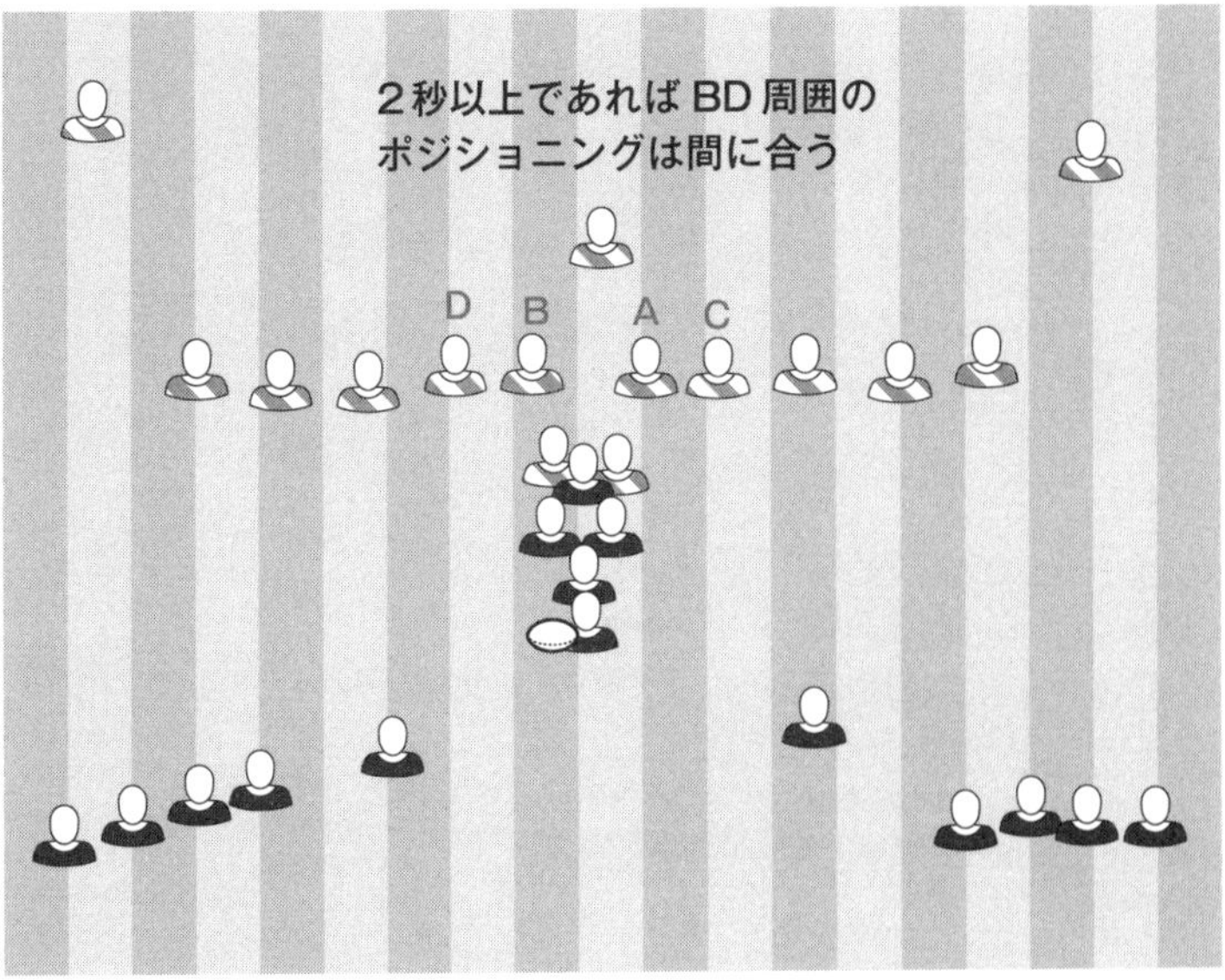
２秒以上であれば BD 周囲の
ポジショニングは間に合う
D
B
A
C

図３

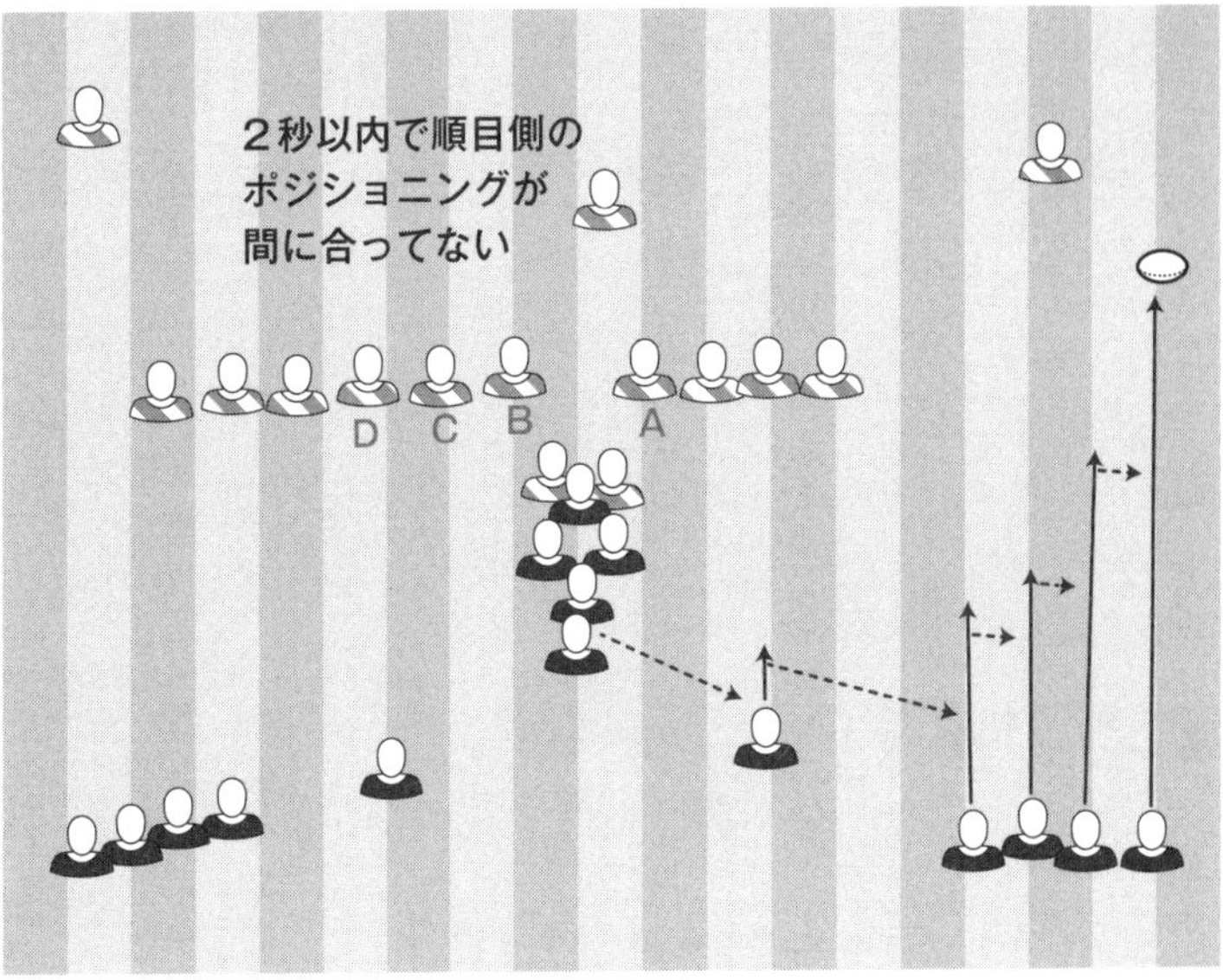
２秒以内で順目側の
ポジショニングが
間に合ってない
D
C
B
A

図４

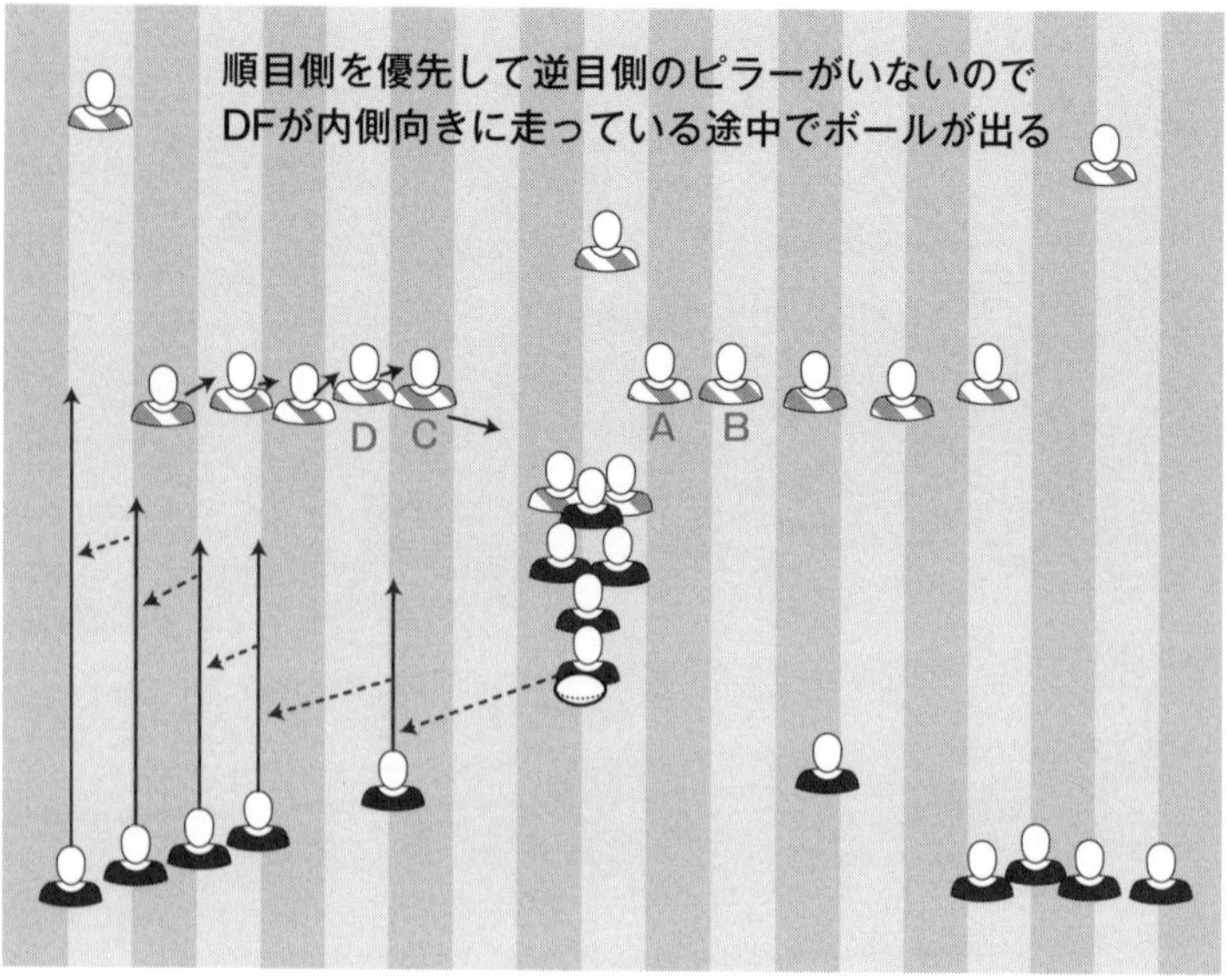
順目側を優先して逆目側のピラーがいないので
DF が内側向きに走っている途中でボールが出る
D
C
A
B
図5

ポッドは、各レーンに選手を配置しているので、真ん中のレーンでブレイクダウンができると、左右（順目側、逆目側）に攻撃チャンネルが生まれ、ブレイクダウンを速くリサイクルして生まれたスペースにボールを運ぶことが可能になります。

また、端（エッジ）のレーンでブレイクダウンができた時は、ブレイクダウンに向かってポジショニングしていくので、反対のエッジのレーンにはスペースがあり、そこにボールを運ぶことで防御を崩していきます。

防御側はブレイクダウンが発生してからそこを起点にポジショニングするのに対して、攻撃側はブレイクダウンを予測して各レーンにポッドを先に作っておくことができます。

「ボール（パス）は人（走る）より速い」という大原則を利用して、スペースに先にポジショニングしている攻撃側はパスでボールを運び、防御側はブレイクダウンからボールを追いかけてスペースを守ることになります。

これが、ポッドの原理原則です。

ポッドの誕生によりブレイクダウンのスピードアップと状況判断の簡素化を実現

このポッドは、2005年にマオリオールブラックスがブリティッシュ・アイリッシュ・ライオンズ戦で使った「2ポッド」が国代表レベルでの最初の試みで、州代表レベルではもっと早くから使われていたと言われています。

その後、ポッドはレーンが三つの「3ポッド」が主流になっていきます。

3ポッドは15人を3分割して、5人一組のユニットで攻撃していくものでした。

そのため、9番のスクラムハーフ、10番のスタンドオフ、15番のフルバックが三つのレーン

（ポッド）に分かれ、それぞれのポッドでのスクラムハーフやスタンドオフといった役割（タスク）をしていました。

つまり、9番がスタンドオフになったり、15番がスクラムハーフになったりしていたのです。

例えば、左のポッドに9番、真ん中のポッドに10番、右のポッドに15番が入った場合、真ん中のポッドでブレイクダウンができれば10番がスクラムハーフとなり、9番が左のスタンドオフで15番が右のスタンドオフ。右のポッドでブレイクダウンができれば15番がスクラムハーフで10番がスタンドオフという形になります。

ポジションの概念をなくし、効率を最大化したのには二つの理由があります。

一つは9番を待たずにボールを出すことができるようになり、ブレイクダウンのリサイクルスピードを上げること。ただし、ボールを持ち出すといったスキルやスクラムハーフとしてのパススキルの問題から、このアイデアは「9番が間に合わない場合」といった限定的な状況のものに変わっていきます。

もう一つは「状況判断の簡素化」です。

真ん中のポッドでブレイクダウンができた時、従来は10番がグラウンド全面を見てどちらの方向に攻撃するかを判断したり、判断なしに事前に攻撃する方向を決めていましたが、10番と15番が左右に分かれてポジショニングすることにより、10番と15番で状況判断するスペースを分担できるようになりました。

分担することにより、状況判断のスピードと正確性が格段に上がり、より機能的な攻撃ができるようになっていったのです。

このことは、エッジのレーンにブレイクダウンがある時も同じで、逆エッジのレーンが空いている時は、１人が全てを判断するのではなく、そのレーンの「意思決定者（9、10、15番）」が判断していくことになります。

ポッドがシーケンスと違って「状況判断」が必要な戦術だと言われる背景には、こうした判断の分担と、精度を上げることを重視しているためだとも言われています。

「3レーン」から「4レーン」へ 12番に与えられた新たな役割

しかし、3ポッドにも弱点はあります。

3ポッドでは、スタンドオフからの攻撃になるため、ブレイクダウン周囲を攻撃することはできません。また、ボールをブレイクダウンから後ろに下げるので、その間に防御側はポジショニングを揃えて、スライドしながら外側に動き、スペースを埋めてしまうのです。

そこで攻撃側は、「3レーン」だったポッドを「4レーン」にして、エッジからの攻撃にスクラムハーフからフォワードを走り込ませるダイレクトプレイを加えていきます。

そうすることで、ポジショニングが整ってないブレイクダウン周囲をボールを下げずに攻撃することが可能になり、攻撃側がゲインラインの攻防を有利にできるようになりました。

ポッドの数が3から4に増えたため、各ポッド内の人数は「4人+9番の5人」から「3人+9番の4人」に減ります。

実質、ブレイクダウンを４人で賄っていたのが３人になり、より高いブレイクダウンスキルが求められるようになりました。

さらに攻撃のチャンネルが４つになったことで、９番、10番、15（12）番のどのポッドで攻撃するかを決定する「意思決定者」はポッドに属さないとう概念になり、自由にポッドを跨いで移動するようになります。

この頃になると、意思決定者を15番より12番にするチームが多くなり、12番は10番からのパスを受ける、ポッドの後方に配置され、エッジのポッドが空いている時に10番からパスを受けてエッジのポッドにパスをする役割を担うことになります。

こうしてポッドは「ゲインラインに接近した攻撃」「左右への攻撃」「エッジからエッジの攻撃」も可能な戦術となっていったのです。

チャンネルという概念の消失

防御の進化
――ボールではなくポッドにプレッシャーをかける

グラウンドを縦のレーンに区切って選手を配置したことで、攻撃が停滞する局面であった「ブレイクダウン」を戦術的に保証し、「防御はブレイクダウンの内側からポジショニングする」といった防御の定石を利用して、攻撃側が先に外側にポジショニングしておくことで攻防を有利に運ぶ「ポッド」が生まれ、ラグビーは劇的に進化しました。

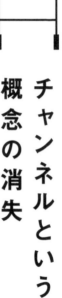

この攻撃の発展に、防御も進化を促されます。

攻撃チャンネルが固定化されたポッドは、そのチャンネルに必ずボールが運ばれる「パター

ン攻撃」であり、その法則を逆手に取って防御側がポッドにプレッシャーをかけ始めたのです。

ポッドには、「ポッド内は狭く、ポッド間は広く」といった「戦術コンセプト」があり、この原則の存在により戦術的に機能しています。

この原則は、ポッド内のユニットはブレイクダウンリサイクルの必要があるため、狭くポジショニングしますが、ポッド間は長いパスでできるだけボールを大きく動かすことで防御を動かしたいという意図があります。

「ブレイクダウンからポジショニングしていく」といった防御概念では、ボールを追いかけてポジショニングするのでボールを大きく動かされると防御も同じように動かされます。早稲田大学の「ゆさぶり戦法」も、こうした防御の特性を逆手に取った戦術でした。

ポッドは、ユニット内で３（４）人組を作って攻撃することでブレイクダウンリサイクルを安定させ、ポッドの配置を事前に決めておくことで選手間での攻撃の共有を可能にしました。

つまり、「13番は右のエッジのポッド」「１番は４レーンあるうちの左から３番目のポッド」と決まっていたので、選手は迷いなくプレイできるようになったのです。

アンストラクチャーに関しては、ブレイクダウンが発生した位置からシーケンスを使うことで4ポッドが作れます。

また、そこまで限定しなかったとしても、4ポッドでは1番から5番までの5人と8番を加えた6人が真ん中の二つのポッドで、フランカーとウイングの2人と13番と15番が両サイドのエッジに分かれれば4ポッドを作れます。

防御は、このポッドの「原則」を逆手に取り、ボールを必要以上に追いかけず、ポッドがどこにあるのかはある程度わかっているのでポッドに対してプレッシャーをかけ始めます。

こうしてラグビーは再び、防御が優位なゲーム構造へと変化していったのです。

ブレイクダウンにまつわる攻撃と防御のイタチごっこ

これに対して攻撃側は、攻撃チャンネルを防御側に限定させないようにポッド理論を応用していきます。

従来、ポッドに属さない選手は9番、10番、12番だけでしたが、ポッドの配置をフォワードだけにして、フォワードの人数だけでエッジのレーンから数えて「2（人）4（人）2（人）」や「1（人）3（人）3（人）1（人）」というような表現になりました。

「1331」は、ミッドフィールド（真ん中）の二つのポッドにフォワードが3人ずついているので問題ありませんが、エッジはフォワードが1人しかいないので、状況を見ながら他の選手がブレイクダウンに入るかどうかを判断します。

ブレイクダウンリサイクルを安定化させるために「3から4人のユニット（ポッド）を作る」という部分は残して、戦術を共有するための「配置された選手の移動の禁止」についてはフォワードだけ固定化し、バックスは自由にすることで攻撃チャンネルを不定にして防御に的を絞らせないようにしました。

防御側は、ブレイクダウン周囲のポジショニングを待ってからラインディフェンスのポジショニングをしていたのを、ポッドそのものにプレッシャーかけるために、ブレイクダウン周囲のポジショニングを待たずに（見越して）、ラインディフェンスのポジショニングをするようになったことで成立していました。しかし、ブレイクダウン周囲が全く間に合っていないのに外側をポジショニングするため、ディフェンスラインは整っているのに内側にスペースが生まれるという現象が起こり始めたのです。

ポッドはブレイクダウンに参加する人数が決まっているため、ブレイクダウン周囲をそのままボールを拾い上げて前進する「ピック＆ゴー」はリスクが高いとされ推奨されませんでした。そこにスペースがあるのに攻撃できない（しない）といった不可解な現象は国内でも起こり、そこを逆手に取り、国内王者になったのが「サントリーサンゴリアス」です。

ポッド全盛の２０１６年度、順目優先の戦術である「エディーシェイプ」の流れを組むサントリーはトップリーグで連覇を飾っていたパナソニックワイルドナイツに勝って優勝を飾りました。

シェイプにはブレイクダウン周囲をピックで攻撃するオプションが内包されており、プロップの畠山健介選手や第三列のツイへンドリック選手といったピックが得意な選手が効果的に、トレンドとなっている防御の穴をついて崩していました。

ここから防御は、ブレイクダウンのリサイクルを遅らせて、ポジショニングする時間を稼ぐといった方向に進化し、これはトレンドというよりも「原則化」していきます。

つまり、「攻防どちらがブレイクダウンを優位に進めるか」というリサイクルスピードの戦いになっていくのです。

可変式ポッドの誕生

ニュージーランド発祥 ――フェイズごとに配置が変わる新型ポッド

ポッドの配置がフォワードだけのものになり、バックスが自由に移動しながら状況判断でポッドを作るようになったため、「１３３１」が世界的なトレンドになりましたが、２０１９年のワールドカップ前からプレッシャーを受けやすいミッドフィールドの二つのポッドのどちらかのフォワードの配置を２人にして、エッジのポッドを２人にする「１３２２」「１２３２」というポッドにトレンドが移ります。

その背景にあるのが、グラウンドの外側へ人の配置を増やして、攻撃側が外側で優位を作り、防御全体をストレッチ（広げる）させることでした。

特に「マンオンマン・ラッシュアップディフェンス」の注意を外側に向けて、プレッシャーをかけにくくするためではないかと言われています。

ただ、ミッドフィールドのポッドの一つにおいて、フォワードの配置が3人から2人になったことにより、攻撃側は、ミッドフィールドでもブレイクダウンへ参加する状況判断が求められるようになりました。


ニュージーランドは、「1331」のポッドでエッジに配置されていた8番のキアラン・リード選手を「1232」というポッドの「3」の真ん中に配置します。この「3」はスタンドオフからパスを受ける「10シェイプ」になります。

彼は、ラン、パスが高い次元でできるオールラウンダーな選手であるため、プレッシャーを受けやすい10シェイプでボールをキャリーしたり、プレッシャー下でパスをして防御をグルーピング（真ん中に集める）する役割を担います。

ニュージーランドの目的は、防御をスプリットさせる（真ん中で二つに割る）ことで、10番のリッチー・モウンガ選手と15番のボーデン・バレット選手という2人の意思決定者が左右のエッジを攻撃できるように、それぞれが分かれて配置される「2プレイメーカー」システムを取っています。

そしてエッジには、突破力のある2番のダン・コールズ選手、6番のアーディー・サヴェア選手、7番のサム・ケイン選手を配置します。

従来は、エッジのポッドの中でも内側に配置されることが多かったフォワードの選手ですが、防御側のウイングが立つ一番外側に配置することでミスマッチを突くことが目的です。

従来の「1331」や「242」のポッドでは、防御は毎回同じようにできる的に向かってプレッシャーをかければよかったのですが、攻撃側が意思決定者の指示のもと、セットごとではなくフェイズごとにその配置さえも変えてしまうシステムをニュージーランドは作り出したのです。

■ニュージーランドの多彩な可変ポッド

今まで、ポッドの中の配置を変えることはあっても、ポッドの人数や形がフェイズごとに変わるのは画期的で、防御側が対応するのは非常に困難になりました。

ニュージーランドの攻撃の意図は、この10シェイプにおける防御のグルーピングになるので、可変していく時もこの10シェイプが中心になっていきます。

防御はブレイクダウン周囲にフォワードがポジショニングするため、攻撃側はプレッシャーのかかる9番からのポッドを3人にして10番からのポッドを2人にする「1322」が多くなります。しかし、ニュージーランドは9番からのポッドを2人で10番からのポッドを3人にする「1232」であることからも10シェイプへのこだわりが見てとれます。

「1232」のポッドからニュージーランドがよく使っていた可変の仕方は「1241」で、10シェイプに4人が走り込むので防御は的を絞りにくくなります。

10シェイプでブレイクダウンを作り、防御を真ん中で二つにスプリットにして攻撃することもあれば（図1）、10シェイプの後方の「バックドア」にいるバックスの選手へスタンドオフの位置にいる選手、または10シェイプからの「スイベルパス（横方向ではなく後方へのパス）」でボールを渡し、エッジにいるフォワードをバックドアの選手からカットインで走り込んでショートパスを受けるオプションを持っています（図2）。

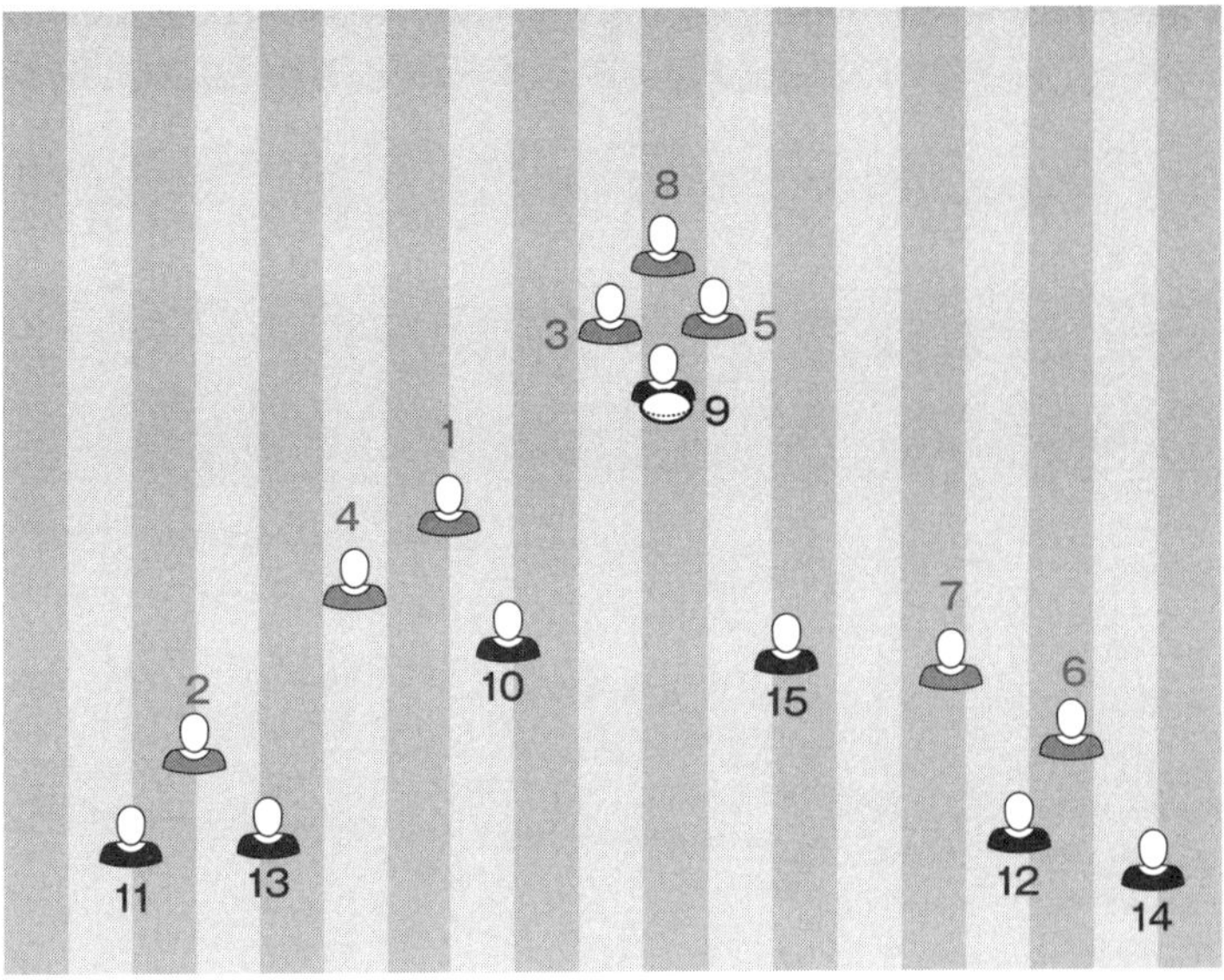

図1

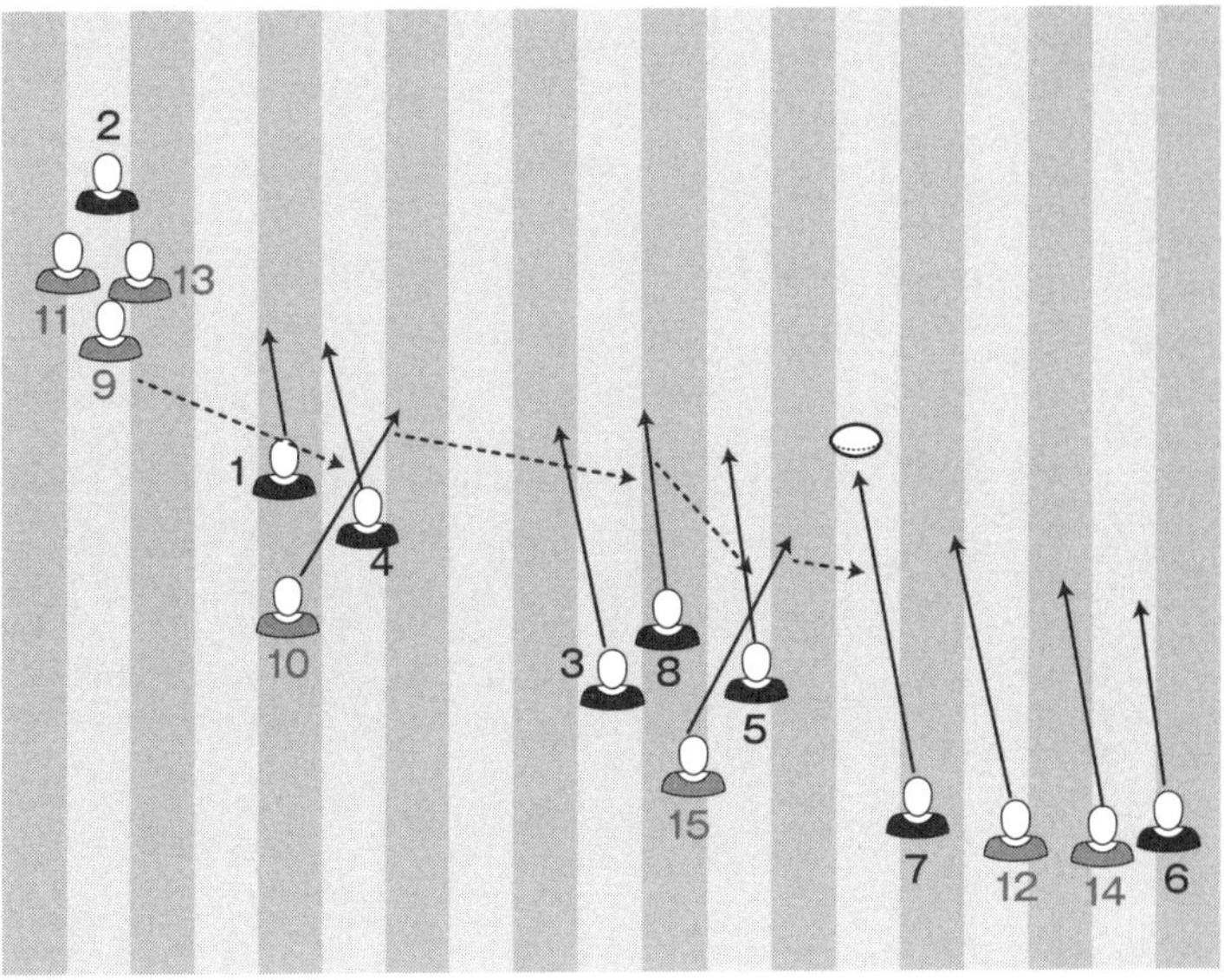

図2

10シェイプは8番のキアラン・リード選手が真ん中に入りますが、毎回移動しながら彼がその位置に入り、キャリーしたり（図3）、パスを放ります（図4）。

ニュージーランドの攻撃のベースはこの10シェイプ。9シェイプの2人はフラットに走り込んで内側の防御の足を止めることが役割になっており、彼らがそのままボールをキャリーするよりも、そのまま9番から10番にパスが渡り、10シェイプを使われる場面が先のワールドカップでは多くなっていました。

ジャパンは「1322」をベースにした変形オプションを採用

ジャパンはニュージーランドとは違い「1322」を採用。9シェイプのフォワードが3人で、10シェイプが2人という形がスタンダードになります。

ジャパンのエッジのフォワードは、突破力のある3列の姫野和樹選手、リーチマイケル選手、アマナキ・レレイ・マフィ選手、ピーター・ラブスカフニ選手を配置しています。

ジャパンは本来、スタンドオフの位置からのフォワード2人の10シェイプ、その10シェイプのバックドアに12番を配置する形もありますが、スタンドオフの位置に12番の中村亮土選手が

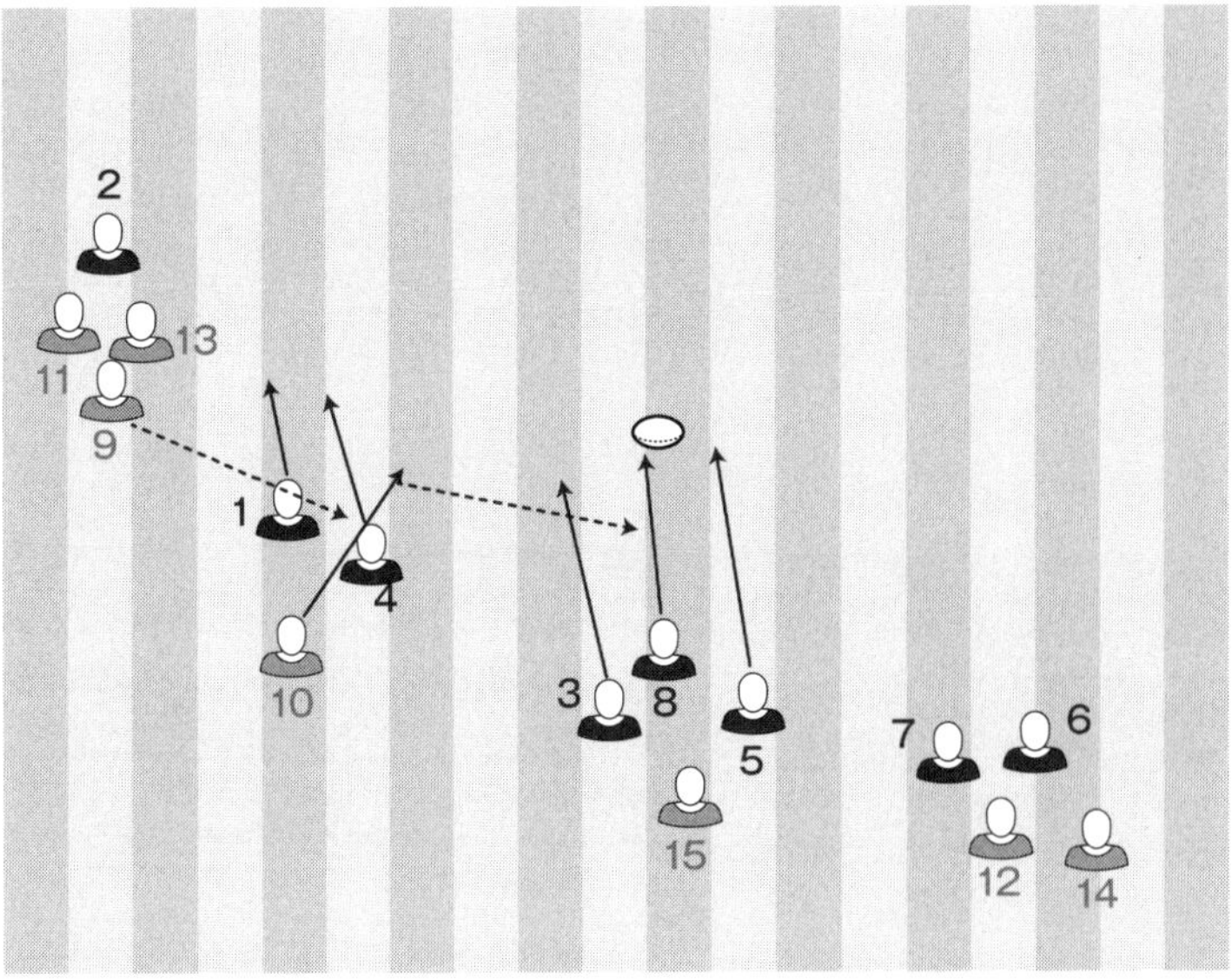

図3

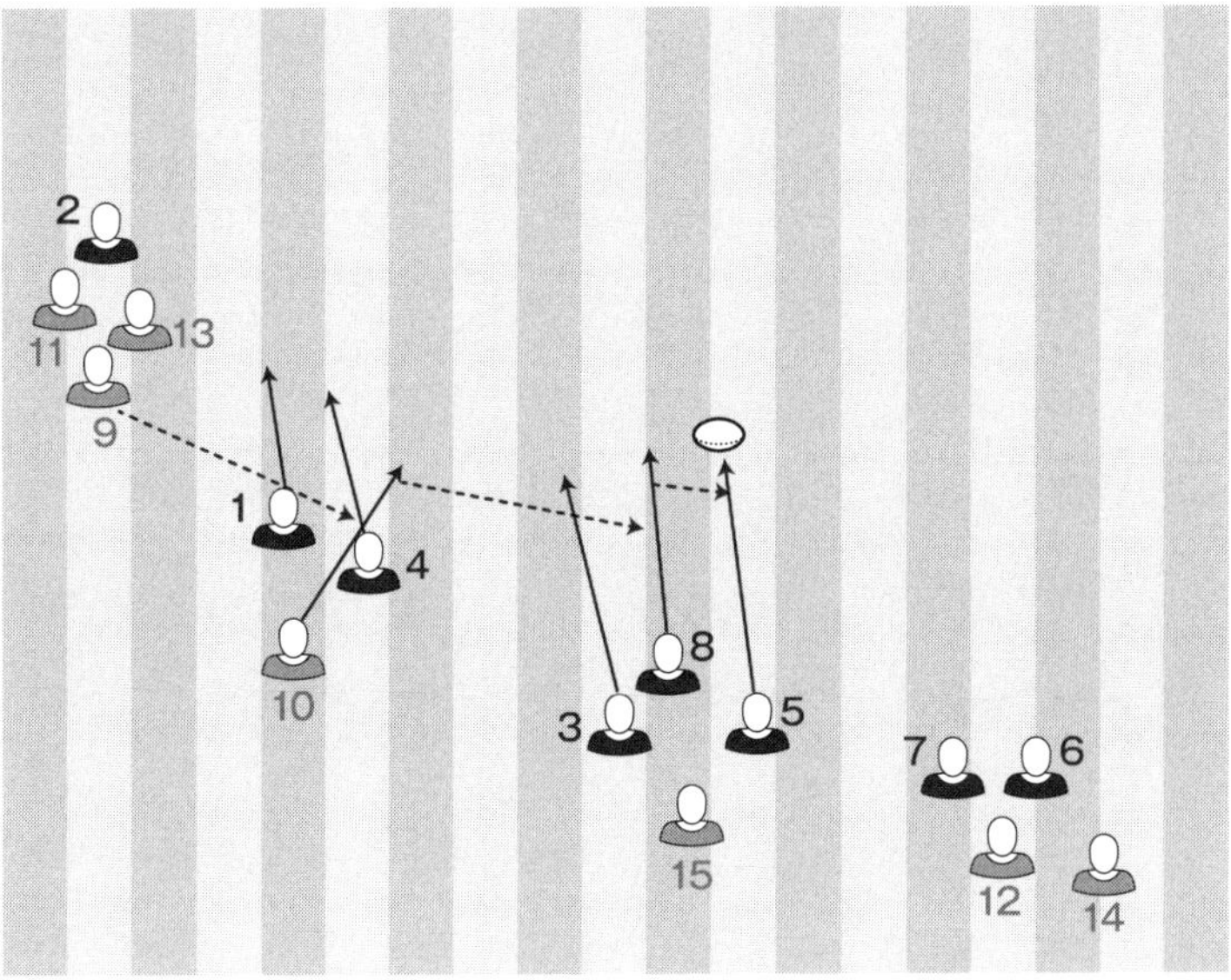

図4

入り、よりプレッシャーのかかる10シェイプのバックドアに10番の田村優選手が配置される形もよく見られました。
ワールドカップ前にはこの形で、12番の中村選手がパスだけではなくキャリーすることも多かったのですが、ワールドカップではパスのオプションにほぼ限定されていたように見えました。

ジャパンは防御を片側に集めて逆サイドにスペースを生み出すことと、ポッドを可変しやすいようにエッジと9シェイプで交互にブレイクダウンを作る「ピストンアタック」が攻撃の軸になっており、ピストンアタックをしている間に反対サイドの「22」が変化していく形になっています。

また同じ「1322」でも、エッジの外側でミスマッチを狙ってポジショニングしているフォワードと内側のバックスが入れ替わり、10シェイプのフォワードからバックドアのバックスではなく、エッジのフォワードがポッドの間に走り込むオプションもありました。
「1322」のピストンアタックから変形するオプションは多く、「1313」といった外側に優位を作り出すポッドや「3311」といった形のポッドで、片側にフォワードを集めて相手防御をグルーピングし、逆側をバックスで攻撃するポッドもありました。

どこで、どのような優位を作り出そうとしているかは、フォワードの配置を見ればわかりますが、ブレイクダウンでプレッシャーを受けて攻撃が停滞すると、配置がどのように変わろうとも防御側が配置に応じて対処することができます。

つまり、攻撃側はブレイクダウンのリサイクルを速めて、防御側が配置を変えても対処できないようにしていかなければなりません。

ポッドがどのように進化しようとも、攻撃側、防御側のブレイクダウンを巡る戦いはルールが変わらない限り変わることはないと思います。

第3章

シェイプ、ポッドとはなにか？

シェイプ・ポッドの語源と戦術コンセプト

シェイプ＝モーション・リロード・リンケージ

シェイプとは「ユニットの形」を指しており、オーストラリア人のエディー・ジョーンズさんが、リーグラグビーをヒントに考えられた戦術と言われています。

シェイプは、スクラムハーフからパスをレシーブするユニットである「9シェイプ」と、スタンドオフからのパスをレシーブする「10シェイプ」、インサイドセンターからパスをレシーブする「12シェイプ」の三つから成り立っており、9シェイプは1番から5番、10シェイプは6番から8番、12シェイプは11番から15番で形成されています。

チームによってはブラインドサイドウイングを9シェイプに加えて、9シェイプを1番から5番と11（14）番の6人としてシェイプを組むこともあります。

9シェイプが1番から5番の5人の場合、最初の9シェイプは3人で作れますが、2番目の9シェイプは2人になってしまいます。

そこで、最初にブレイクダウンに入っていた3人のうちの1人が2番目の9シェイプのブレイクダウンに入り、残りの2人は3番目の9シェイプを作ります。

さらに10シェイプでブレイクダウンを作った場合も同様で、9シェイプは順目に「リロード（ポジショニング）」することで順目にシェイプを作り続けます。

ポッドは、それぞれのユニットが独立して攻撃しているのに対して、シェイプはユニットが重なり合い「リンケージ（連携している状態）」しているのが特徴です。

エッジからだと9、10、12シェイプをリンケージさせるので、どのユニットで攻撃するのか防御側は的を絞りにくくなります。

今でこそポッドはリンケージされていますが、当時のポッドはフロントドアとバックドアを使ってボールを動かす「リンケージ」という概念がありませんでした。

エッジに運ぶ場合に、ミッドフィールドのフォワードの後ろを通し、バックスを介してボールをエッジに運んでいましたが、ミッドフィールドのフォワードが走り込んで防御の足を止めるといった役割はありませんでした。

シェイプはユニットを重ね合わせてリンケージさせる必要があったので、攻撃方向を「原則順目」と限定し、できるだけユニット同士をリンケージさせていました。

エディー・ジョーンズさんがサントリーでシェイプを始めた2010年当時のポッドは「3ポッド」であり、両側のエッジとスタンドオフからのミッドフィールドのポッドで形成されていましたが、シェイプはスクラムハーフからの攻撃が可能な「9シェイプ」があり、ボールをスタンドオフに下げなければいけない3ポッドと比べて防御にプレッシャーをかけられる戦術とされていました。

9シェイプをフラットに走り込ませて内側の防御の足を止め、ブレイクダウンを作る際にゲインラインの攻防を有利にしたり、あるいは防御をスライドできない状態にしてリンケージしている10シェイプ、12シェイプを使って攻撃することが可能です。

このフラットに走り込ませる攻撃を「モーション」と呼び、シェイプは順目に攻撃するための「リロード」、シェイプ同士が連携する「リンケージ」の三つが「シェイプ」の戦術コンセプトとなります。

シェイプは「原則順目」ですが、順目でタッチライン際まで攻撃すると、次の攻撃は逆目しかなく、防御でプレッシャーを受けます。そのため、タッチラインから15ｍの位置にあるラインを基準に、順目側にチャンスがなければ逆目に折り返すようにしたことで、攻撃側に順目と逆目の選択肢を作られ、防御からのプレッシャーを戦術的に回避しました。

ポッド＝ディレクション・「間は広く、内は狭く」・デスマルケとコネクト

次に「ポッド」の語源ですが、「イルカなどの小魚の群れ」という意味で、ラインアウトのジャンパーとリフターのユニットを「ポッド」と呼んでいたところから来ています。

このポッドは、ニュージーランドのベイオブプレンティー州のコーチであったヒカ・リード

さんが考案した戦術と言われています。

ポッドが国代表レベルで使われたのは、2005年のニュージーランドマオリがブリティッシュ・アイリッシュ・ライオンズ戦で使った「2ポッド」が最初ではないかと言われています。

州代表レベルではそれ以前からベイオブプレンティー州で使われ始め、ワイカト州カンタベリー州に広がっていきます。

これらの州はウエリントン州などと比べて雨の少ない地域で、ハンドリングラグビーが盛んに行われていた背景もあり、ポッドに向いていたと思われます。

従来の順目側へ数的有利を作るラグビーは、その時の判断やシーケンスで逆目を攻めることはあっても、常に攻撃チャンネルがあるわけではありません。

それとは対照的に、ポッドは順目に人とボールを動かしていくのではなく、グラウンド上に決められた攻撃チャンネルを作り、ボールを動かしていく戦術です。

そのため、どこの攻撃チャンネルが空いているのかを判断するスキルが必要になってきます。順目側優先の従来の攻撃戦術と違って、ポッドの場合は左右に攻撃チャンネルができるので、どちらの方向に攻撃するかを決定する「ディレクション」という戦術コンセプトが必要になってきます。

ディレクションとは、「指揮する」「方向」という意味を持ち、ハーフ団、センターもしくはフルバックといった意思決定者が攻撃チャンネルを決定します。

第2章でも説明しましたが、攻撃側はブレイクダウンを待たずにポジショニングし、ポッド間をロングパスで繋ぐことで防御側がポジショニングできていないスペースへボールを運び、ポッド内を狭くすることでブレイクダウンが発生しても速くリサイクルできます。この「間は広く、内は狭く」が二つ目の戦術コンセプトになります。

ポッド内を狭くしてブレイクダウンをリサイクルしやすくしたとしても、真っ直ぐぶつかるだけでは防御のプレッシャーを受けることになります。

そこでポッド内でのプレッシャーを回避するために、ボールキャリアーがボールをキャッチする前に対面を外します。

この動きを「デスマルケ」と言い、次のレシーバーがデスマルケした選手と連動する動きを「コネクト」と言います。

このデスマルケとコネクトが三つ目の「戦術コンセプト」であり、このスキルを使うことでポッドに受けるプレッシャーをかわします。

ただ、これらの戦術コンセプトは普遍的なものではなく、防御の進化とともに変化していくことになります。

ここからは、スクラム、ラインアウトのセットプレイと、キックのカウンターアタックからの「１３３１」のポッドの作り方をご紹介します。これらはシーケンスを使って作ります。

ポッドの作り方

【4ポッド（スクラムから）】

スクラムからの4ポッドの作り方です。

一次攻撃で7、11、13番でブレイクダウンを作ります（図1）。

二次攻撃で4、5、8番の9シェイプでブレイクダウンを作ります（図2）。この9シェイプを使わずにバックドアの10番にパスして展開することもできます。

三次攻撃で10番から展開して6、14、15番でブレイクダウンを作ります（図3）。

四次攻撃で4、5、8番の9シェイプ、1、2、3番の10シェイプ、7、11、13番のエッジでスクラムからの4ポッドの完成です（図4）。

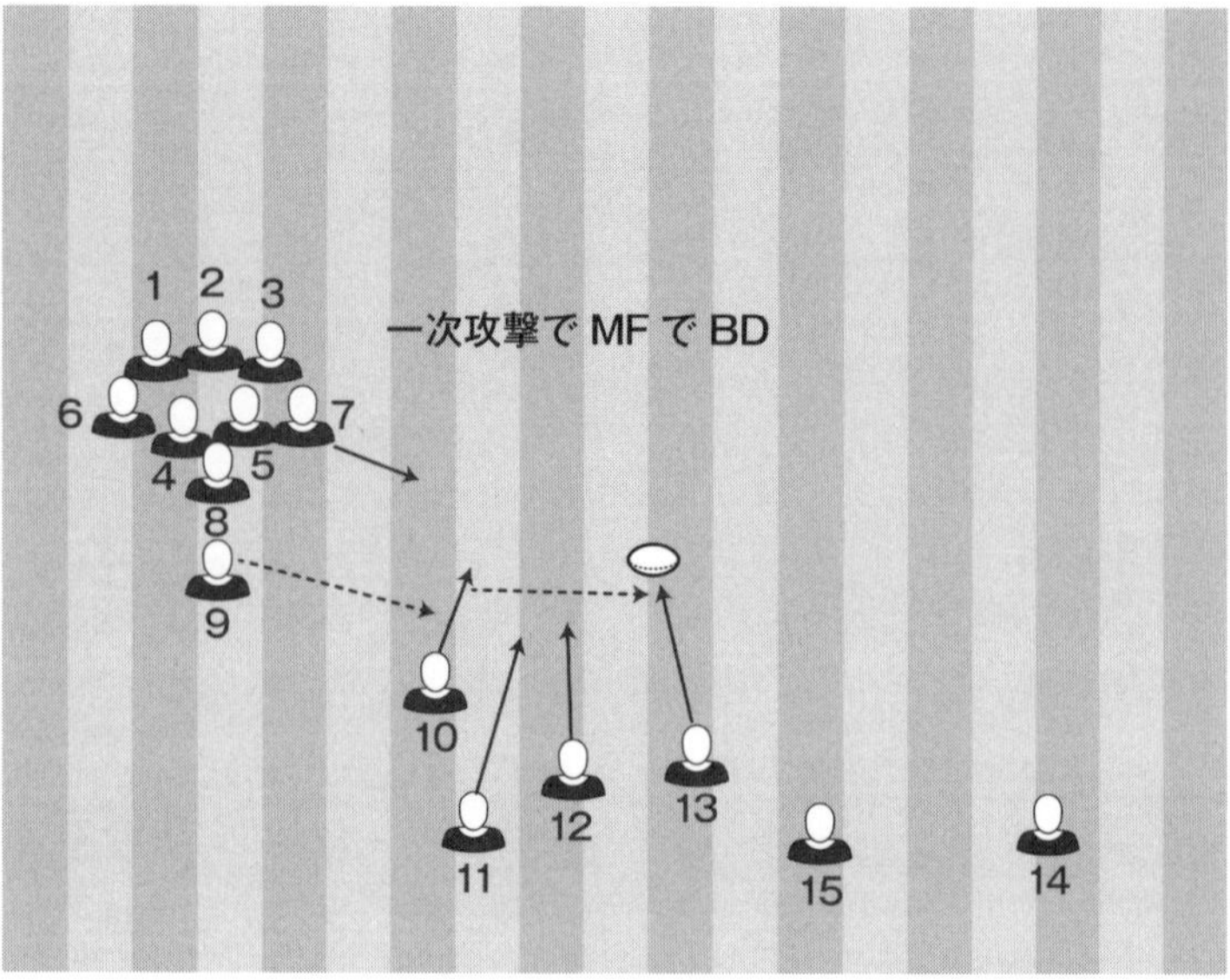
一次攻撃で MF で BD
1
2
3
6
7
4
5
8
9
10
11
12
13
15
14

図1

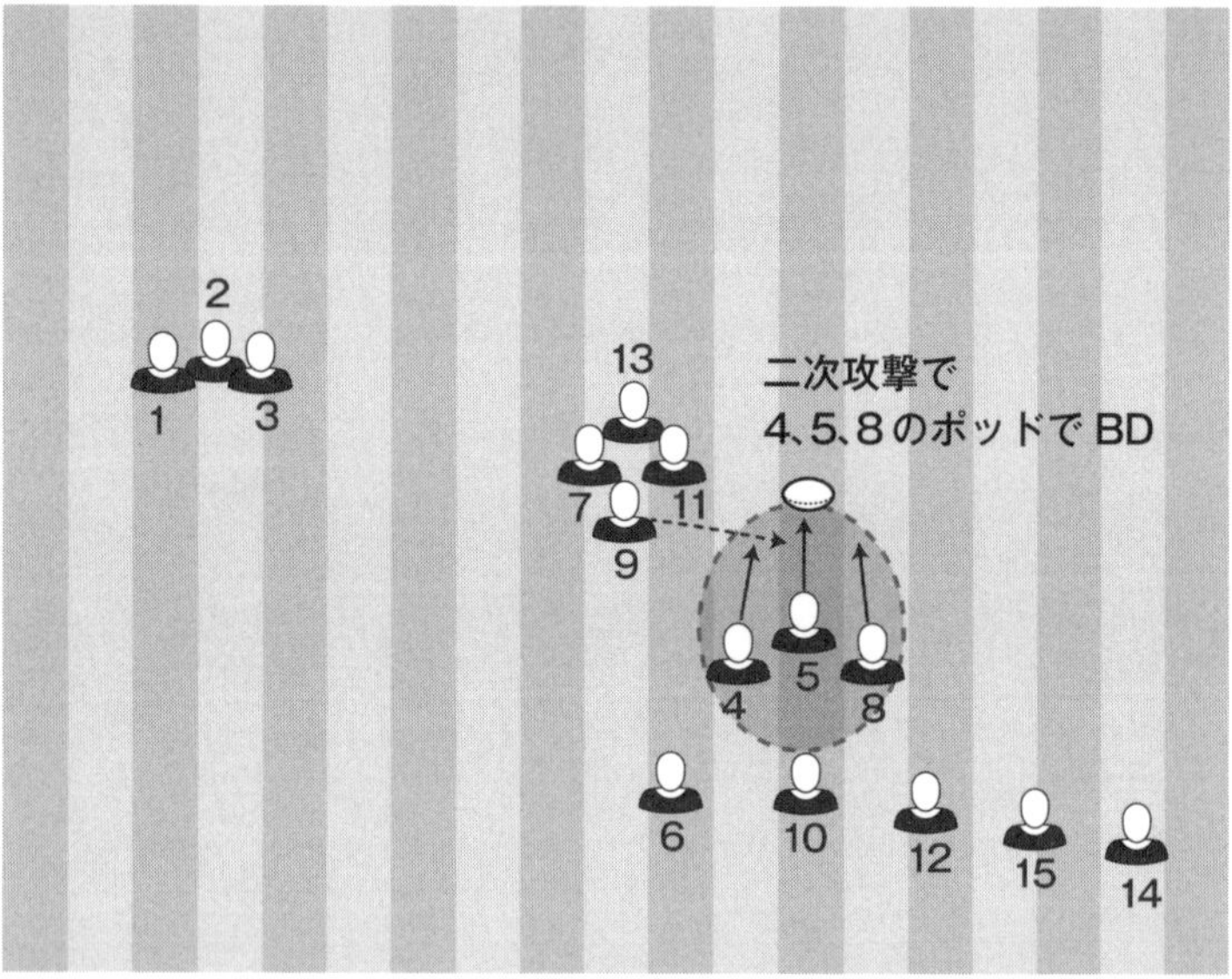
2
1
3
13
二次攻撃で
4、5、8 のポッドで BD
7
11
9
5
4
8
6
10
12
15
14

図2

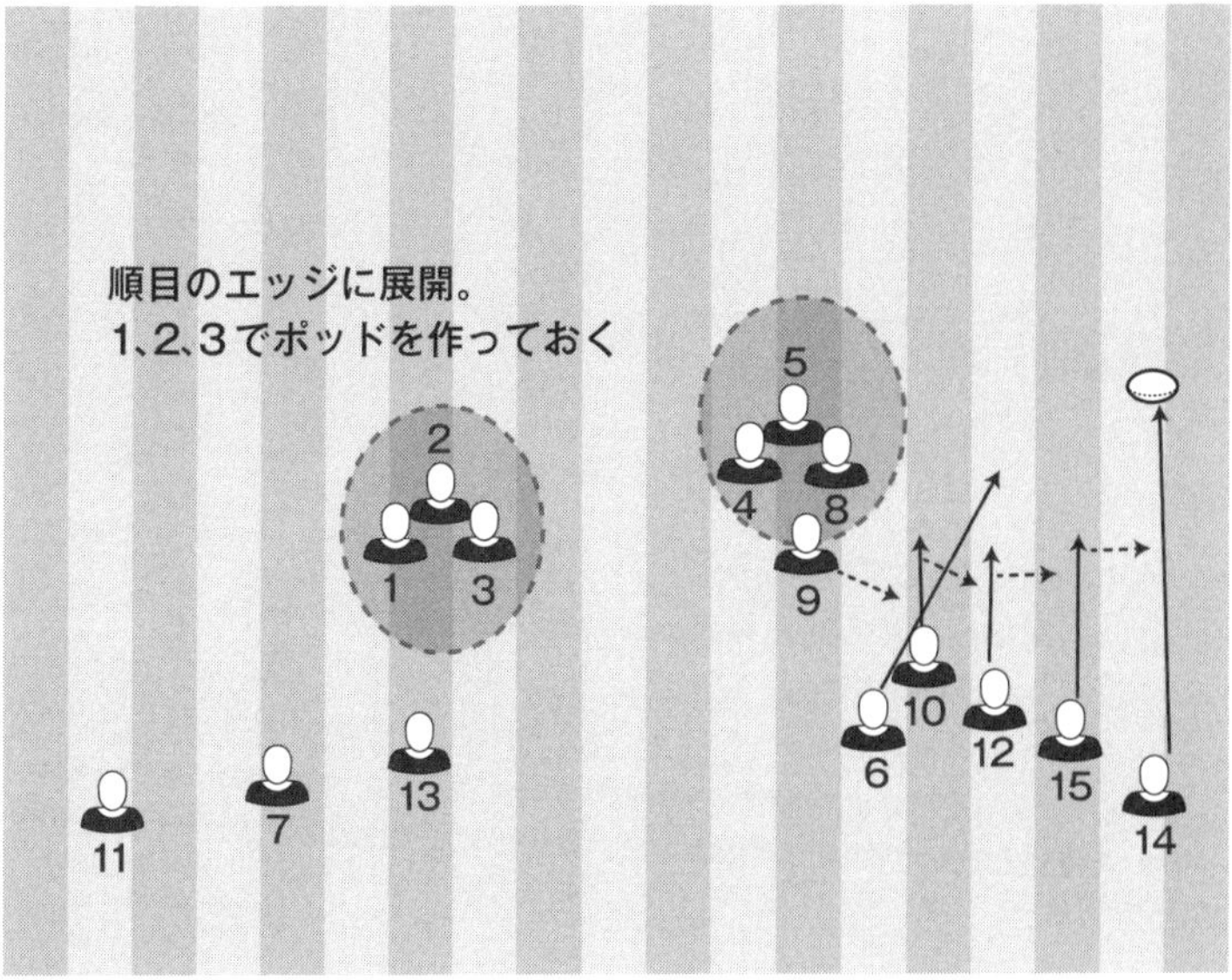
順目のエッジに展開。
1、2、3でポッドを作っておく
5
2
4
8
1
3
9
10
6
12
15
14
13
7
11

図3

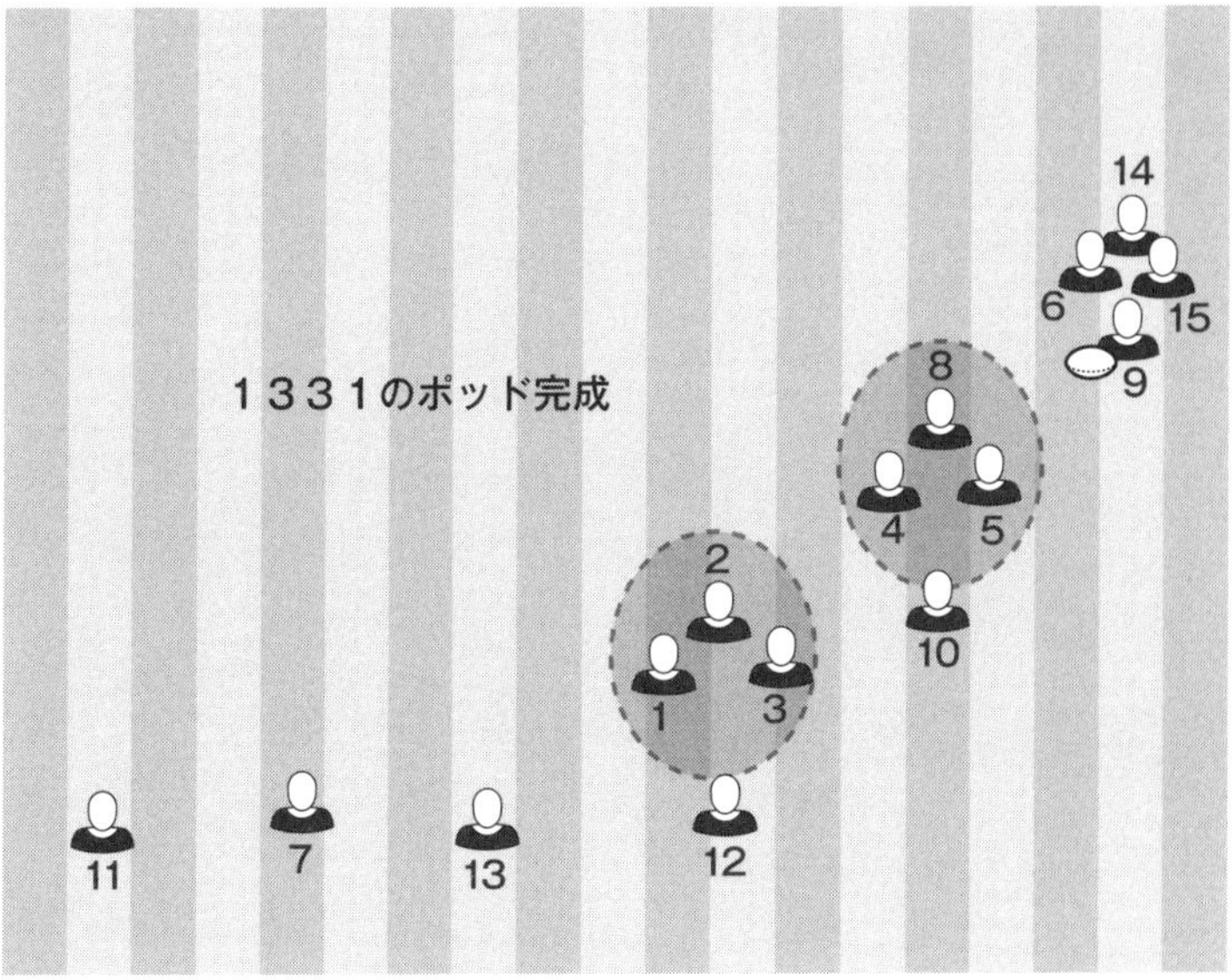
14
6
15
9
1331のポッド完成
8
4
5
10
2
1
3
12
13
7
11

図4

【4ポッド（ラインアウトから）】

ラインアウトからの4ポッドの作り方です。

一次攻撃で1、3、4番でラインアウトをキャッチして、11、12、13番でブレイクダウンを作ります（図1）。

二次攻撃で5、7、8番の9シェイプでブレイクダウンを作ります（図2）。この9シェイプを使わずにバックドアの10番にパスして展開することもできます。

三次攻撃で10番から展開して6、14、15番でブレイクダウンを作ります（図3）。

四次攻撃で5、7、8番の9シェイプ、1、3、4番の10シェイプ、2、13、11番のエッジでラインアウトからの4ポッドが完成します（図4）。

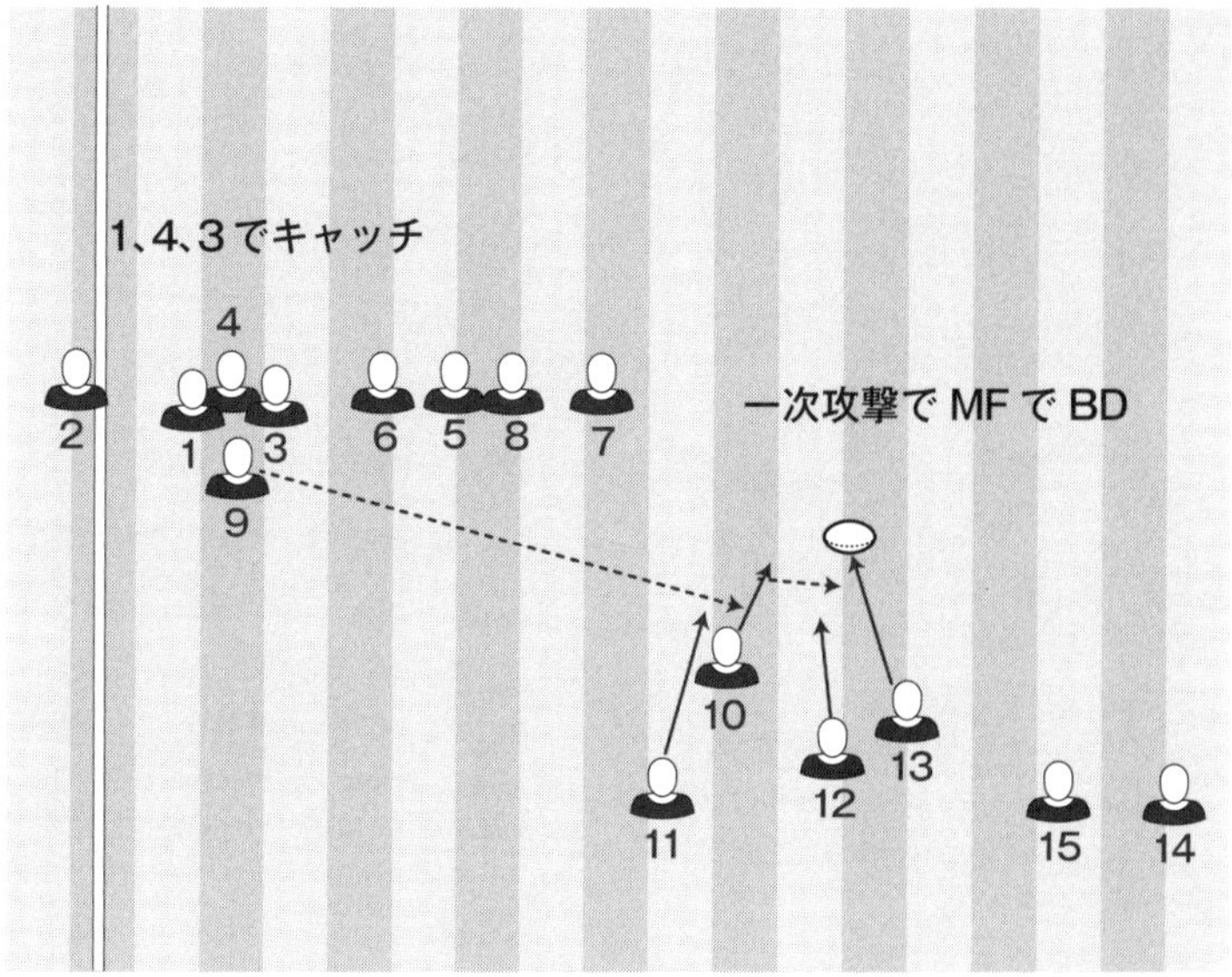
1、4、3でキャッチ
一次攻撃でMFでBD
2
4
1
3
9
6
5
8
7
10
11
12
13
15
14

図1

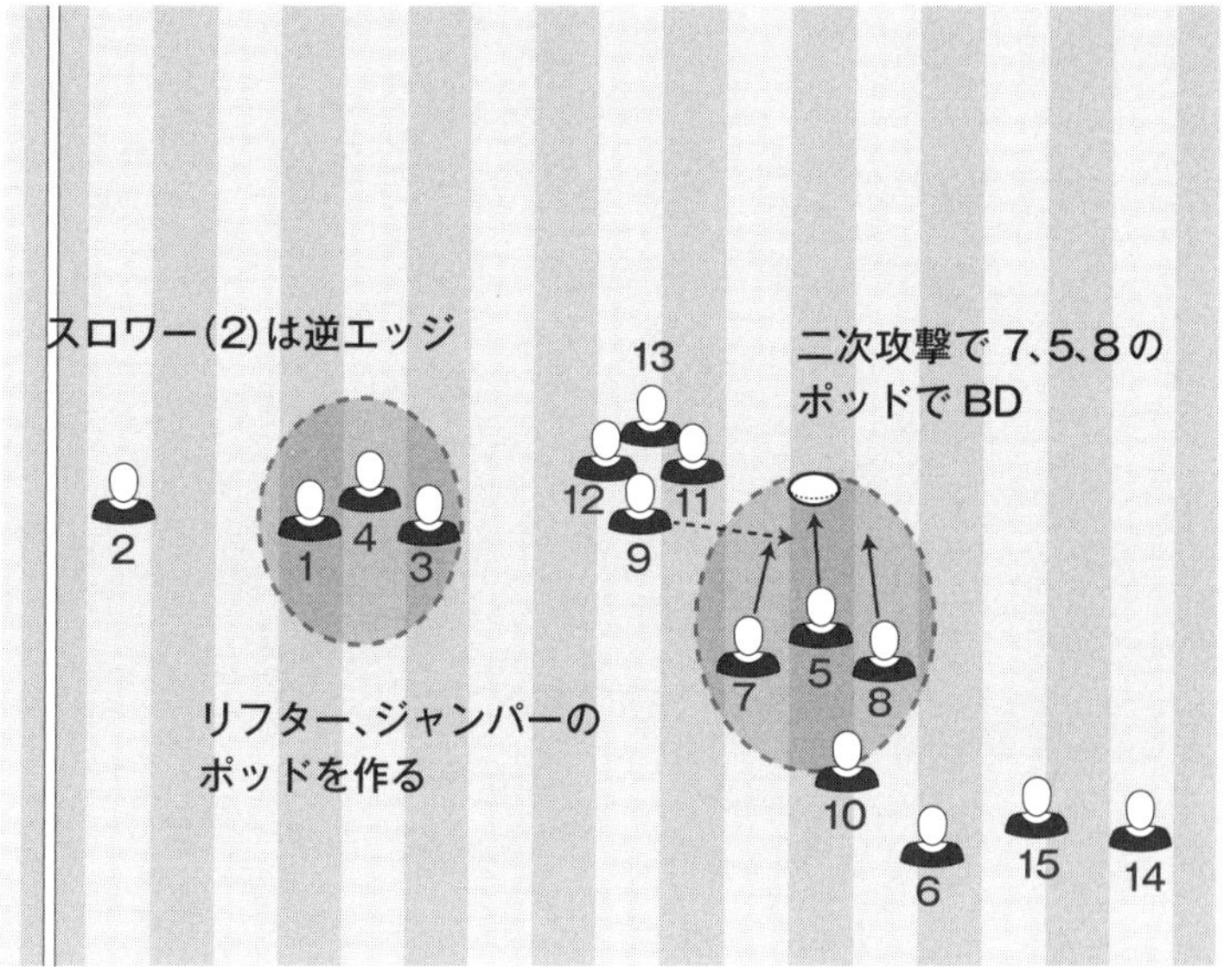
スロワー(2)は逆エッジ
二次攻撃で7、5、8の
ポッドでBD
リフター、ジャンパーの
ポッドを作る
2
1
4
3
13
12
11
9
7
5
8
10
6
15
14

図2

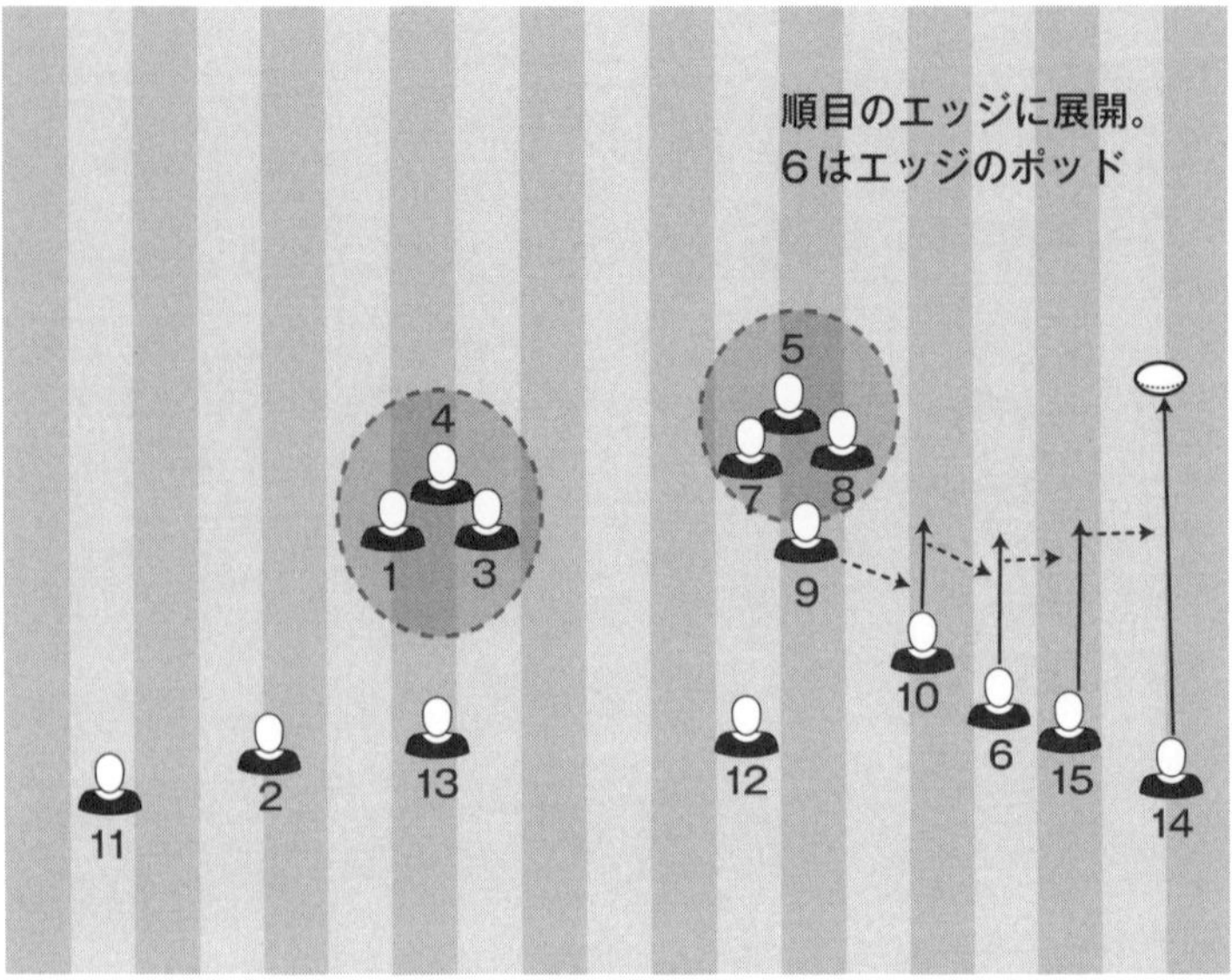
順目のエッジに展開。
6はエッジのポッド
4
1
3
5
7
8
9
10
6
15
14
11
2
13
12
図3

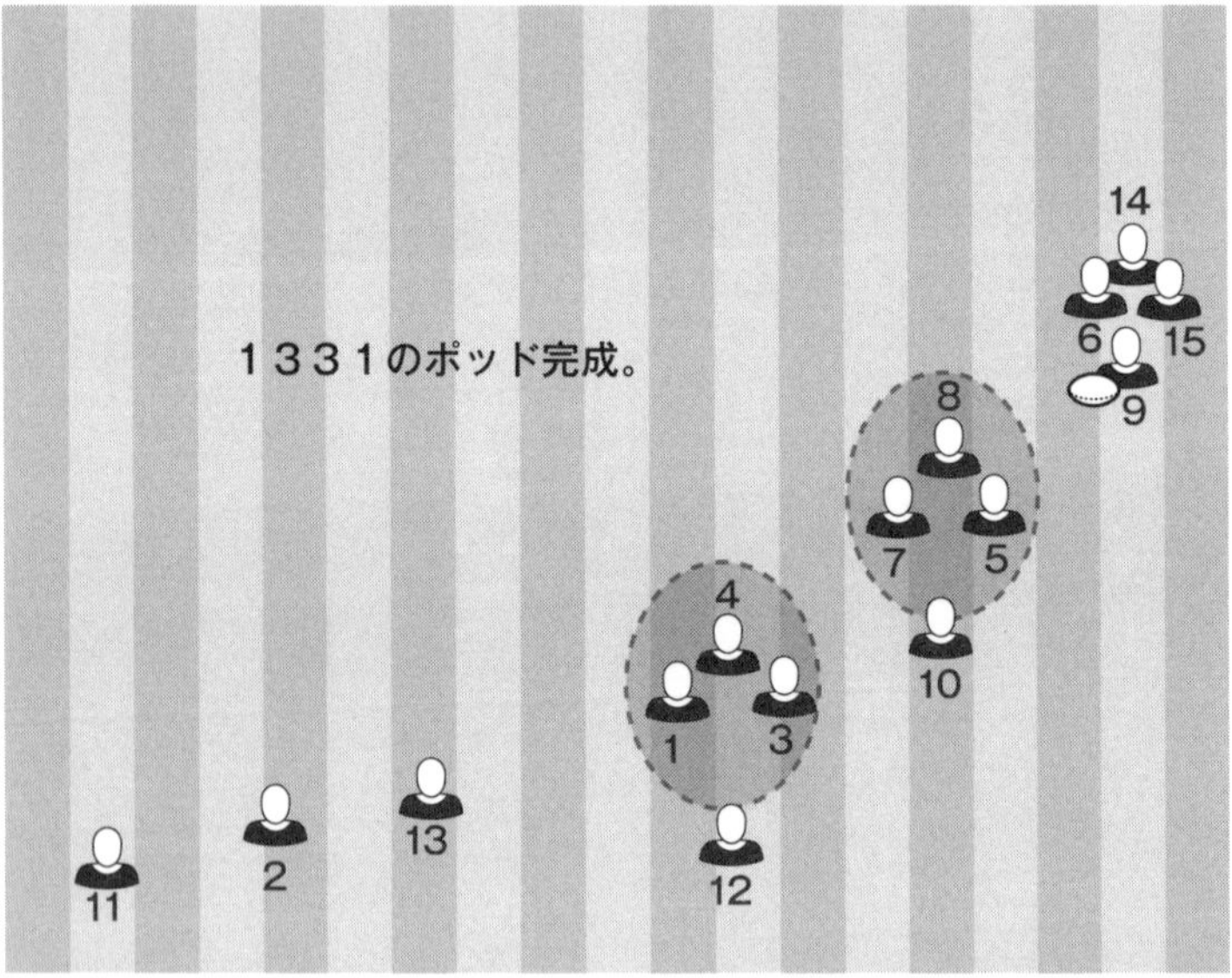
1331のポッド完成。
14
6
15
9
8
7
5
10
4
1
3
11
2
13
12
図4

【4ポッド（スクラムのカウンターから）】

スクラムのカウンターからの4ポッドの作り方です。
11、15、14、12、13とボールを繋ぎ（図1）、7、12、13、14番でブレイクダウンを作ります（図2）。
二次攻撃で4、5、8番の9シェイプでブレイクダウンを作ります（図2）。12番をエッジへ移動させます。

三次攻撃で1、2、3番の10シェイプ、6、11、12番と7、13、14番のエッジで、スクラムのカウンターアタックからの4ポッドが完成します（図3）。

カウンターアタックは逆サイドのオープン側までボールを運べないケースもあり、この他にもブラインド側でブレイクダウンを作る場合や真ん中で作る場合が出てきます。

4ポッドでは1、2、3番と4、5、8番でミッドフィールドの二つのポッド（9、10シェイプ）を作り、オープンサイドフランカーはオープン側のエッジ、ブラインドフランカーはブライン

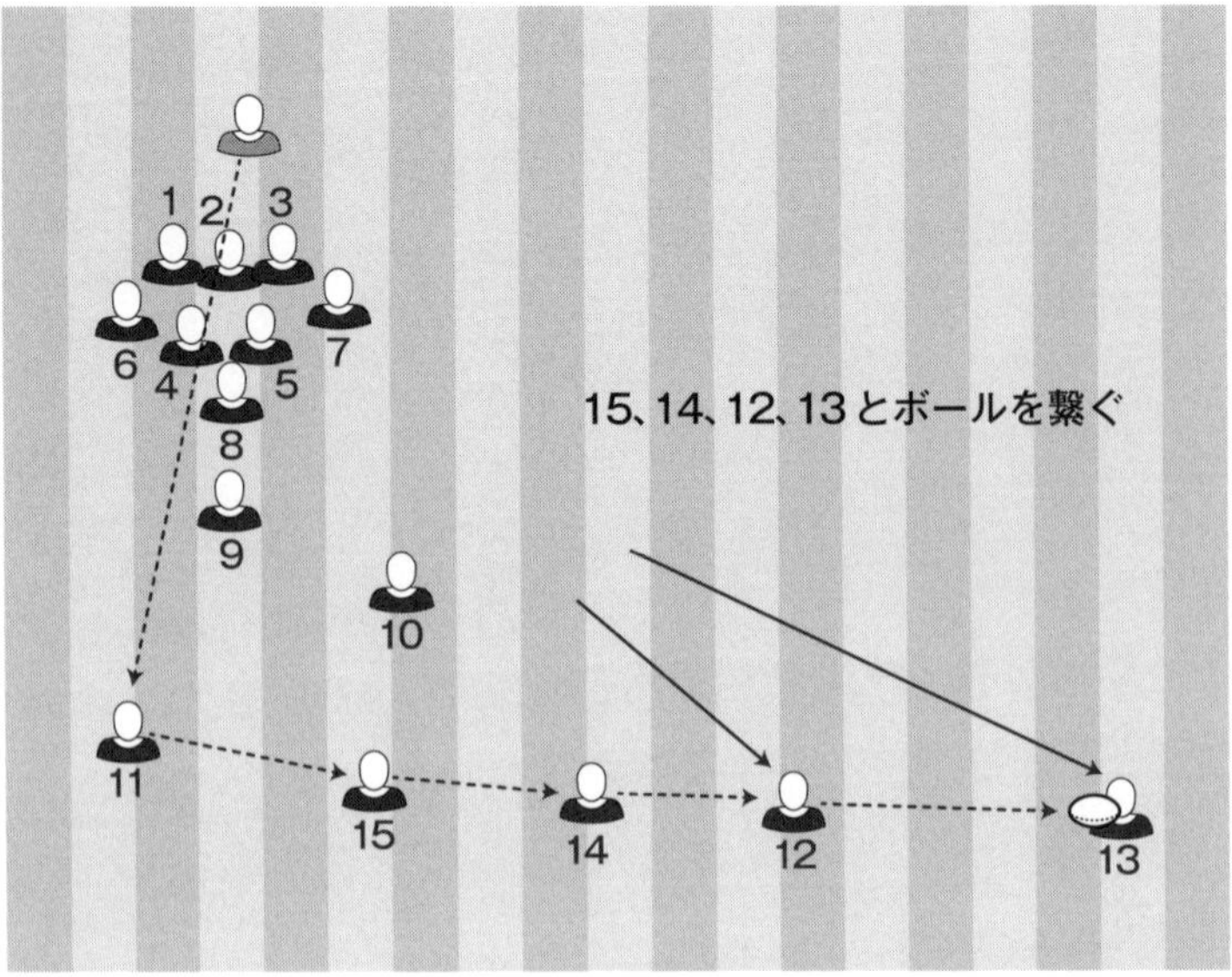
1
2
3
6
7
4
5
8
9
10
15、14、12、13とボールを繋ぐ
11
15
14
12
13
図1

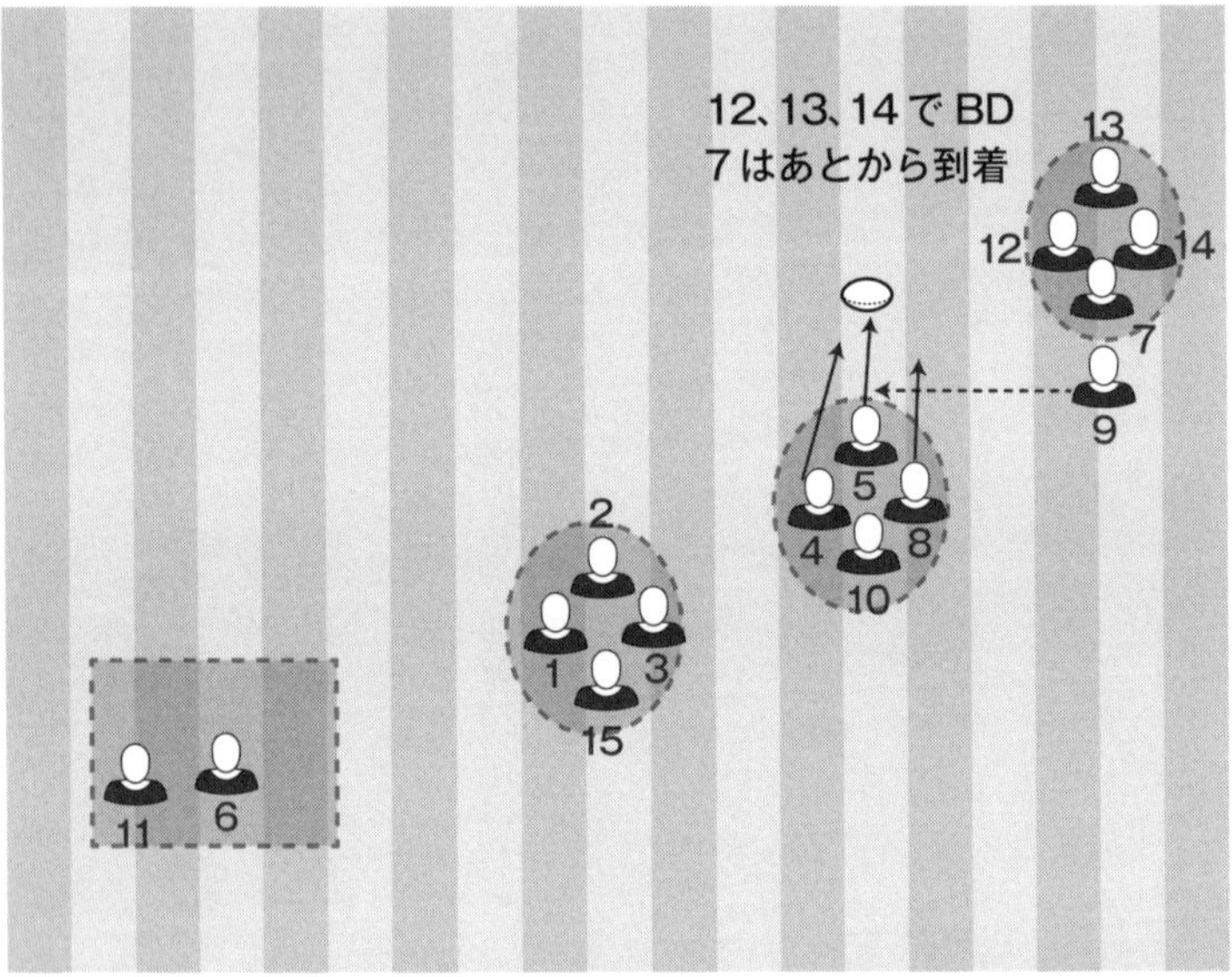
12、13、14でBD
7はあとから到着
13
12
14
7
9
5
4
8
10
2
1
3
15
11
6
図2

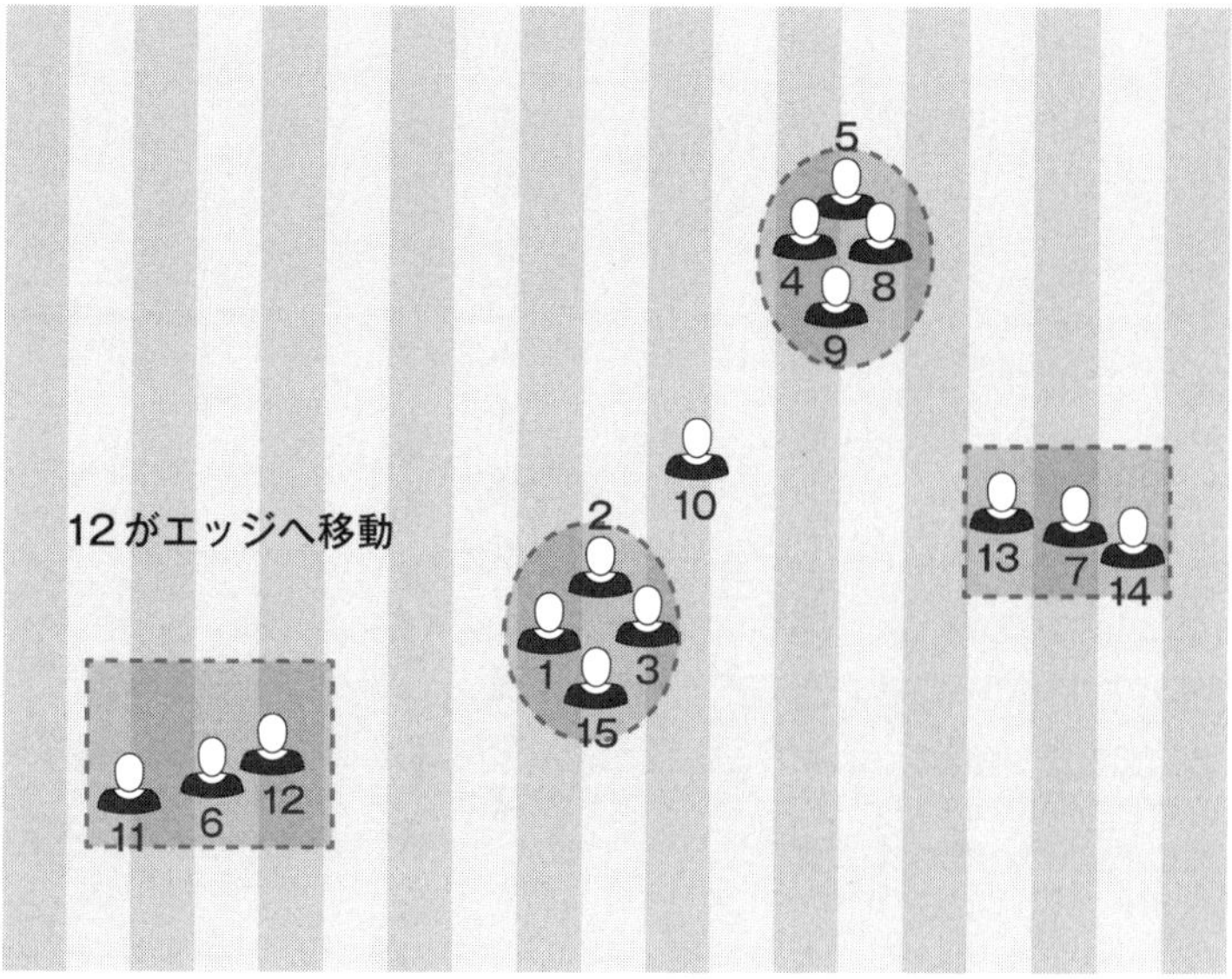

図3

ド側のエッジへ配置することで4ポッドを作ります。

また、スクラムからのポジショニングが遅れる1、2、3番をスクラムから近い方のブラインド側のポッドに、4、5、8番をスクラムから遠い方のオープン側のポッドに移動させることで、スムーズにポッドを形成することができます。

シェイプ・ポッドの現在

ラグビーは高度な駆け引きを必要とするスポーツへと変化している

２０１５年のワールドカップのジャパンは、エディー・ジョーンズさんがヘッドコーチであったために「シェイプ」を攻撃戦術として用いていました。

シェイプは「原則順目優先アタック」でしたが、２０１４年くらいからは逆目もオプション的に攻められるようになります。堀江翔太選手、アマナキ・レレイ・マフィ選手、五郎丸歩選手は2番、８番、15番とチーム内で戦術的な状況判断を必要とされるポジションであり、スキルもフィジカルも高かったので、彼らは逆目を選択することを認められるようになったのです。

その結果、相手の防御に的を絞られることなく、ジャパンはワールドカップで3勝と好成績を収めることができました。

戦術が流布し、選手の状況判断能力が高まったことで、特定の選手だけではなく「前を見て攻撃の方向を判断できる」ことが一般的になっていきます。

また、フラットに走り込んでゲインラインの攻防を有利にしていく「モーション」と呼ばれる戦術コンセプトも、前に出る防御（ラッシュアップディフェンス）が主流になるにつれて防御の的になりやすくなり、プレッシャーを浴びることになっていきます。

そこで、ボールをキャッチする位置も、防御の状況に合わせて選手が判断していくようになります。

また、ポッドの「内は狭く、間は広く」と呼ばれる戦術コンセプトも、「ラッシュアップディフェンス」により、滞空時間の長いポッド間のロングパスを防御側に利用されてプレッシャーをかけられ、ゲインライン、ブレイクダウンの攻防ともに後手に回るようになります。

その結果、ボールを大きく動かせなくなり、攻撃側がグラウンドの半分しか使えないといった状況になってきました。

そこで、ポッドもシェイプのように選手が移動するようになっていきます。

攻撃チャンネルに選手を配置するだけではなく、配置される選手をフォワードだけに限定して、バックスは「意思決定」のもと、移動攻撃をするようになりました。

「3ポッド」「4ポッド」と呼ばれていたのが、「242」や「1331」と呼ばれるようになり、シェイプは「53」といった配置のポッドに分類されるようになります。

そして2019年のワールドカップから、「フォワード配置型ポッド」は「可変型ポッド」へとさらに進化していきます。この進化でラグビーは「攻撃チャンネルのどこで数的、質的優位を作っていくのか」といった高度な駆け引きを要するスポーツへと発展していきました。

第4章

2019年
ワールドカップ分析

ジャパンの進化と強国が行っていた駆け引き

エディージャパンの戦術「シェイプ」

2015年のワールドカップでジャパンは大きく進化しました。この進化は、それまでの進化とは違い、日本ラグビーの「パラダイムシフト」とも言うべきものでした。

それまでのジャパンでは、外国人相手に体格の劣性をカバーするために「ブレイクダウンを極力作らず、ぎりぎりまで接近してパスで突破する」といった「1回の攻撃で局面を切り替えていく」という考え方に支配されていました。

そのため、「パスで抜く」ことにこだわっているように感じました。

しかし、国内では反対に「ブレイクダウンを支配する」といった考え方が主流で、ブレイクダウンの持つ戦略的な価値よりも肉体的、精神的に優位に立つことを重視していたように思います。

２０１２年、エディー・ジョーンズさんがジャパンのヘッドコーチに就任して、ブレイクダウンの持つ戦略的な価値を説き、局面を積み重ねることで防御を崩していく戦術の「シェイプ」を落とし込みました。

当時国内では、「相手より先に動いて数的有利を作る」といった物理的に相手を上回ることや、相手と駆け引きしながらキックとパスを使い分けるといったゲームの持つ駆け引きの要素よりも、「キックかパスか」といった二元論で語られることもあり、「キックは攻撃権の放棄」だとする風潮もありました。

そういう意味でも「順目に攻撃する」「徹底したポゼッションラグビー」といったエディーさんのコンセプトや哲学が日本人のマインドにもマッチして、新しい思想や概念はうまく受け入れられたように思います。

これが、ジェイミー・ジョセフさんの「ポッド」や「アンストラクチャーラグビー」が先であれば、受け入れられにくかったと推察されます。

２０１５年のワールドカップでは相手より先に動くためのクイックネスや俊敏性、ブレイクダウンで負けないフィジカル、ポゼッションラグビーを実践するためのランニングフィットネス、全てを鍛えあげられたジャパンは戦術的にも肉体的にも大きく進化していきました。

ジョセフがジャパンに求めた高度な状況判断とスキル

2016年にジェイミー・ジョセフさんがジャパンのヘッドコーチに就任して、これまでのシェイプからポッドへと、ポゼッションラグビーからアンストラクチャーラグビーへとコンセプトが大きく切り替わりました。

ポッドはシェイプに比べてランニングフィットネスの消耗は抑えられますが、フィジカル的な強度が上がることに加え、順目にポジショニングすることで防御を崩していたシェイプとは違って、「どこのチャンネルで攻撃していくのか」といった大局的な状況判断が求められます。

また、キックを使ったアンストラクチャーラグビーをする上で「キックの精度」「ハイボールのキャッチの精度」といったスキル面での高い精度はもちろんですが、セットされた局面ではなく崩れた局面からフォーメーションを作り直し、空いているスペースへとボールを運ぶといった高度な状況判断が求められます。

エディーさんは、ジャパンの選手たちが「シェイプ（ポッド）を崩れた状況で作り直す」といった大局的な状況判断に慣れていないと考え、できるだけコントロールされている局面が多いラグビーを作り、ジェイミー・ジョセフさんは、選手に状況判断やスキルの精度を上げることで、自分たちでゲームをコントロールしていくラグビーを作りました。

これはエディーさんが就任した当時は、まだ国内でシェイプやポッドがあまり使われていなかったため、そういった「リサイクルベース」の戦術自体、一般的ではなかったことが大きく影響しています。

日本経済新聞の谷口誠記者の記事（２０１９年11月15日付、日経電子版）によると、２０１５年のワールドカップ予選プールでのジャパンは９本のトライを記録しましたが、アンストラクチャーからは０本で、２０１９年のジャパンはラインアウトからのトライが31％、ターンオーバーからのトライが31％、カウンターからのトライが23％とアンストラクチャーからのトライが過半数を占めました。

アンストラクチャーと言えばキックが多い印象を受けますが、１試合当たりのパス回数は大会平均の１２３本を大幅に上回る１７４本で全チーム最多。パスミスの割合も３・３％とアイルランドの３・２％に肉薄する２位だったようです。

つまり、南アフリカのようにキックでゲームのテンポを遅らせた「ディフェンシブなラグビー」というわけではなく、キックでアンストラクチャーな状況を作り出し、自分たちのスキルと判断でその局面を打開していく極めてクリエイティブなラグビーをしていたと言えます。

防御に自信を持つ南アフリカが多用したパント

続いて、ジャパンと南アフリカは同じようにキックを使いますが、どこに違いがあるのかについて解説します。

ジャパンのキックはスペースに落とすキックパスがあったり、キックの攻防からのポッド形成がオーガナイズされているので、キックはパス攻撃に変化を与える「トランジション」のような役割を果たしていました。

ジャパンがカウンターアタックからのトライが23%もあるのは、アンストラクチャーすらも自分たちでコントロールした（ストラクチャー化）結果だと言えます。

対して、南アフリカのキックは、スクラムハーフからの「ハイパント」が多く、ハイパントをキャッチできれば南アフリカは防御が崩れた、より有利な状況から攻撃することができ、相手がキャッチミスをしたら得意のスクラムで反則を誘うこともできます。

もし、相手がキャッチしたとしても防御が得意な南アフリカは、相手からボールを奪い取れれば、陣地を有利に進めた状態で攻撃することも可能です。

また相手が蹴ってくれれば、南アフリカは同じように蹴り返して同じことを繰り返します。南アフリカは「スクラム」「防御」とゲームをコントロールできる要素が多いチームであったため、無理にパスで攻撃しなくても「ハイパント」を使っていれば、いずれは相手を崩すことができるといったチームでした。


実際、ジャパンもイングランドも、スクラムから南アフリカに崩され、ゲームをコントロールされて負けてしまいました。

特にジャパンは前半は互角に戦っていたものの、後半はスクラムから崩されてしまいました。

そういう意味では、相手よりも多くの要素で上回っていることで、相手との駆け引きが有利になるのです。

ラッシュアップディフェンスの利点と攻略法

南アフリカに予選プールで勝ったニュージーランドは、南アフリカの使うラッシュアップディフェンスの弱点である外側のスペースをキックパスで見事に攻略しました。

ラグビーはキックされるスペースを埋めるために後ろに人数を割かなければならず、防御側が必ず数的不利になるゲーム構造になっています。

南アフリカは自分たちの強みであるフィジカルのストロングポイントを全面に出すために、「ラッシュアップディフェンス」を用いていました。

このディフェンスは極度に前に出るため、防御側の外側のスペースをスライドして埋めることはできませんが、その外側のスペースにパスする時間を奪うことで不利を補う方法です。

ニュージーランドは、手で横にパスする時間がないので「前方へのパス」であるキックを使い、南アフリカの防御を攻略しました。

この手段は、敵陣ではキックで守るスペースが自陣よりも狭くなるために、前方へのキックパスは下がっている選手がキックに反応できてしまいます。そのため、自陣でしか使えないといった制約があります。

このキックパスには防御を崩し、混乱させる役割があり、一度使うと相手の防御はキックパスを警戒してプレッシャーをかけにくくなります。

ちなみに、ジャパンも開始早々にこのキックパスを使って、前半は南アフリカの防御を混乱させることに成功しました。

ニュージーランドは準決勝で、南アフリカと同じラッシュアップディフェンスを使うイングランドと対戦しましたが、イングランドは後ろのスペースを空けるといった博打とも言えるやり方で、ラッシュアップディフェンスによって生まれる外側のスペースを消してきました。

つまり、後ろに下がっている選手を1人前に上げることで、ニュージーランドがパスで攻撃するスペースを消したのです。

ここにはおそらく、「セットプレイを避けたい」「イングランドにボールを渡したくない」とするニュージーランドの思惑を完全に読んでいたエディーさんの分析力の高さがあったのだと推察されます。

スクラムと防御で南アフリカがワールドカップを制す

ニュージーランドは防御の構造上生まれる外側のスペースに対して、2016年から独自のアプローチを取っていました。

前の章でも触れましたが、シングルタックルでブレイクダウンにプレッシャーをかけないといった方法で、攻撃側がブレイクダウンに3人いるのに防御側は1人、もしくは0人といった状況を作り出し、ラインディフェンスに立つ人数を増やすことに成功します。

しかし、その分ブレイクダウンは弱く、イングランドはブレイクダウンで圧倒的に優位に立ち、ニュージーランドの防御のポジショニングが間に合わない状況を作り出します。つまり、立っている人数は多くても有効な位置に立てていなければ何の意味もありません。

そうして、ニュージーランドはイングランドに打つ手無く破れてしまいました。

決勝の南アフリカとイングランドの一戦は同じスタイルを持つチーム同士の対決。スペックが高い南アフリカと、戦術的に多彩な攻撃を持つイングランドという構図でしたが、イングランドがポゼッションラグビーで対抗します。

南アフリカはスクラムを起点にゲームをコントロールしましたが、イングランドのポゼッションラグビーにニュージーランドとの対戦時のような思い切りの良さが感じられず、「キッキングゲームでは勝てないのでポゼッションラグビーに踏み切った」といった後ろ向きな選択のように感じました。

この2019年のワールドカップでは、「キッキングラグビー」が制したように見えますが、物事はそう簡単ではありません。ハイパントの攻防が増えたことでスクラムの機会が前大会1試合平均の13回から18回に増えて（日経新聞・谷口記者調べ）、「スクラム」と「防御」が優勢だった南アフリカが制した大会であったと言えると思います。

Hei
H

2019年ワールドカップ主要試合レビュー

この大会のジャパンの5試合と、戦略的、戦術的に興味深かった予選プールのニュージーランド対南アフリカ、準々決勝のニュージーランド対アイルランド、準決勝のイングランド対ニュージーランド、決勝の南アフリカ対イングランドをレビューしていきたいと思います。

【ジャパン対ロシア】
前半のジャパンのアタックがうまくいかなかった原因

ワールドカップ開幕戦、照明の影響なのか開始早々、ハイパントと立て続けにキャッチミスをおかし、ロシアに先制トライを奪われます。

自国開催の開幕戦、確実に勝たなければいけないプレッシャーから、明らかにメンタルに強い負荷がかかり、攻撃面でミスを連発します。

防御が崩れていないのにゲインすることにこだわり、優位でない状況でオフロードで繋ごうとしてミスをしたり、オフロードした後に孤立してブレイクダウンにプレッシャーをかけられるなど苦しい状況が続きます。

またブレイクダウンにプレッシャーがかかるため、必要以上の人数がかかり、次のポッドが作れないといった悪循環に陥ります。

さらにはゲインを意識するあまり、全体的に「前がかり」になってしまい、サポートも浅く、タックルされた時に良いスピードと角度でブレイクダウンに入れないため、リサイクルスピードが遅くなります。また、オフロード後にできたブレイクダウンでは、サポートが１人しかいないのに、浅い位置にいるためサポートが遅れて、相手を真後ろに倒すことができずに横方向に相手を倒す形になりました。結果、ブレイクダウンの真上を守れず、プレッシャーを受けてしまいました。

前半は常に後手後手の攻撃が続きましたが、エッジでのバックスの攻撃で、ロシアのタックルを受けて外側の防御が寄った瞬間に、バックフリップのオフロードパスを繋いでトライを返します。

以降も、バックスのバックフリップでの外側へのオフロードパスと、ダブルラインでバックドアにプレッシャーがかからないように、バックドアを1人ではなく2人配置する攻撃は機能していきます。

高い集中力と精度を維持できたジャパンの防御

ロシアの攻撃は、ミッドフィールドのフォワードのポッドでゲインしてジャパンの防御のポジショニングを遅らせ、エッジのポッドにボールを運ぶシンプルな攻撃。ジャパンの防御の精度が高く崩される場面はほとんどありませんでした。

ジャパンは、ダブルタックルからブレイクダウンにプレッシャーをかけてボールリサイクルを遅らせ、エッジへの展開にはプレッシャーをかけてターンオーバーを繰り返します。

ロシアは打つ手がなく、ミッドフィールドでゲインできないので、エッジにボールを運ぶこともできず、ハイパントで一か八かを狙うしかありませんでした。

ジャパンはキャッチ自体は100点ではありませんでしたが、しっかり戻っていたので、相手はキャッチミスをチャンスにつなげることはできませんでした。

攻撃と違って防御は戦術的な負荷が低く、単純な行為の繰り返しになるのでメンタルの負荷も攻撃に比べて低くなります。

攻撃面においては、集中し過ぎているような状態が裏目に出ているように見えましたが、防御面においては、その集中力がロシアの力強い攻撃を止めるのに役立ちました。

ただし、防御面はメンタルの負荷が低いと言えど、入れ込み過ぎると個人で飛び出してギャップを作ったりすることが見られますが、そういったミスもなく、非常に精度の高い防御を80分間繰り返していたように思います。

防御面での素晴らしいパフォーマンスに加え、後半はターンオーバーなどのチャンスを確実にトライに結び付け、勝ち点5という最高の結果を出したことは、この先の戦いにおいて有利になったことは間違いありません。

【ジャパン対アイルランド】高度なピストンアタックでゲームを支配したジャパン

ジャパンは「１３２２（※数字の配列や可変の仕方については次項で詳しく紹介します）」のポッドを使い、エッジにフランカー、ＮＯ８のラブスカフニ選手、マフィ選手、姫野選手がポジショニングします。

突破力のあるマフィ選手や姫野選手をエッジに並べて、そこでの突破がこの配置の意図です。

ジャパンは9シェイプを起点に、カットアウトでダブルタックルをかわして1人のタックラーにスネイクにつき、3人で押し込んでブレイクダウンから速いリサイクルで展開します。

アイルランドは「チョークタックル」でキャリアーを抱えあげようとしますが、ジャパンはカットアウトして低く持ち込むのでチョークされません。また、チョークされそうになればサポートの選手はボールキャリアーではなく、チョークしているアシストタックラーにタックルしてチョークを剥がしにいきます。

アイルランドは、ジャパンの速いリサイクルの攻撃に防御のポジショニングが間に合わず、オフサイドや倒れこみといった反則を連発。

これに乗じてジャパンは、冷静にPGを重ねてアイルランドを追いかけます。

前半最後、ジャパンは驚異的な戦術でアイルランドを攻め立てます。

エッジと9シェイプを交互に連続して攻撃する「ピストンアタック」からポッドの形を変化

させ、数的、質的優位ができる場所を変えていったのです。

防御側のウイングが立つエッジの外側に、突破力のあるフォワードを置いてミスマッチを作り出したかと思えば、10シェイプとエッジのポッド間にフォワードを走り込ませたり、エッジの2人のフォワードを3人に増やして優位を作ったりと、防御をどんどん混乱させていきます。

それが「セット」ごとではなく、「フェイズ」ごとにポッドが可変していくのですから、アイルランドは相当に混乱したはずです。

「防御のグルーピング（集める）」のために行う「ピストンアタック」という戦術行為を、ジャパンは逆サイドの配置を変えるための「時間稼ぎ」として利用しました。

フェイズごとにフォーメーション（配置）が変わるのは、ワールドカップ前のニュージーランド対トンガ戦のニュージーランド以来であり、高い意思決定能力がないと実行できない極めて戦術的な難易度が高い行為です。それをこの当時、世界ランキング2位のアイルランド相手にやってのけて、ゲームを完全にコントロールしていました。

アイルランドはロングパスにはプレッシャーをかけ、ドミネント（支配的な）タックルからブレイクダウンにプレッシャーを与えてターンオーバーを図りますが、原則的には内側からスライドしていくゾーンディフェンスのため、ジャパンの9シェイプにはプレッシャーをかけずにチョークタックルを狙います。
ジャパンは9シェイプでゲインを狙わず、チョークされないように低く持ち込み、速いリサイクルで攻撃することを徹底していました。
そのため、アイルランドの防御のポジショニングは間に合わず、常に後追いになってしまったため、ジャパンの可変していくポッドに全く対応できませんでした。

完璧だったジャパンのディフェンス

ジャパンの戦術が機能するかどうかは、ブレイクダウンの「リサイクルスピード」が鍵を握っており、初戦のロシアはここにプレッシャーをかけていたために、ジャパンは自分たちの意図した形をなかなか作れませんでした。

アイルランドの攻撃はエリアを進めるためにハイパントを使い、50／50の状況からボール確保を狙うラグビーで、敵陣深くではフォワードでゲインし、防御を集めてバックスで展開してトライを奪おうとします。

ジャパンは、いつものようにキックをうまく使ったラグビーではなく、この日は自陣からでもボールをパスで動かす「ポゼッションラグビー」でアイルランドに挑みました。

前半早々にアイルランドは敵陣深くで意図通りにフォワードでジャパン防御を集めて（グルーピング）、外側にスペースを作り出し、キックパスでトライを奪います。

一番外側にいたフルバックの山中亮平選手もフォワードがゲインされていたために、内側に寄せられ、内から外にボールを追いかける格好になりました。

内から外の場合、キックパスの軌道が見えづらく、アイルランドからすると想定通りのトライです。

しかし、ジャパンの防御はよく機能していました。

ダブルタックルで相手を押し返してブレイクダウンでプレッシャー。

ボールを奪い返せなくても相手のブレイクダウンリサイクルが遅れるので、防御のポジショニングに余裕が生まれ、防御側であるジャパンがどんどん有利になります。

ゲインされても、全員が素早く戻ってポジショニングするのでアイルランドにチャンスを作らせません。

後半37分、ジャパンの「ラッシュアップディフェンス」からプレッシャーを受け続けたアイルランドが不用意なロングパスを放り、それを福岡堅樹選手がインターセプト。

奇しくも、アイルランドのやりたかった防御をジャパンが行って見事に守りきります。

また、ラインアウトモールもアイルランドに押させず、セットでもジャパンは見せてくれます。

前半は自陣深くのスクラムでターンオーバー、後半も自陣深くのラインアウトでターンオーバーし、最後はフィールドアタックでも自陣深くで堀江翔太選手が低くタックルに入って、ボールキャリアーを下から抱えるような「タートルタックル」で相手を味方側に向けて、姫野和樹選手のジャッカルを誘いました。

この「タートルタックル」は、アイルランドのスタンドオフ、ジョナサン・セクストン選手が得意とする非常に高度なスキルですが、見事に使いこなして、ジャパンは全てのゾーン（地域）で、フィールドアタック、セット、モールとアイルランドの攻撃の手を詰んでいきました。

アイルランドはジャパンの「ポゼッション」を奪う戦略により、攻撃のチャンスは少なかったのですが、ハイパントを軸に攻撃された方がジャパンとしては脅威でした。

正スタンドオフのセクストン選手の欠場は、アイルランドの戦略的にも非常に痛かったと思われます。

【ジャパン対サモア】

ブレイクダウンは強くとも攻防においてオーガナイズされていないサモアに対し、ジャパンはアイルランド戦とは異なり、自陣ではハイパントを中心に組み立てて敵陣に侵入します。

サモアの攻撃はパワフルなフォワードが縦に走り込んだり、ブレイクダウンからフォワードのピック&ゴーでゲインして防御をグルーピングしたり、ポジショニングを遅らせてスピードのあるバックスで防御を崩すシンプルな戦術。ジャパンは走り込んでくるフォワードにダブルタックルでゲインさせず、そのままブレイクダウンでプレッシャーをかけます。

その結果、サモアは「バックスにボールを出すか」「キックを使うか」の選択を迫られます。バックスにボールを出しても防御は崩れていないためにプレッシャーを受け、ボールを奪われてしまうので、サモアはキックを使うことで、アンストラクチャーな状況を作り出そうとしました。

ハイパントを有効に使ったジャパン

サモアの狙いはロングキックで敵陣深くに侵入し、ジャパンにカウンターでロングキックを蹴り返させて、走るスペースがあるところで、走力のあるバックスがカウンターアタックをランで仕掛けて崩していくというものでした。しかし、ジャパンはカウンターをロングキックではなくハイパントにして、サモアの脅威であるカウンターアタックを封印。

ジャパンはハイパントによって、敵陣を「攻防戦線」にして、相手に攻撃させればターンオーバーや反則を誘い、キックを蹴ってくればハイパントを蹴り返す、相手をいわゆる「詰んだ」状態に前半の早い段階から持ち込みます。

またカウンターがロングキックであれば、サモアのフォワードを前後に大きく走らせることができませんが、ハイパントであれば次の攻防の準備が必要になるので、すぐに戻らなければならず、サモアのフィットネスを奪うことができます。

ジャパンの「カウンターハイパント」という手は、今その瞬間だけでなく「ゲームの終盤」に向けて打った手でもありました。

サモアはロングキックで局面を変えられないので「ハイパント」を軸に中盤を戦ってきますが、ジャパンはアンストラクチャーからでもストラクチャーを作ることができるので、相手のハイパントもうまく利用してポッドで攻撃します。

ジャパンのカウンターには判断基準があり、ハイパントキャッチ後のブレイクダウンにバックスの選手が1人しか参加してない時は逆側のエッジへポッドを使って崩し、バックスの選手がブレイクダウンに多い場合はハイパントを蹴り返します。

攻撃のリスクをブレイクダウンのバックスの参加人数で判断していました。

サモアはジャパンのハイパント戦術、ポッド戦術についていけず、反則を連発。ジャパンは確実にPGでスコアを重ねていきますが、サモアもブレイクダウンにプレッシャーをかけて反則を誘い、同じくPGによる得点で追いかけます。

ジャパンは前半、ハイパント以外にもスクラムやモールといったオーガナイズしやすい部分でサモアに対して戦略的に優位に立とうとしますが、うまくいかず、ゲーム内容ほど点差はつけられずにハーフタイムになります。

後半開始早々の5分、ジャパンはサモアのハイパントからカウンターでポッド攻撃を開始。

9シェイプのショートパスで突破を図りますが、そこに的を絞られ、サモアがプレッシャーをかけてPGで先制されます。しかし、ジャパンもモールでトライを奪い、スクラムでも優位に立っていきます。

その後のサモアのキックオフでジャパンはまたもやミスをおかし、自陣深くのサモアボール。この数的不利な状況でもジャパンはアンブレラディフェンスを巧みに使い、プレッシャーをかけて相手にゴールラインを割らせません。

しかし、ブレイクダウンで反則をおかし、サモアはスクラムを選択。そのスクラムでジャパンは見事にプレッシャーをかけて、相手のNO8にボールを持ち出させて姫野和樹選手がジャッカル。この段階で、ジャパンはゲームのほとんどの要素でサモアを圧倒し、完全にゲームをコントロールしました。

意図したアタックが最後に実る

この試合、中盤はハイパントの応酬だったので、前回のアイルランド戦で見られた「ピストンアタック」からのポッドの可変はほとんどありませんでしたが、後半最後のキックオフリターンからジャパンの意図した攻撃が見られます。

ジャパンはキックオフリターンでボールをキャッチした後、2フェイズ目でボールを展開し、3フェイズ目で逆目9シェイプでブレイクダウン。4フェイズ目でスタンドオフの田村優選手の外側にフォワード1人を走り込ませて、内側に交代で入ったセンターの松田力也選手へリターンパス。サモアのブレイクダウンから1人目がハーフへプレッシャーをかけ、2人目がリターンパスを見なければならないところを、スタンドオフの田村優選手が外向きのキャッチから縦にカットインしたところへ詰めてしまい、松田力也選手にスペースが生まれて防御を崩し、最後のトライが生まれます。

これもサモアのブレイクダウン周囲の役割が明確でないことを分析した上でのプレイであり、実際この試合で何度も同じプレイを行なっていましたがうまくいかず、最後の最後で成功しました。

ジャパンは、「ハイパント」でサモアの脅威とフィットネスを奪い、後半にスクラムとラインアウトモールを修正して、ゲームを完全にコントロール。サモアのブレイクダウン周囲を狙う戦術で防御を崩して4トライを奪い、ボーナスポイントを勝ち得ることができました。

自分たちで完全にゲームをコントロールして意図した勝利を得た素晴らしい試合でした。

【ジャパン対スコットランド】
ジャパンが用意した三つの戦術

配置されたポッドにボールを運ぶスコットランドに対して、ジャパンはそのスコットランドのポッドにプレッシャーをかけてダブルタックルを続けます。

空いている外側（エッジ）に対してはボールを運ばせないように、外側が前に出るアンブレラディフェンスで対応します。

ジャパンは反則やミスから先制トライを奪われますが、防御自体は崩れません。

また2015年の前大会では完敗したセットプレイ、モールでもスコットランドを完全に押さえ込みます。

ジャパンは、ボールを大きく動かすとポジショニングが遅れるスコットランドのミッドフィールドを攻撃の軸にして、片側にスコットランド防御を集めて、一気に逆サイドのオープン側での突破を狙います。

ジャパンが今回スコットランド相手に用意した戦術は三つです。

一つ目は、ミッドフィールドの二つの9シェイプでムーヴを用意してエッジに運ぶこと。

二つ目は、エッジでのピストンアタックで内側の防御の足を止めるために、フォワードをブロッカーとして走らせること。

三つ目は、二つの9シェイプやエッジでのピストンアタックで防御を片側に集めることができれば、10番の外側にフォワードをフラット、内側に15番を走らせて、10番の周囲で防御の足を止めて外側にボールを運ぶことです。

ラインスピードの上がらないスコットランドディフェンスの穴を突いたジャパン

スコットランドは防御のポジショニングが遅く、面で連動してラインスピードを上げてディフェンスできないので、前に出ず、キャリアーを捕まえて抱え上げる「チョークタックル」を防御の基本戦術としていました。

スコットランドが防御でプレッシャーをかけてこないので、ジャパンは速いブレイクダウンリサイクルから防御を崩してスコアを重ね、ジャパンがリードしてハーフタイムに入ります。

後半になるとスコットランドは、「2312」のポッドで、外側にフォワードを2人ずつ配置して優位を作ろうとしますが、10シェイプのフォワードが1人のポッドにプレッシャーをかけられ、ボールを外側に運べません。

しかしジャパンは自陣深くを守りきり、タッチキックを蹴ったところで集中力が切れて、スコットランドのクイックスローイングから2トライを奪われます。

スコットランドは、ジャパンの攻撃を止めようとラインスピードを上げようとしますが、面が連動できないのでバラバラに飛び出し、そのギャップを突破されます。

しかし、ブレイクダウンでブリッジしている選手に執拗にプレッシャーをかけて、スコットランドのターンオーバーが徐々に増えてきます。こうしてスコットランドは後半の中盤にジャパンのブレイクダウンを攻略したものの、結局はジャパンの固い守りを崩し切ることはできませんでした。

予選プールでのジャパンは、アイルランド、スコットランドと強豪ながらも防御のラインスピードが遅い相手との対戦だったので、速いリサイクルの攻撃がよく機能しましたが、準々決勝で対戦する南アフリカは、ラインスピードが速いのが特徴の一つです。

ジャパンはその速いラインスピードに、どう対抗するのかが見所になります。

【ニュージーランド対アイルランド】

アイルランドの攻撃はミッドフィールドを9シェイプの連続で相手をグルーピングし、空いたエッジを攻める戦術です。

ニュージーランドは、アイルランドの9シェイプでゲインされないのでグルーピングされることもなく、エッジの攻撃にプレッシャーをかけターンオーバーからトライを奪います。

アイルランドはモールを押そうとするのですが、これもニュージーランドに封じられ、手も足も出ません。

ハイパントを使って混沌とした状況（アンストラクチャー）を作り出そうと試みるも、ニュージーランドにキャッチャーを守る動きである「エスコート」を完璧に使われ、アイルランドは成す術がありませんでした。

10シェイプを巧みに使ったニュージーランド

ニュージーランドは得意のポゼッションラグビーではなく、開始早々、敵陣でハイパントを使い、アイルランド防御を混沌とさせます。

ニュージーランドの「1232」のポッドの軸は10シェイプ。その10シェイプを使って相手防御をスプリットし（二つに分けて）、意思決定者であるスタンドオフのリッチー・モウンガ選手とフルバックのボーデン・バレット選手が分かれてポジショニングすることで、チャンスのあるサイドを攻撃します。

10シェイプでゲインされると、防御はどちらかのポジショニングが間に合わなくなり、スピードあるバックスと、エッジにいる突破力のあるフォワードの選手に完全に防御を崩されてしまいます。

アイルランドは10シェイプにプレッシャーをかけないといけないのですが、ゾーンで内側からプレッシャーをかけていく防御システムなのでプレッシャーをかけられません。

ニュージーランドは、9、10シェイプのポッド内でショートパスを使い、アイルランド防御を突破していきます。

「ポッド内のショートパス」には、ノミネートをして内外同時にプレッシャーをかけることで攻略できますが、パスに反応して内側からプレッシャーをかけるアイルランドの防御では、その外側の選手は内側の選手に追い付いていないために、ニュージーランドのロングパスで内側の選手は誘い出され、ショートパスで突破されていったのです。

アイルランドは、ノミネートしてパス先にもプレッシャーをかける「アンブレラディフェンス」をほとんど使わなかった（使えない）ので、常に後追いになっていきました。

ジャパンに負けたのも必然だったと言えます。

【ジャパン対南アフリカ】
南アフリカの防御の外側をいかに攻略するか

南アフリカは、ジャパンが予選プールで戦ったチームとは違い、ディフェンスのラインスピードが速く、そのままブレイクダウンにプレッシャーをかけてくるチームです。

アイルランドやスコットランドは外側の数的不利を解消するために、内側からスライドして「スペース」を奪いますが、南アフリカやイングランドはプレッシャーをかけて、その空いている外側へパスでボールを運ぶ「時間」を奪います。

そのために、先に外側がパス先にプレッシャーをかける「アンブレラディフェンス」を防御戦術として用いています。

ジャパンは、パスではそのスペースにボールを運ぶ時間がないので、相手のフルバックやウイングがキックを警戒して下がっている自陣から前にパスができる「キックパス」を使えるかどうかが、南アフリカとの防御の駆け引きという面から見ても重要です。

開始早々、ジャパンは「332」のポッドで、自陣深くからキックパスを使って南アフリカの防御と駆け引きしていきます。

惜しくもパスは繋がりませんでしたが、南アフリカはこれで外側が思いきって上がりにくくなりました。

次に、ジャパンはエッジと9シェイプのピストンアタックから「３３１１」というポッドで、またしても南アフリカ対策の戦術を披露します。

南アフリカはロングパス、特にバックドアへのパスにプレッシャーをかけることで、ゲインラインとブレイクダウンの攻防を有利に運ぼうとしてきます。

そこでジャパンは、この南アフリカの防御の意図を逆手に取ります。

ポッドを三つ重ね合わせる「トリプルライン」を作り、二つのバックドアで南アフリカの防御を前に誘い出し、この三つのポッドを狭く深くすることで、届かないはずの外側のスペースにボールを運び、南アフリカの防御を完全に攻略します。

ジャパンは「キックパス」と、狭く深い「トリプルライン」で南アフリカの防御を飛び出しにくくしたところで、さらに「３３２」のポッドのミッドフィールドを「９シェイプ」にするのではなく、外側の優位をいかすために10シェイプにして、グラウンドを広く使って防御を崩していきました。

南アフリカはセットやモールで優位に立ち、セットアタックでトライは取ったものの、ジャパンは懸案であったハイパントキャッチも「エスコート」を使って問題なくこなし、前半はジャパンがゲームをコントロールした状態でハーフタイムを迎えます。

田村優の負傷交代で「意思決定者」を失う

しかし後半は、スクラムやモールで徐々に圧倒され始めます。

キックパスを使うも、南アフリカの外側の防御は警戒して上がってきておらず、簡単にキャッチされてしまいます。

さらにタックルで負傷したスタンドオフの田村優選手が交代。

ジャパンは、スペースがないところでポッドの配置を変えて自ら優位を生み出す「意思決定者」を失い、攻撃面でも苦境に立たされます。

今まではポッドを動かすことで防御を動かし、防御が崩れかけてから仕掛けることで優位に立っていました。

しかし、ロシア戦と同じように「ゲインを取ること」にこだわって、スペースが少し見えた時点で仕掛けてしまい、防御側は崩れかけているわけでもないので、キャリアーは孤立し、ブレイクダウンにプレッシャーをかけられターンオーバーされます。

また、開始直後は「狭く深かった」ポッドも「浅く広く」なり、南アフリカの防御の的になりました。

前半はスペースを作るためにフェイズを重ねていましたが、後半はゲインを積み重ねようとして、南アフリカの速い防御の前でプレッシャーを受け続ける結果となりました。

前半、ジャパンは南アフリカのキックに対して、自陣から攻撃して敵陣へ侵入することができましたが、後半のジャパンの攻撃はターンオーバーされて自陣でポゼッションを失うことになり、ジャパンが蹴り返したとしても、南アフリカも蹴り返して打つ手がなくなり、完全に南アフリカがゲームをコントロールしてノーサイド。

ベスト４の壁は高かったのですが、このワールドカップで素晴らしい戦いを見せてくれたジャパンに対して心から敬意を表します。

【イングランド対ニュージーランド】
イングランドが採った大胆な防御システム

シングルタックルで、ブレイクダウンにはキャリアーが孤立してる時以外はプレッシャーをかけず、ポジショニングを優先してラインディフェンスで優位に立とうとするニュージーランドに対して、イングランドは序盤から順目に速いリサイクルで攻め立てます。ニュージーランドは2秒以内にブレイクダウンをリサイクルされるために防御のポジショニングが間に合わず、開始早々にトライを奪われ、完全にイングランドがゲームの主導権を握ります。

イングランドは恐るべき手段でニュージーランドの攻撃に対処します。後ろに蹴られるリスクを承知で、外側に防御の人数を確保し、ニュージーランドのポゼッションラグビーに対抗しました。

通常、防御はキックを警戒して、バックラインに最低2人は割かなければなりません。その結果、外側に生まれる数的不利に対して、アイルランドやスコットランドは外側のスペースを埋めることに優先順位が高く、アタックへのプレッシャーが少なくなったために、ジャパンの速いブレイクダウンリサイクルアタックの前に敗れました。

逆に南アフリカは、そのスペースを無視して前に出ることを優先。パスをする時間を奪うことで、そのスペースに運ばせないようにしましたが、予選プールのニュージーランドは南アフリカに対して、「キックパス」というアイデアで前にパスをすることで防御を崩しました。

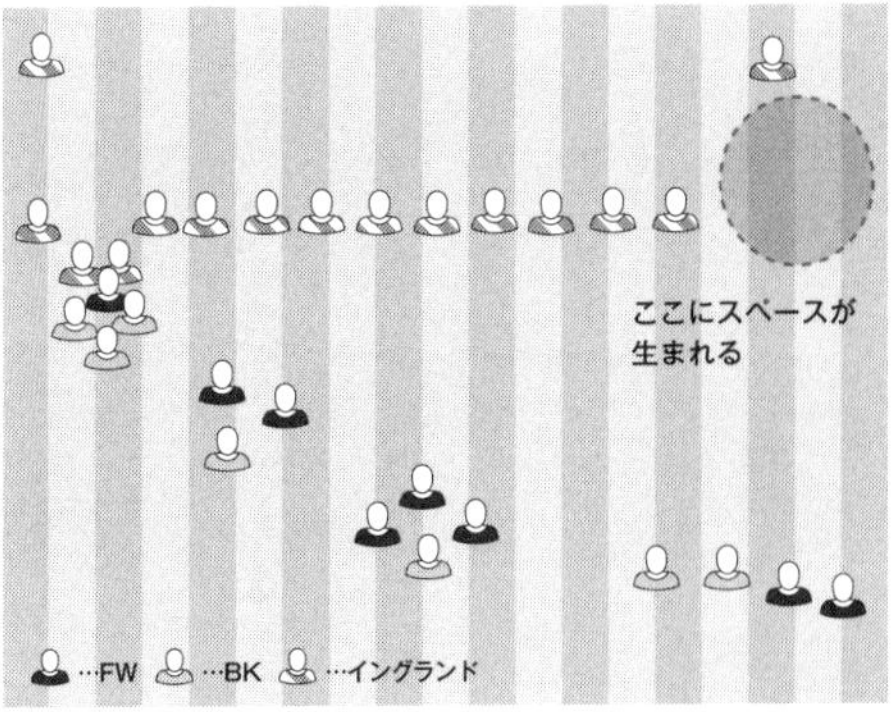
ここにスペースが
生まれる
…FW …BK …イングランド

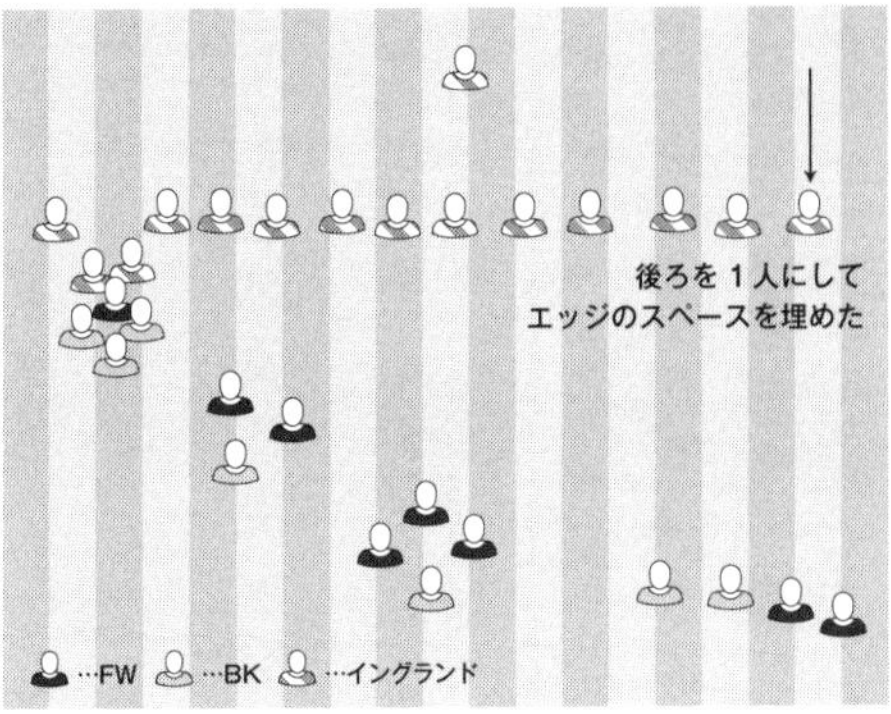
後ろを１人にして
エッジのスペースを埋めた
…FW …BK …イングランド

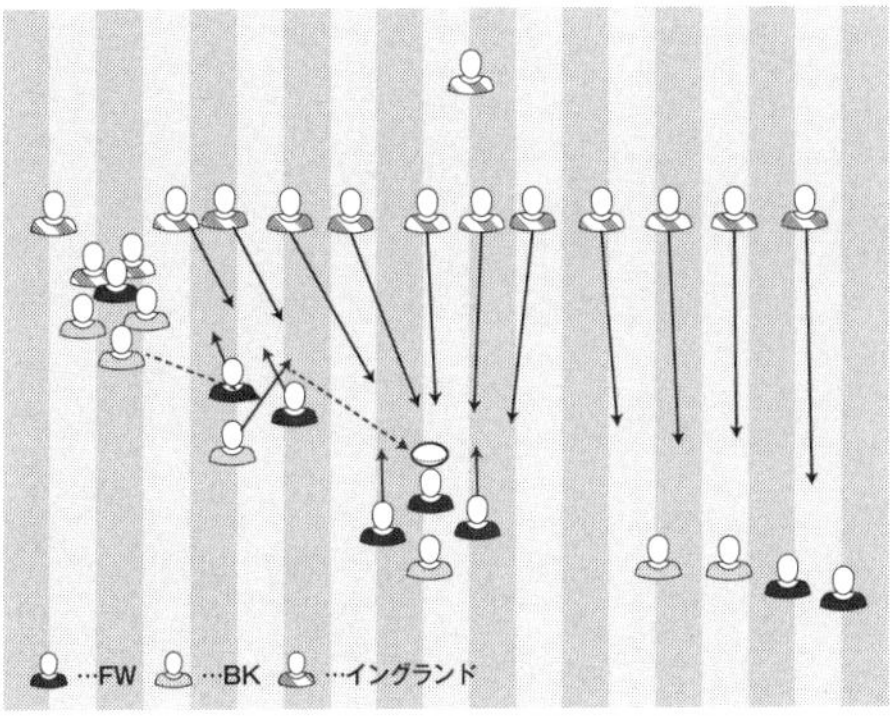
…FW …BK …イングランド

つまり、プレッシャーをかけながら、この外側のスペースをいかに埋めるかがどのチームにとっても命題になっています。イングランドは、マンマークのラッシュアップディフェンスを採用しており、外側にスペースが生まれるため、このスペースをどう対処するのかが見所の一つではあったのですが、なんとイングランドはバックラインを1人にして、キックを蹴られるリスクをおかしてまで、外側のスペースを消してきました。

現代ラグビーは身体の大きさが優位性を保つ鍵

イングランドはスクラムでもプレッシャーをかけ、ニュージーランドのブレイクダウンにもどんどんプレッシャーをかけます。

対するニュージーランドは、ミッドフィールドで防御をスプリットさせて、スタンドオフのリッチー・モウンガ選手とフルバックのボーデン・バレット選手の2人の意思決定者が空いているサイドを攻撃する、「2プレイメーカー」システムを用います。

そのため、パワーがありスキルフルなNO8のキアラン・リード選手を10シェイプに置いてゲインを狙いますが、イングランドは「1232」の「2」の9シェイプにはボールが渡らないことを読み切って「3」の10シェイプに徹底的にプレッシャーをかけました。

プレッシャーをかけることで、例えターンオーバーできなくてもゲインラインの攻防を有利にして、ブレイクダウンリサイクルを遅らせ、防御がポジショニングする時間を稼ぎます。

さらに、エッジは外側がかぶるアンブレラディフェンスでロングパスをインターセプト。

かくして、パスで攻撃できるスペースを消してきたイングランドは、恐れることなくラッシュアップディフェンスを貫徹し、ニュージーランドは空いている裏のスペースに一度しか蹴らず、イングランドに完全にゲームをコントロールされることとなりました。

ニュージーランドの「シングルタックルでブレイクダウンにプレッシャーをかけずに、ラインディフェンスで数的優位に立つ」とするコンセプトは、ブレイクダウンリサイクルを基調とする現代ラグビーのゲーム構造の前に完全に破れました。イングランドは構造上生まれる外側のスペースをキックで攻められるリスクをおかしてまで消し去るという大胆なシステムを、このワールドカップの準決勝という大舞台で成し遂げて勝利を収めたのです。

ニュージーランドは、準々決勝のアイルランド戦ではキックをスペースにうまく蹴り込んで陣地を有利に進めていたので、キックを蹴らないわけではありません。

イングランドのヘッドコーチ、エディー・ジョーンズさんは、「あのニュージーランドの防御ではイングランドからボールを取り返せないことをニュージーランド自身がわかっているので、徹底的にポゼッションで来る」と読んで、このような防御システムで臨んだのではないかと考えます。

逆に言うと、ニュージーランドはイングランドや南アフリカのような防御が身体特性上できないと判断して、「シングルタックル」という戦術で臨んでいたのだとすれば、ブレイクダウンリサイクルが鍵となる現代ラグビーにおいては、身体の大きさが大きな優位を示すことになると考えます。

【南アフリカ対イングランド】攻守に精彩を欠いたイングランド

エッジのスペースを無視したラッシュアップディフェンスをベースに、キックとスクラム、モールを軸に戦う両チームではありますが、アタックオプションに関してはイングランドの方が豊富です。

そのイングランドがフィールドで優位に立つための条件として、ブレイクダウンにプレッシャーをかけてくる南アフリカに対し、「ブレイクダウンを速くリサイクルできるか」「エッジのスペースをどう攻略するか」に大きな興味がありました。

準決勝のイングランドはニュージーランドが蹴れないことを見越して、ラインディフェンスに14人を並べることで空いているエッジを埋め、ニュージーランドにポゼッションラグビーを選択させた上でフィールドの攻防で完全に優位に立ちました。しかし、同じ土俵では南アフリカに勝てないと踏んで、ニュージーランドと同じ「ポゼッションラグビー」を選択します。

イングランドは得意なキッキングラグビーではなくポゼッションラグビーを選択したためか、あるいはニュージーランドとの大一番の後のためか、安易なミスを連発。そんな中、開始早々に3番が退場し、スクラムでは南アフリカが大きく優位に立ち、ゲームをコントロールしていきます。

ハイパントの攻防でも、イングランドは相手にキャッチさせてからタックルでターンオーバーを狙うのに対して、南アフリカは競ることができる位置にハイパントを上げて再獲得していきます。

南アフリカはハイパントの攻防と、それを再獲得してのスクラムという優位な要素を増やしていきました。

防御においては、南アフリカはいつも通りのラッシュアップディフェンスですが、イングランドは空いているエッジのスペースへキックパスを使わないので防御を崩せません。イングランドはこの大会で、トライを奪う以外の局面やセットプレイ以外で、防御を崩すためにキックパスを使う必要がなかったので、使わなかったのではなく使えなかったのかもしれません。

準決勝までのイングランドは、フラットに走り込みゲインを重ねることで防御を崩してきましたが、同じことを南アフリカ相手にするとダブルタックルの餌食になり、リサイクルスピードを上げられず、防御を崩すことができません。

本来、ダブルタックルされないようにカットアウトでタックルを1人外してリサイクルを速くしたり、ジャパンがしていたように狭く深いラインで防御の的にならないようにします。しかし、付け焼き刃的にはできるはずもなく、防御のポジショニングが遅れる逆目をピストンアタックで狙うも、ロングパスを逆にスクラムハーフのファフ・デクラーク選手に狙われて完全に打つ手を摘まれました。

また、速くボールが出てきたとしても、ミスしないように慎重にプレイしていたためかスクラムハーフの意思決定が遅く、相手の防御が整う時間を与えていました。

「ゲーム前の駆け引き」で勝負が決まっていた

一方、南アフリカがエッジのスペースにボールを運ぶ際は、キックの攻防やターンオーバーからのアンストラクチャーに限定し、中盤は優位に立っているハイパント、敵陣ではイングランドがエッジのスペースを埋めようとしてバックラインが1人になるので、空いているスペースへロングキック。さらにラインアウトからのモールだけでなく、敵陣深くではリモールでチャンスを作ったりとキックパスを使わないイングランドとは対照的に、南アフリカはキックとセットとモールで完全にゲームをコントロールしました。

セット、モールの強さを武器に「キッキングラグビー」でしか戦わず、「ポゼッションラグビー」の権化であるニュージーランドには予選プールで敗れた南アフリカ。

ニュージーランドがキックを蹴ってこれないと読み切って、後ろを空けることでエッジのスペースを埋め、スペースがないところで、ニュージーランドに「ポゼッションラグビー」をさせて勝ち切ったイングランド。

同じスタイルの決勝では、よりスペックの高い南アフリカがイングランドに「ポゼッションラグビー」をさせて勝ち切るところに、このワールドカップの準決勝、決勝と「ポゼッションを選択させられるかどうか」といった「ゲーム前の駆け引き」で勝敗がついていた大会であったと言えます。

ワールドカップで見られた「可変式ポッド」

通常、ポッドアタックは配置されたチャンネルから動かず攻撃していきますが、ワールドカップ前からニュージーランドをはじめ、ジャパン、イングランドで配置が可変していくポッドが見られるようになりました。

ポッドが可変していくことで優位が生まれるチャンネルが変わり、防御側は常に対応を迫られますが、ブレイクダウンが速くリサイクルされてしまうとポジショニングが間に合わなくなり、攻撃側にその優位性をいかされてしまうという戦術です。

この戦術は、サッカーの「ポジショナルプレイ」によく似ており、フェイズごとにフォーメーション（配置）が変わるので、それを定義するのは困難になります。

では、ジャパンの可変式ポッドを紹介していきたいと思います。

ジャパンは、エッジと9シェイプを交互に繰り返してアタックする「ピストンアタック」で、防御をグルーピング。ピストンアタックをしている時間を利用し、防御の状況に応じて逆サイドでフォワードの配置を変える戦術です。優位がエッジの外側だけでなく、ミッドフィールドで生まれたり、エッジとミッドフィールドのポッド間に作ったりと極めて高度な戦術と言えます。

アイルランド戦「1322」→「2321」

前半2分、左側のエッジの「2」には突破力のあるフォワードの姫野和樹選手やアマナキ・レレイ・マフィ選手を配置して外側で数的優位とミスマッチを作り出します。ジャパンは「1322」のポッドで展開（図1・2）。折り返しは「2321」とポッドを可変させて、9シェイプの「3」とエッジ「2」のポッドを使い、連続の折り返しの「ピストンアタック」（図3・4）で防御を片側に集めて（グルーピングして）スペースを反対側に作り出して展開します（図5）。

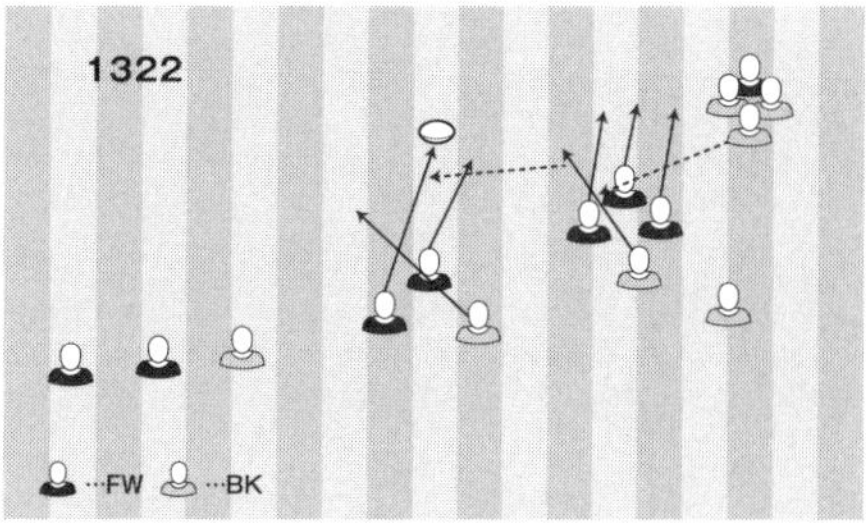

図1

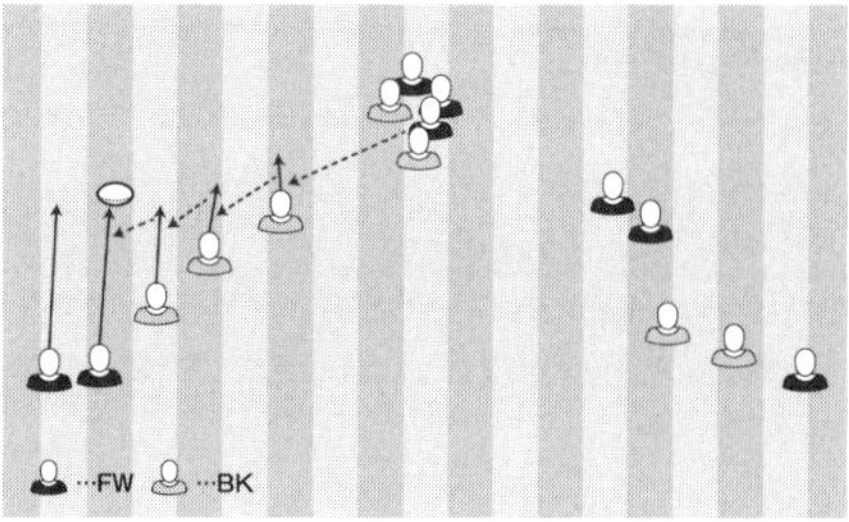

図2

エッジでブレイクダウンを作り（図６）、さらに外側にバックスで展開して、最後はグラバーキックで惜しくも抑えることはできなかったものの良い攻撃でした（図７）。

最後のポッドは「２３２１」とフォワードの配置は４つしかありませんが、フォワードが「１」のポッドで攻撃した後、さらに順目にバックスだけで攻撃したために攻撃チャンネルは５つになります。従来は「３ポッド」や「４ポッド」というように攻撃チャンネルとポッドの数が同じでありましたが、今はフォワードの配置しか決まっていないので、バックスだけで攻撃チャンネルを作れるようになりました。

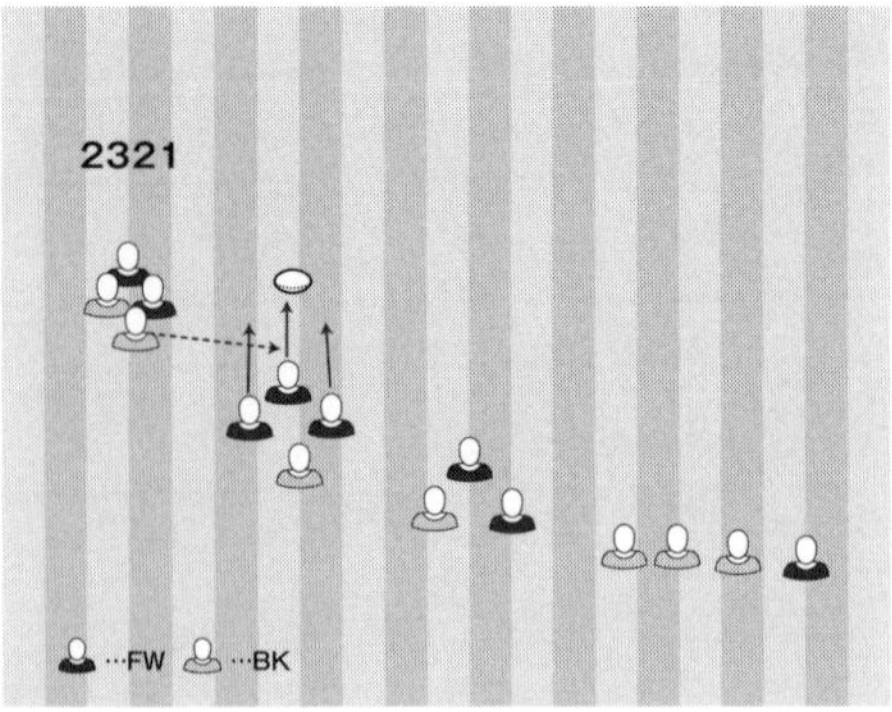

図3

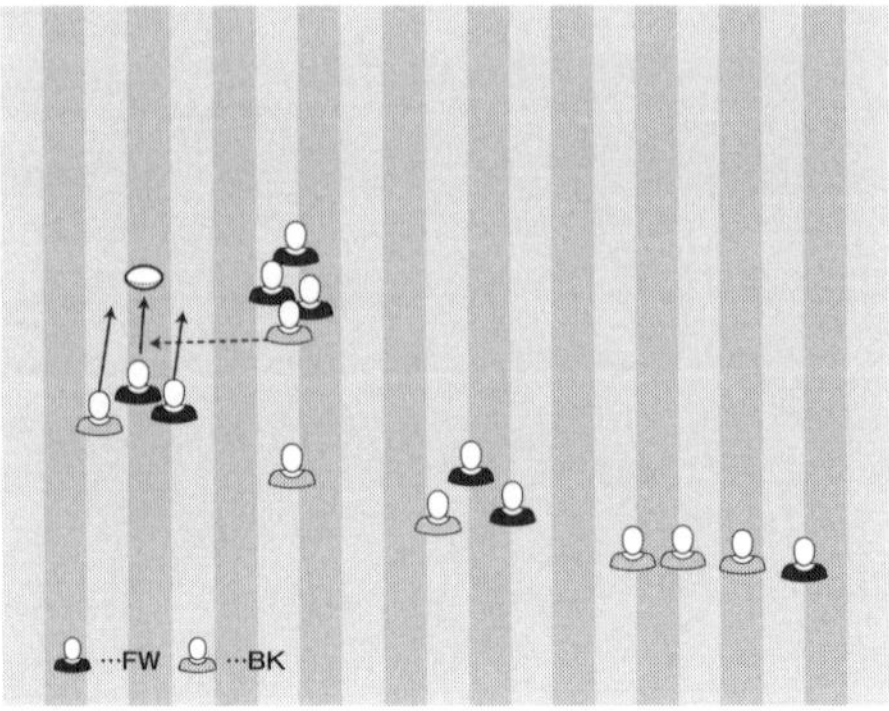

図4

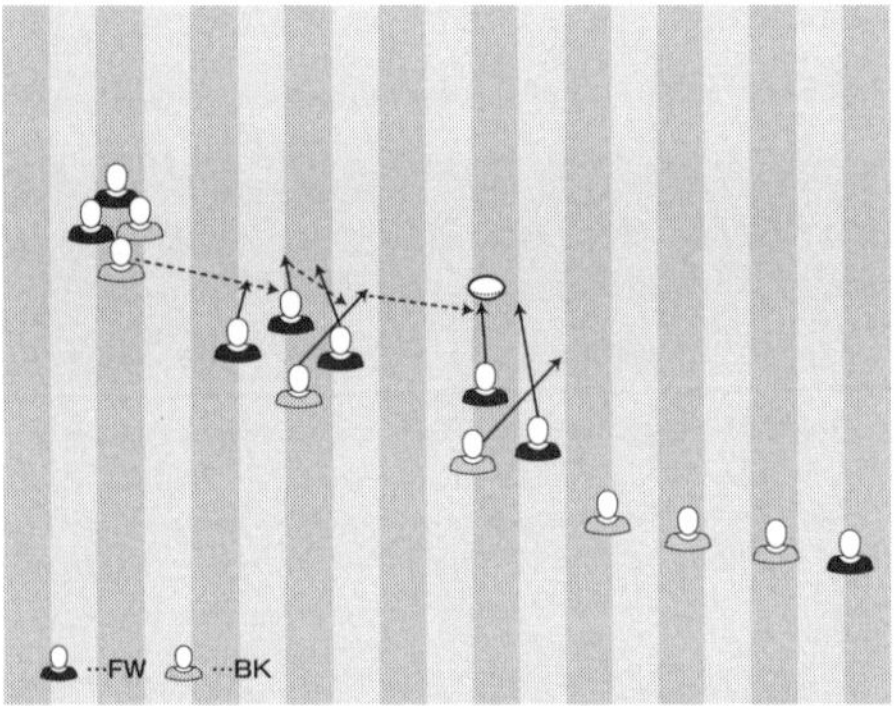

図5

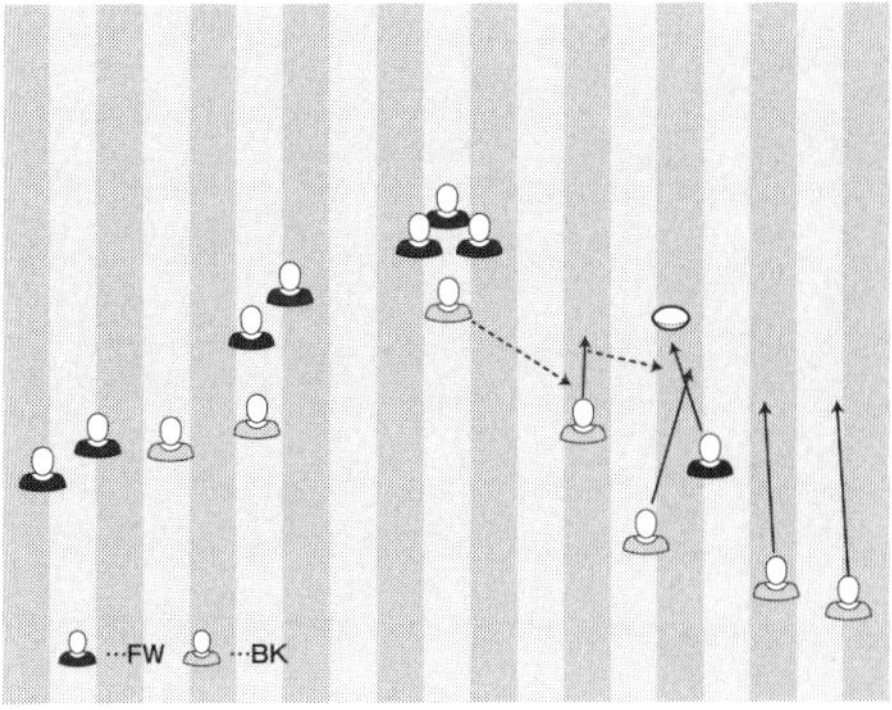

図6

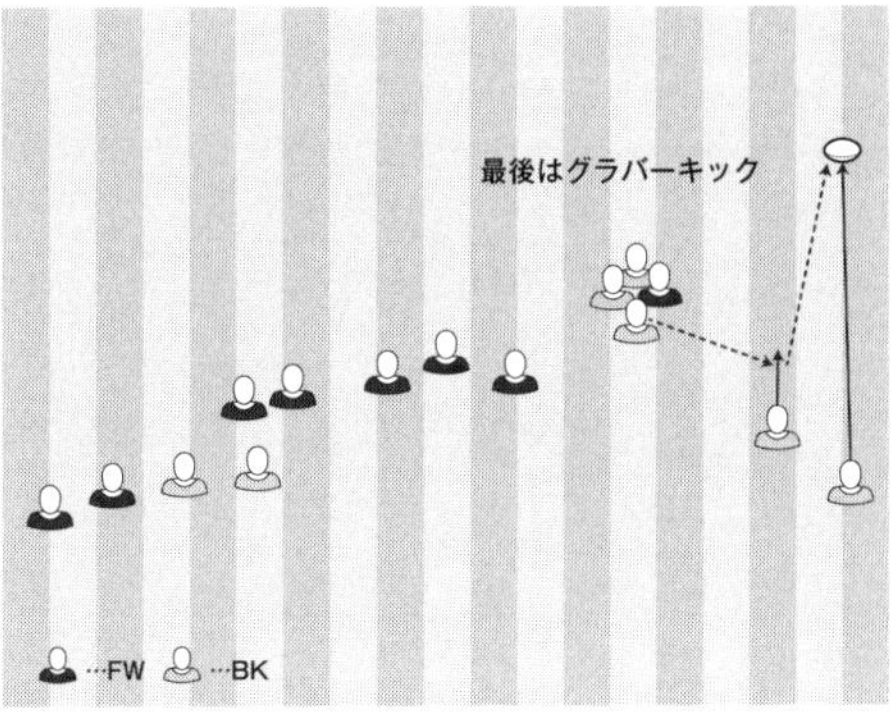

図7

「２３２１」→「１３２２（フォワードとバックスの配置変え）」→「２３２１」→「１３１３」

前半40分、「２３２１」でエッジまで展開して（図1・2）「１３２２」のポッド（図3）を作り、折り返し、9シェイプの「３」とエッジの「１」のポッドを使ってピストンアタックで防御をグルーピングします。その間に10番はエッジへ移動して、スタンドオフの位置には12番が入り（図4）、エッジの外側にいたフォワードを内側へ移動させます（図5）。

次のポッドである10シェイプの「２」のフォワードから、エッジにいるフォワードがカットインしてゲイン（図6）。その外側をバックスで攻撃します（図7）。

そこから、ピストンアタックで「２３２１」のポッドに戻して（図8・9）、順目にブレイクダウンを刻んできます（図10・11・12）。

折り返し、「１」と「３」のピストンアタックで防御をグルーピング（図13・14）。その間にエッジの外側にいるフォワードを内側に配置し、10シェイプの2人のフォワードのうち1人をエッジに配置する「１３１３」に可変させます（図15）。

9シェイプからバックドアにいる10番へ「スイベルパス」、10番の外からフォワードの選手

が走り込んできてバックドアの12番へ「スイベルパス」の「トリプルライン」。エッジに3人のフォワードがいることで数的有利を作り、最後はグラバーキックしたもののトライには至りませんでした（図15）。

最後の攻撃で、12番からエッジにボールが運ばれた時に12番からボールをキャッチしてグラバーキックを蹴ったのは、バックスの選手ではなく2番の堀江翔太選手。配置を変える時に外側と裏のスペースを認知してプレイを選択して実行しました。

堀江翔太選手は状況判断に優れており、自らが突破するだけではなくパスやキックで空いたスペースに味方を走らせることができます。戦術的にも重要な選手です。

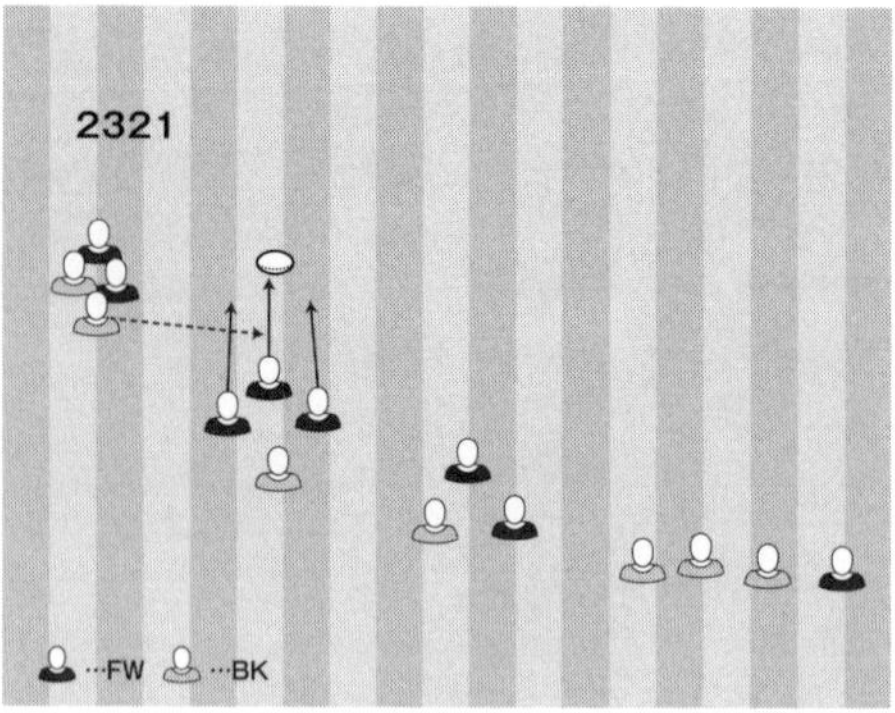

図1

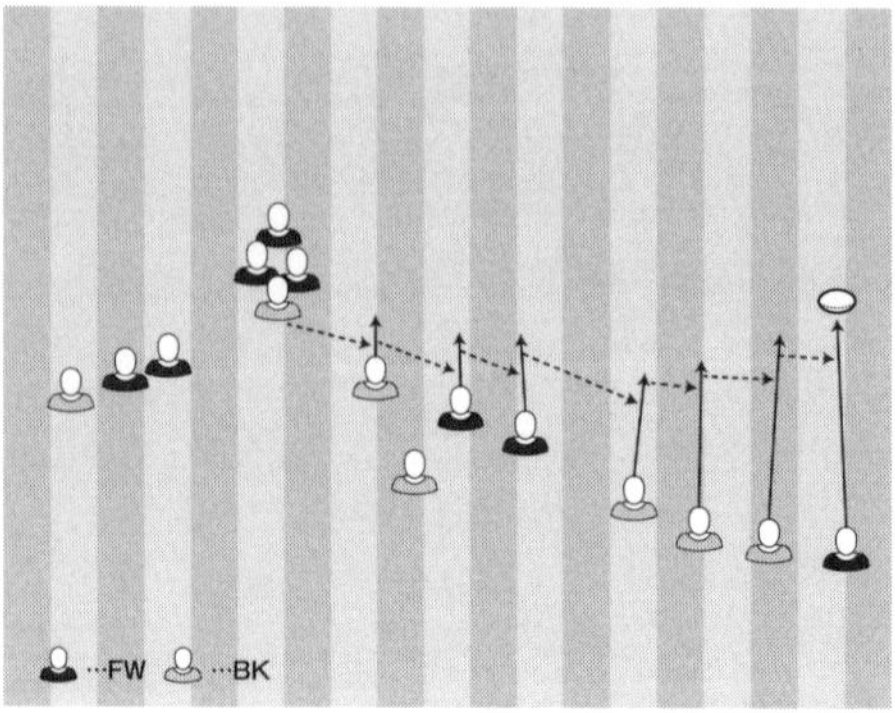

図2

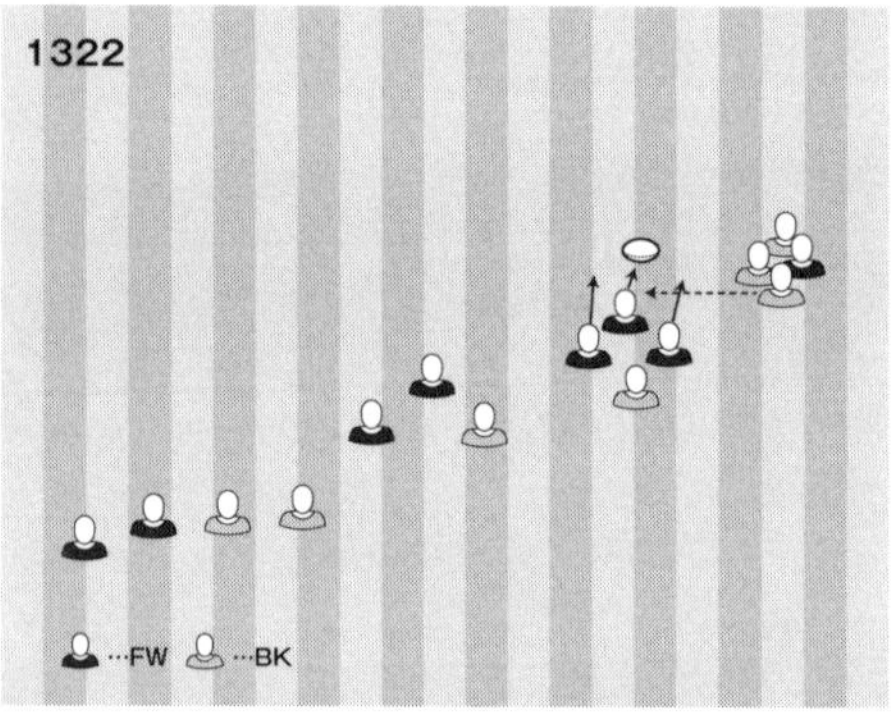

図3

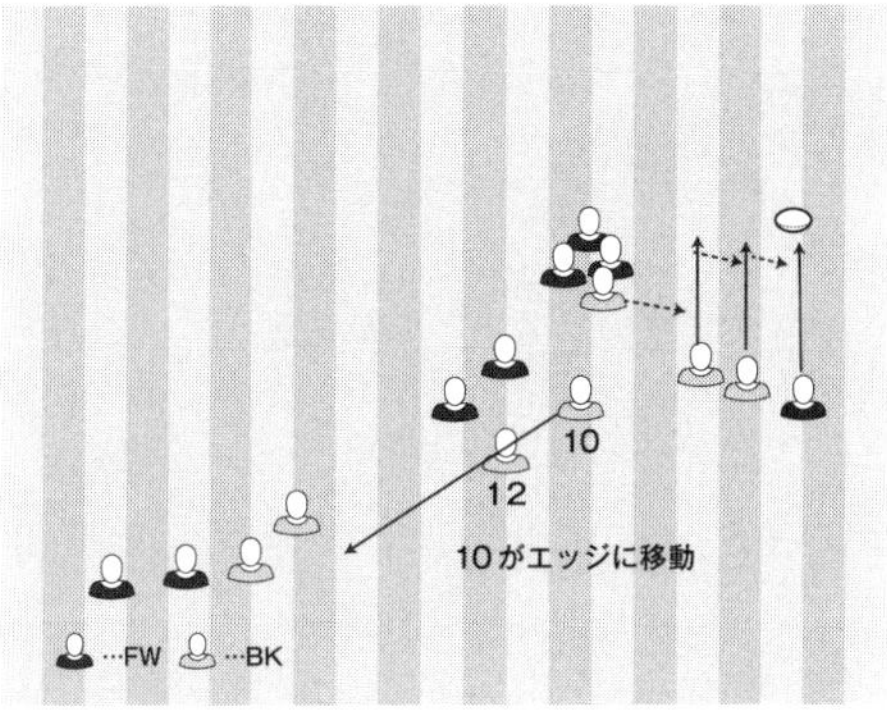

図4

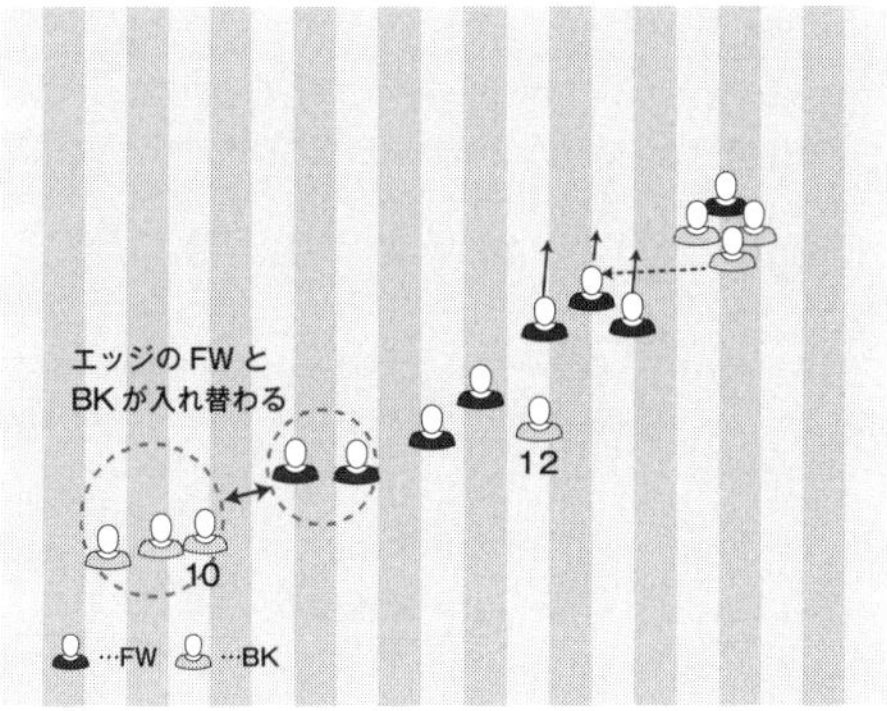

図5

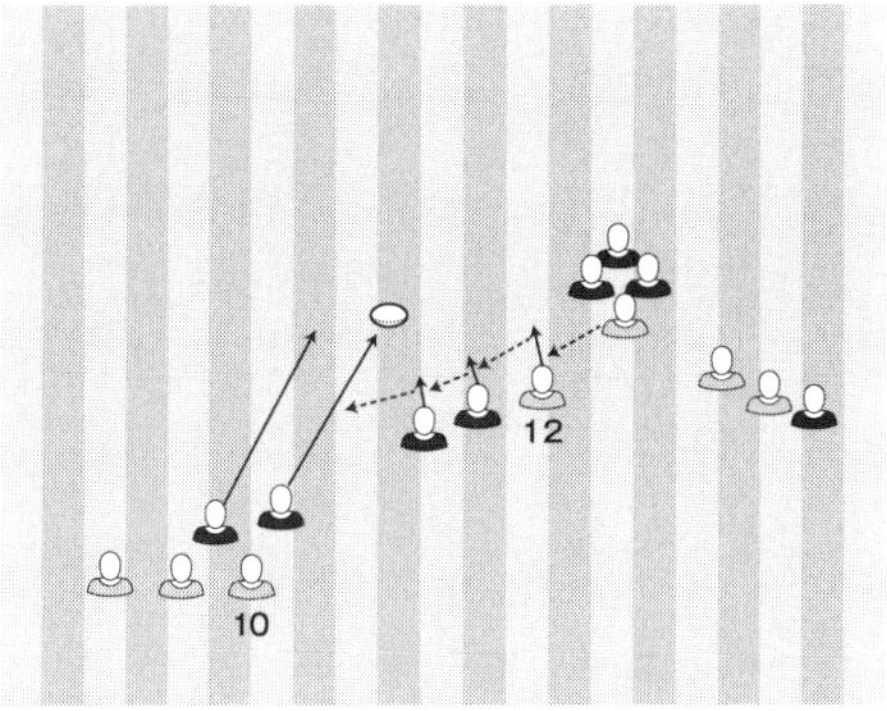

図6

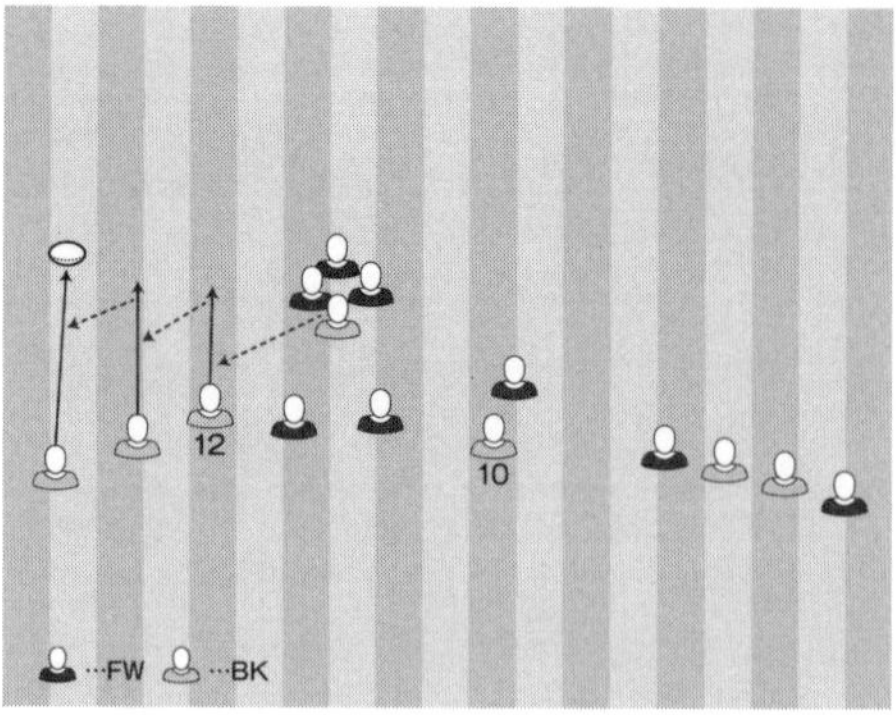

図7

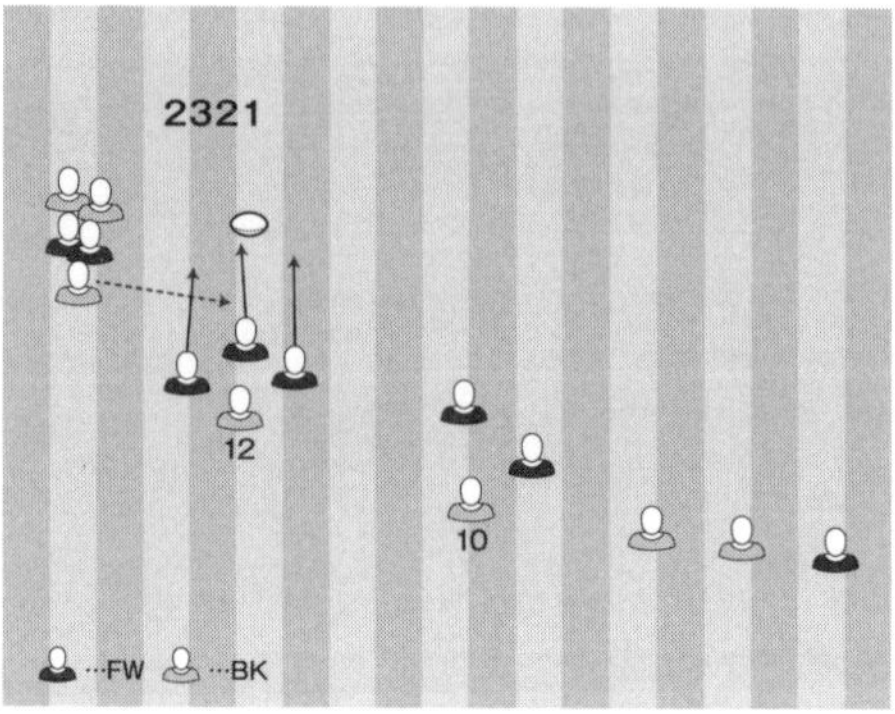

図8

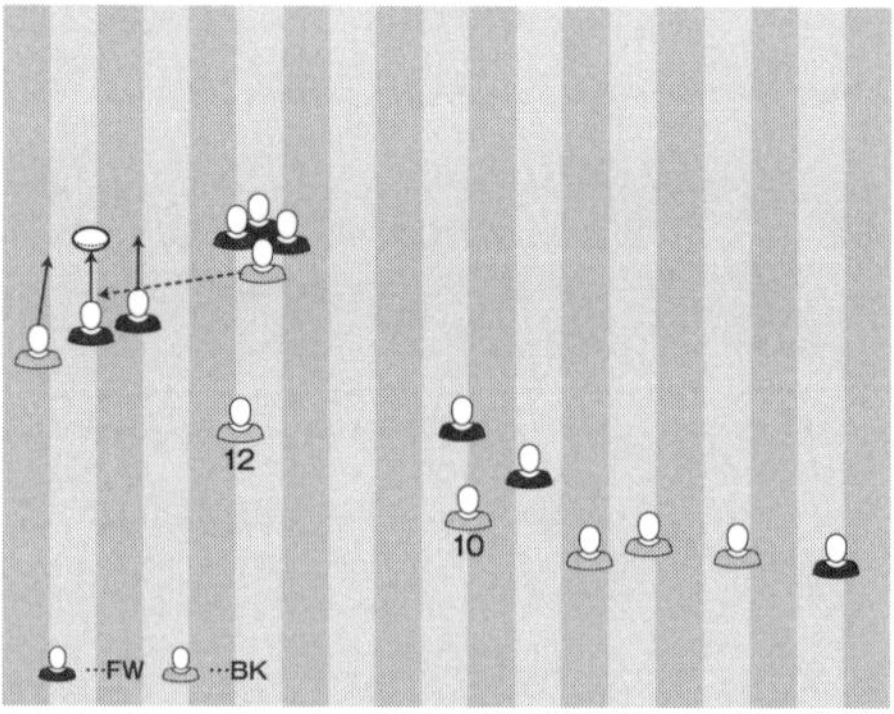

図9

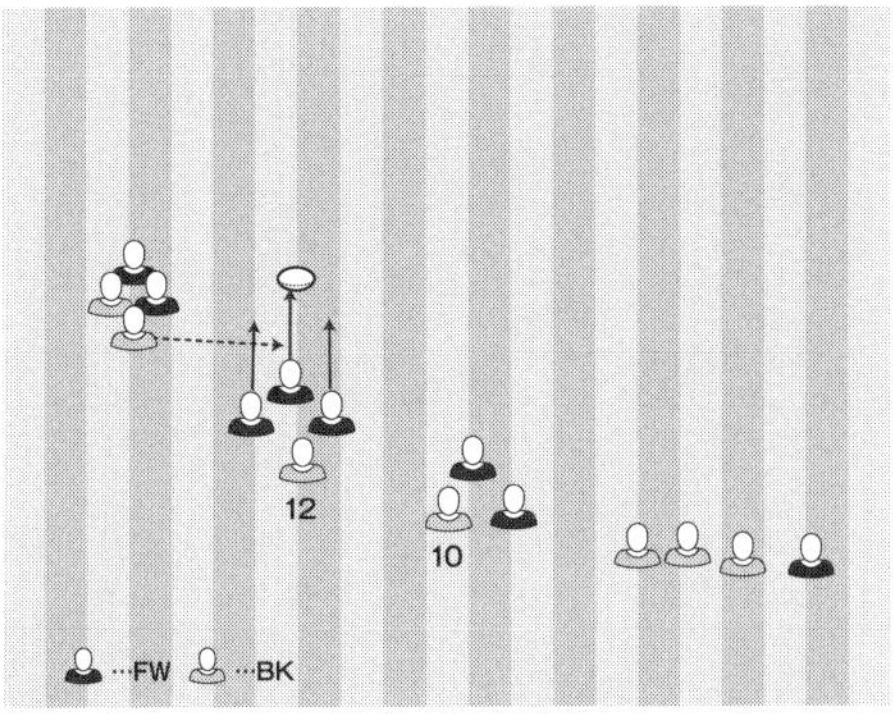

図10

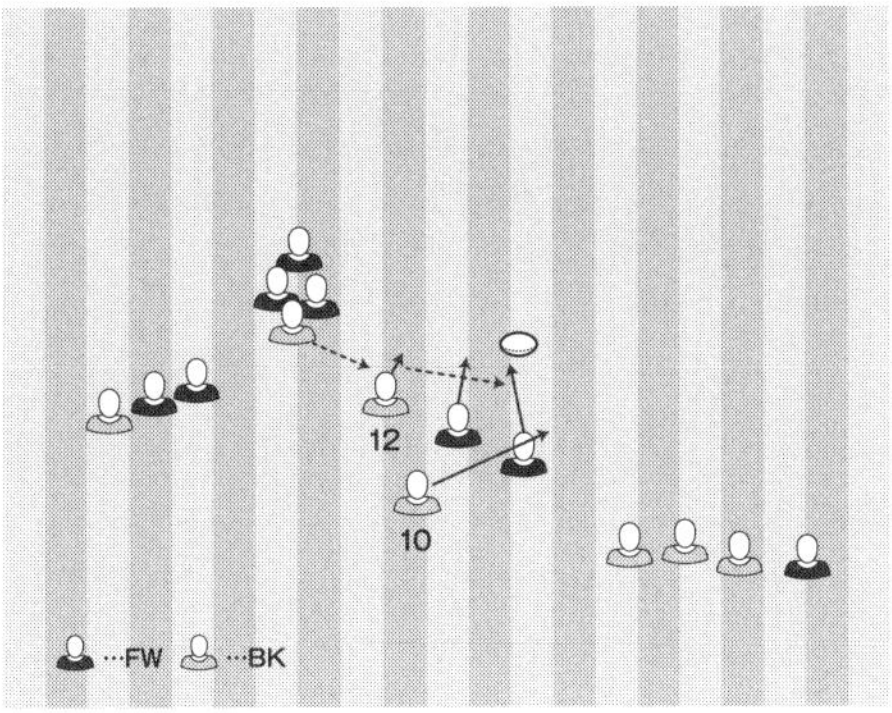

図11

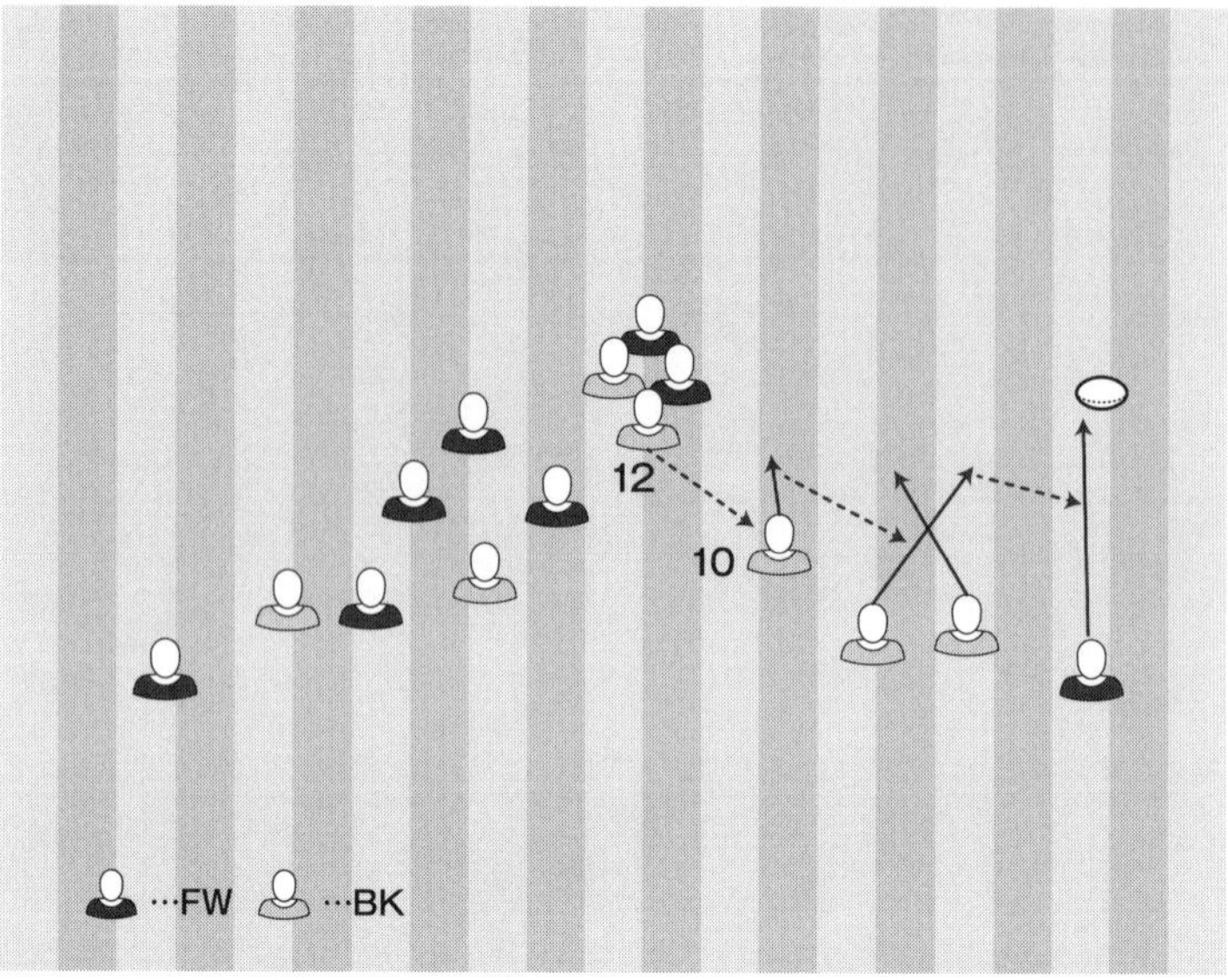

図12

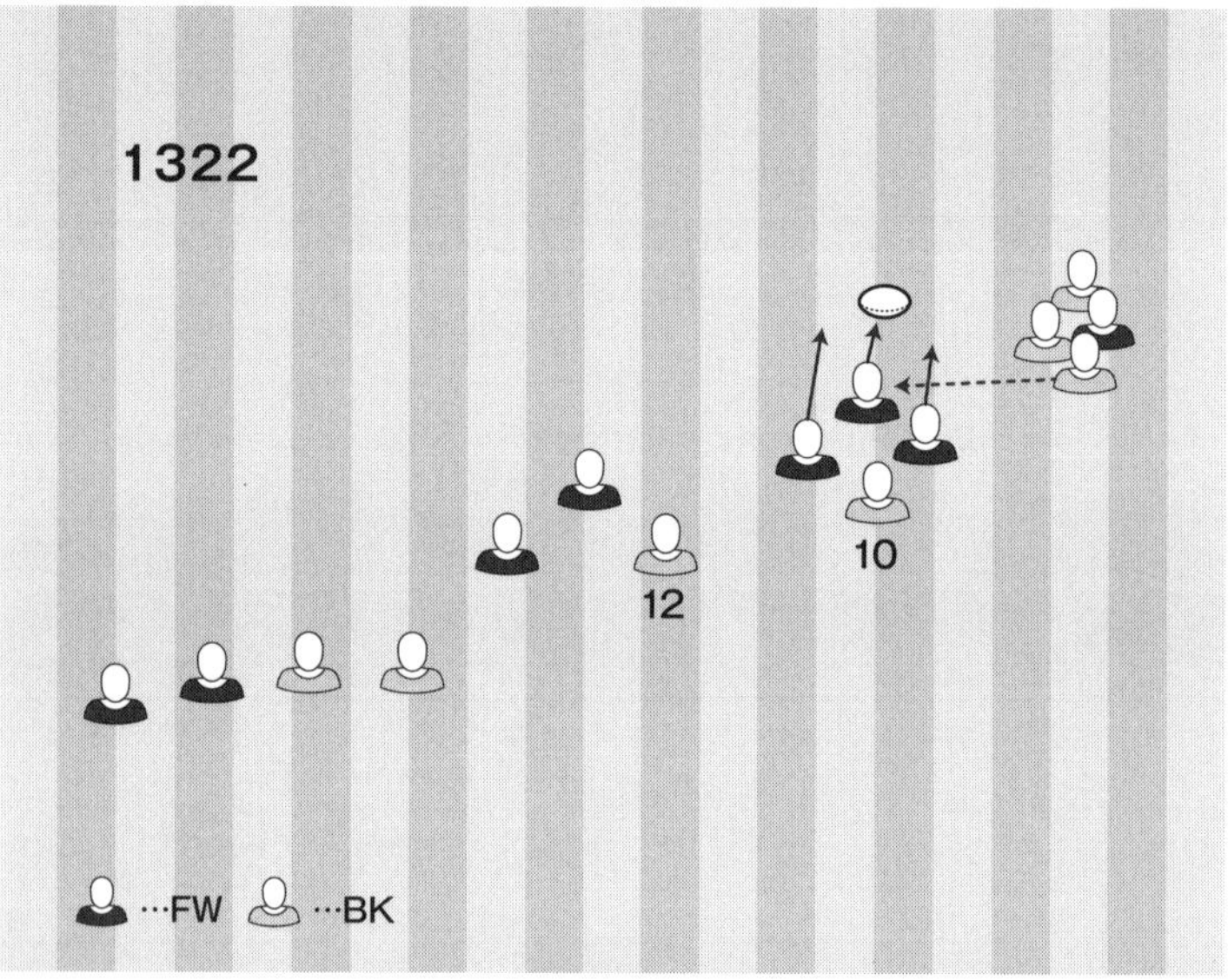

図13

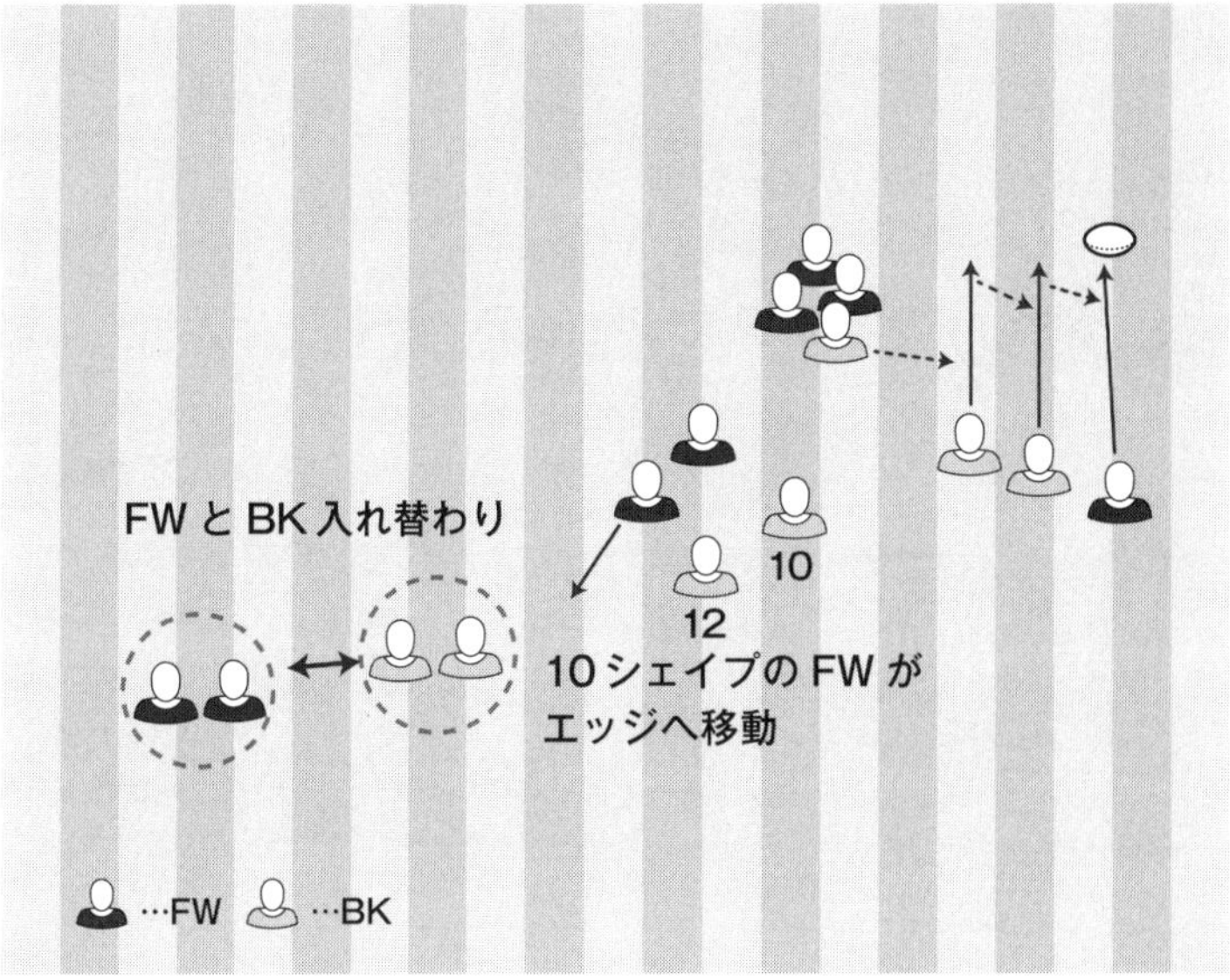

図14

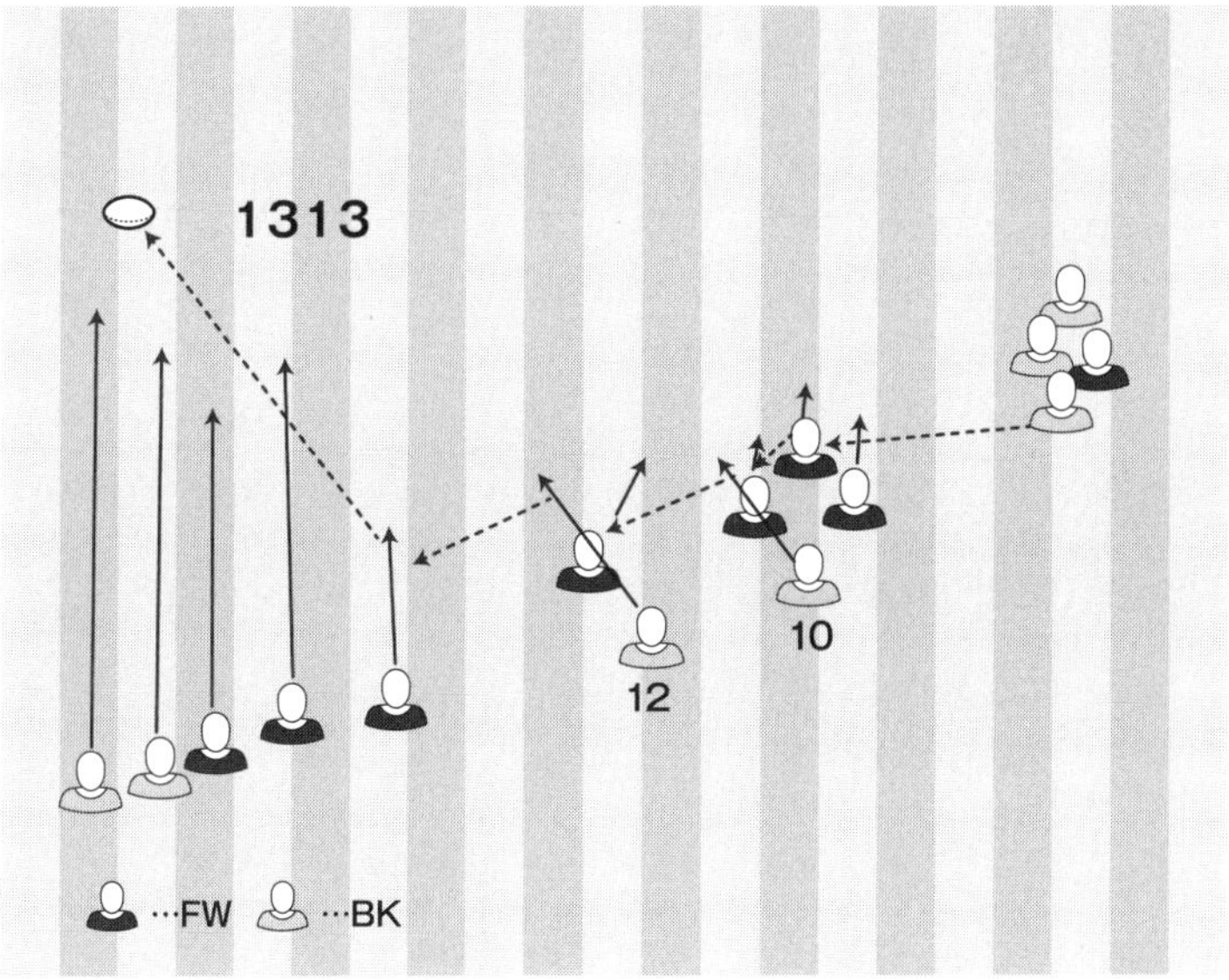

図15

「332」→「3311」

後半5分、ドロップアウトから「332」の配置（図1）。ミッドフィールドの二つの9シェイプでピストンアタック（図2）している間に、エッジにいた10番と15番をオープン側に移動させて（図3）、12番から「1」のフォワードの選手がカットイン、その裏から10番と15番が逆側から走り込んで、エッジへとパスを繋ぎます（図4）。

パスは繋がらなかったものの、バックドアで2人が走り込んでくると防御は的を絞れなくなるので、プレッシャーをかけられなくなります。

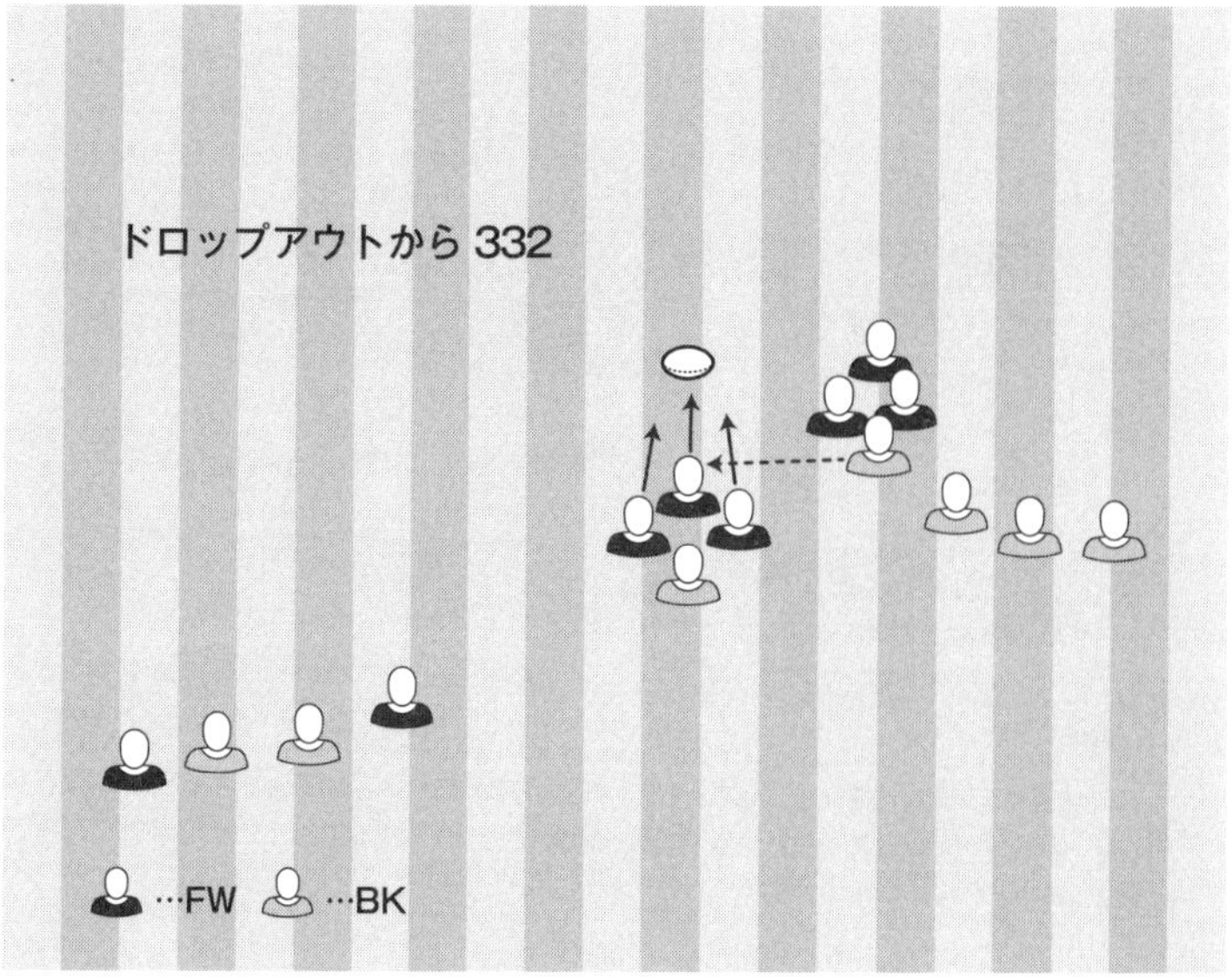

図1

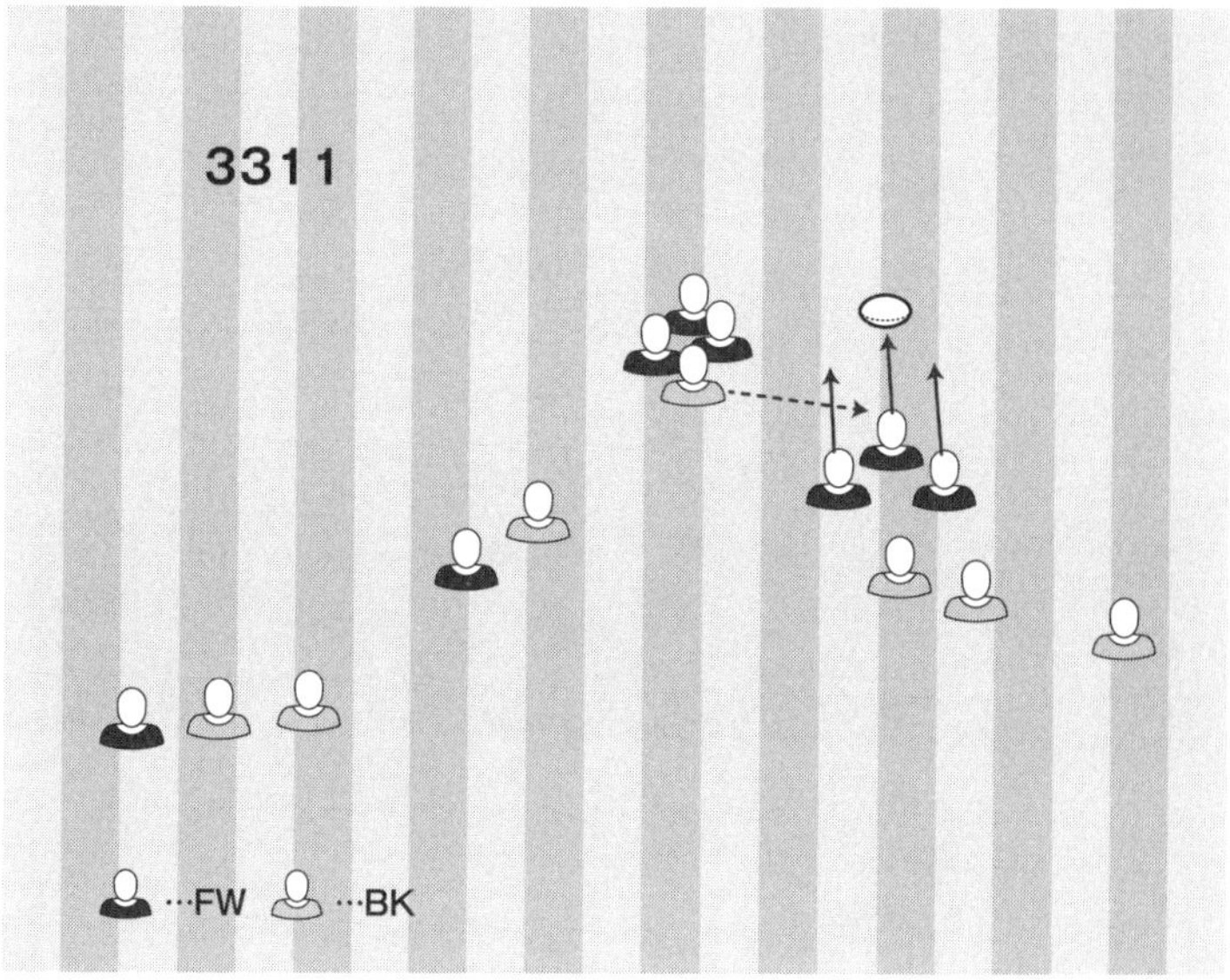

図2

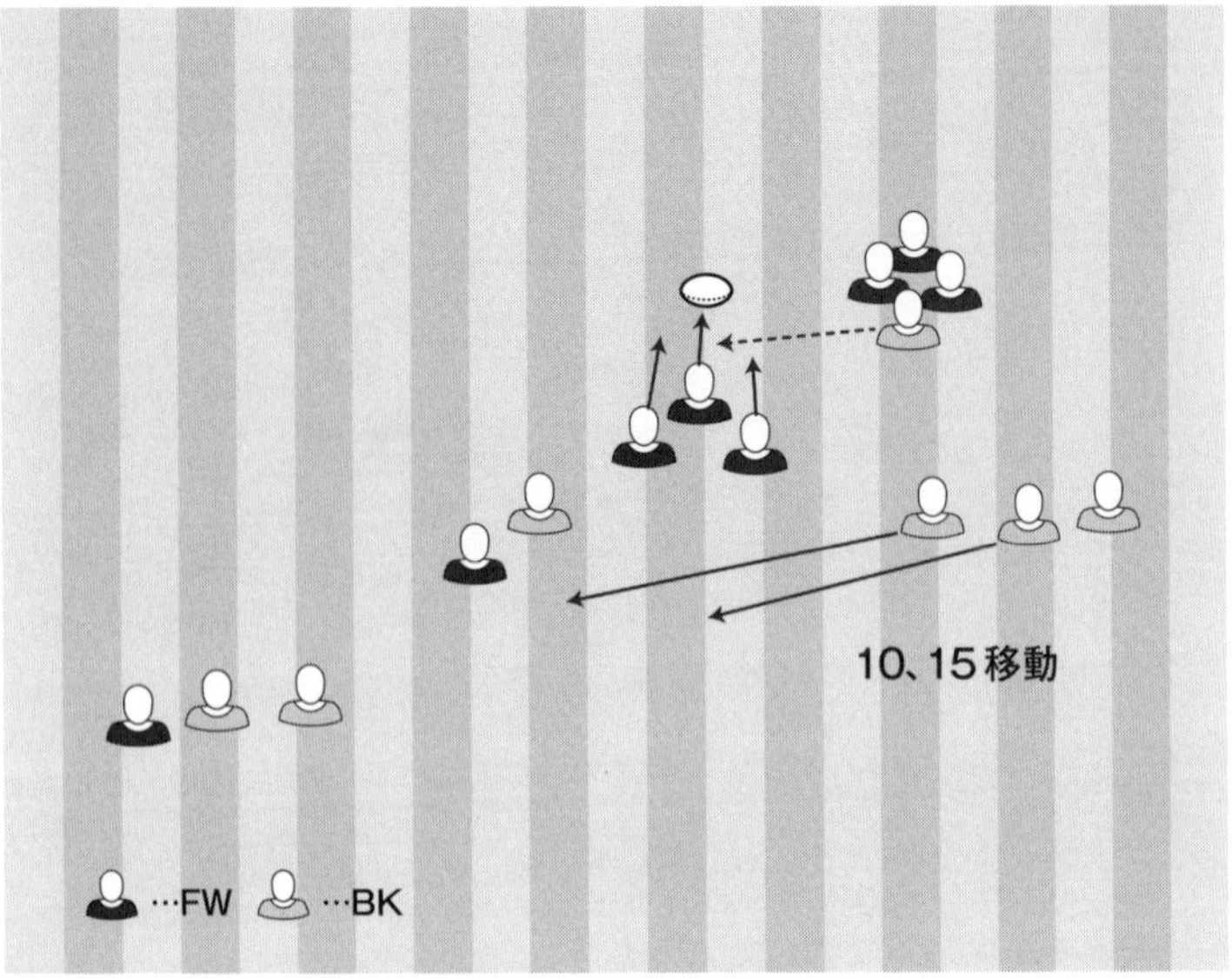

図3

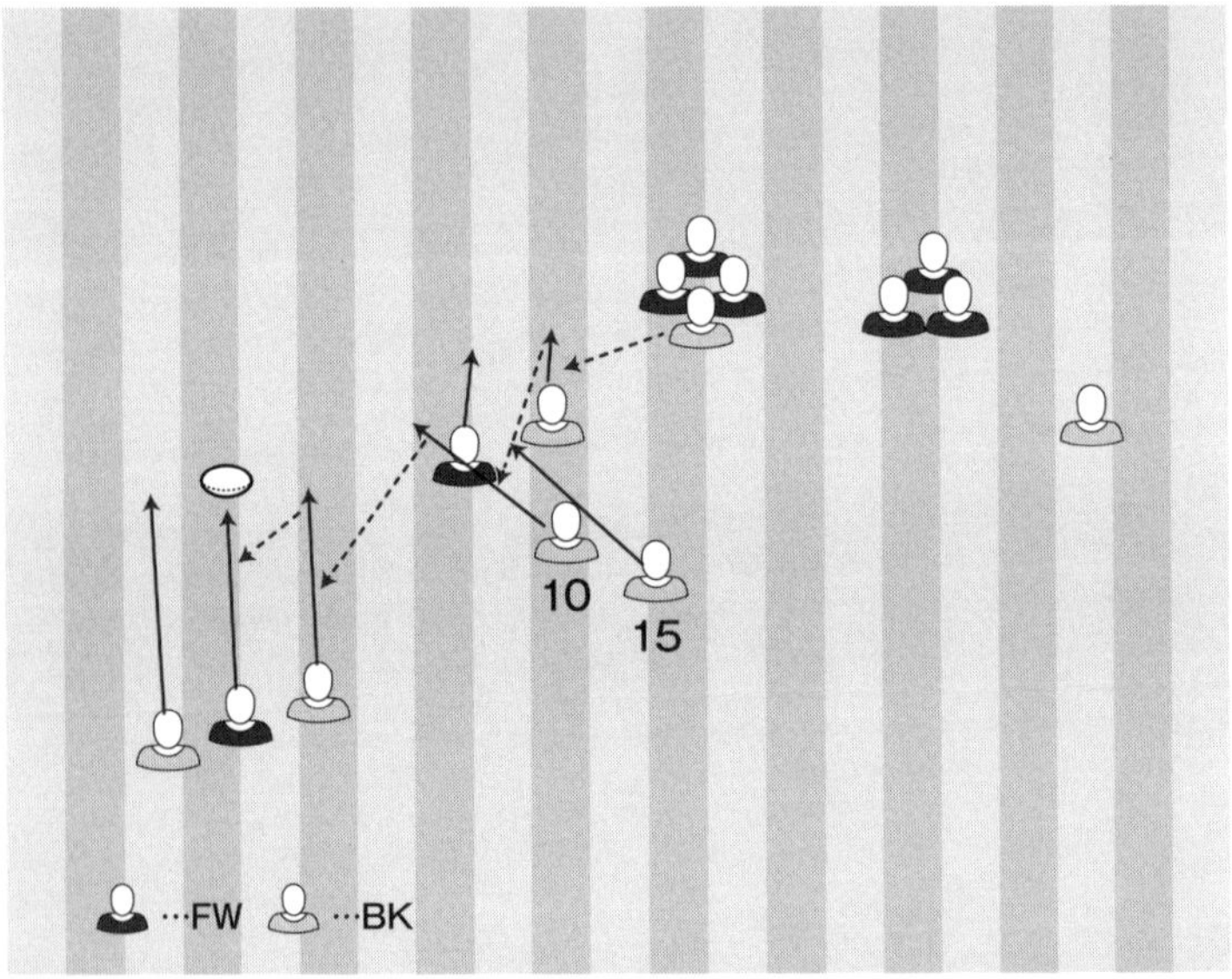

図4

サモア戦
【カウンターからポッドを仕掛けない場合】

後半8分、相手がハイパントをキャッチした後、バックスの選手がブレイクダウンに3人いる場合は、9シェイプでブレイクダウンを作って（図1）から、スクラムハーフからのハイパントで無理に攻撃することはありませんでした（図2）。

攻撃する際の判断基準は、ブレイクダウンのバックスの参加人数で決めていました。

「3311」→「1322」

後半12分、ジャパンはカウンターアタックでブレイクダウンにバックスが1人の場合に、ポッドを作って攻撃します（図3）。

9シェイプでブレイクダウンを作ったら、10シェイプの外にフォワードを1人配置して、バックドアを使いエッジへと運びます（図4）。エッジにはあらかじめフォワードが1人配置されているので、折り返しには、1322のポッドができあがります（図5）。

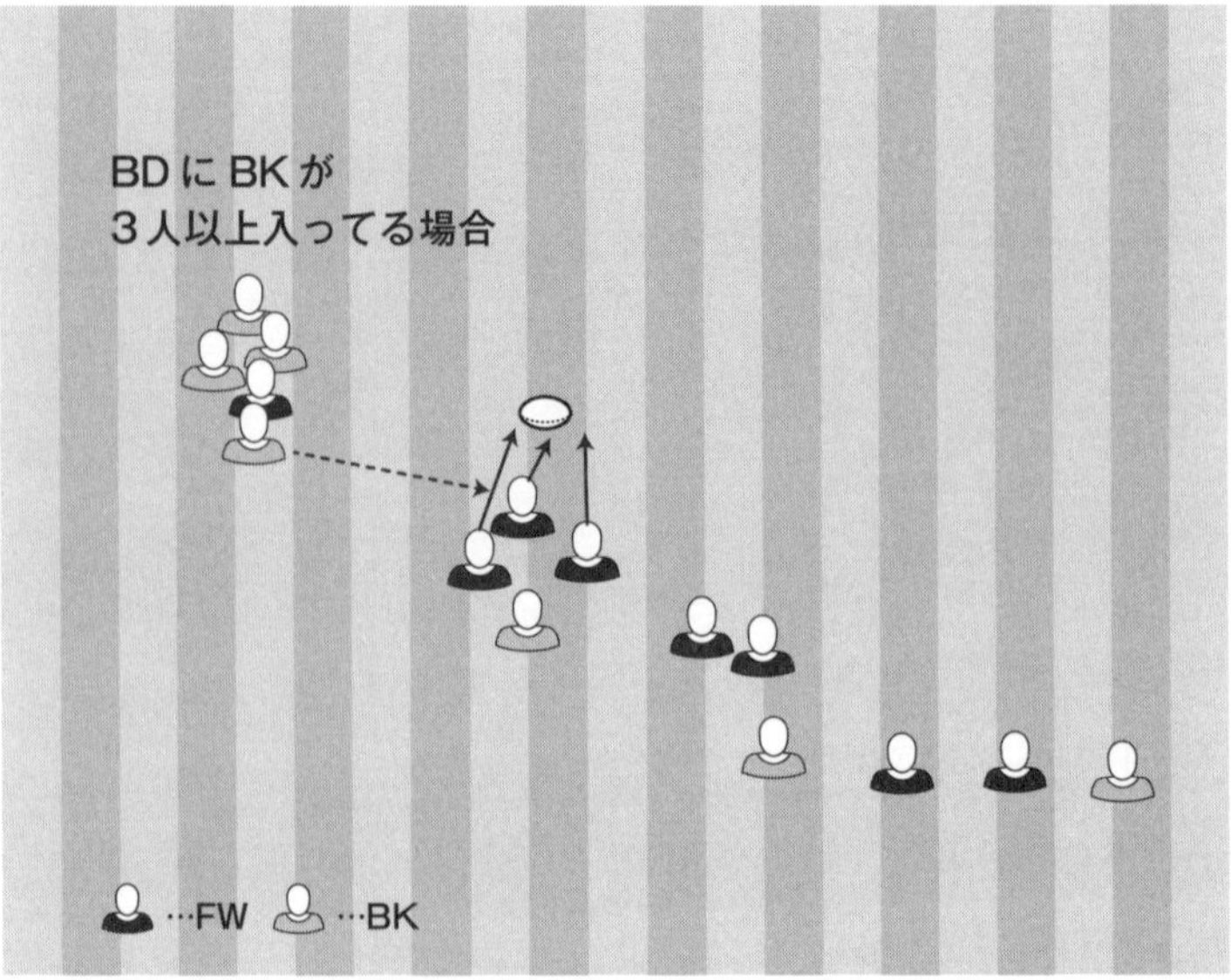

図1

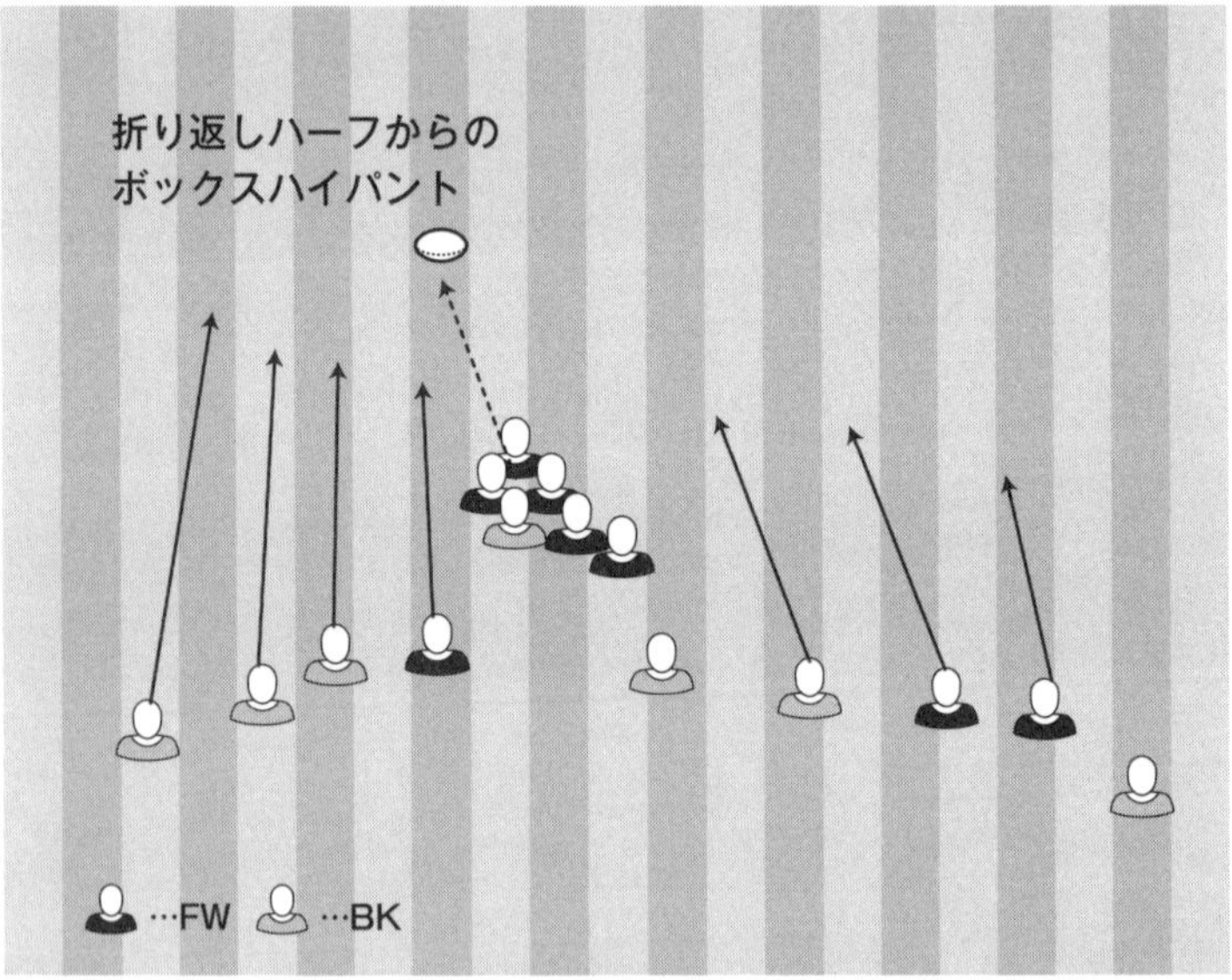

図2

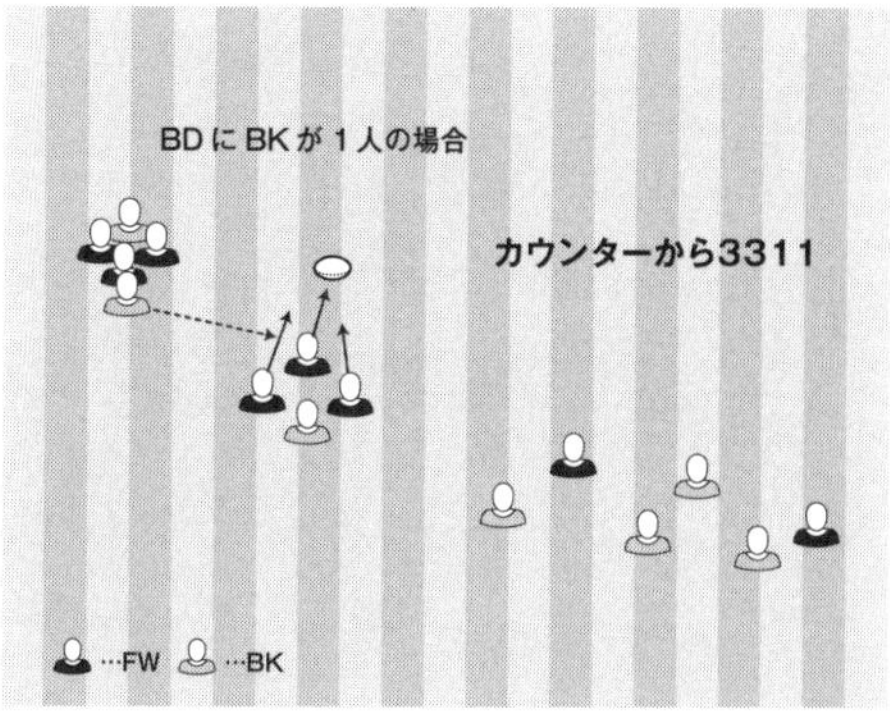

図3

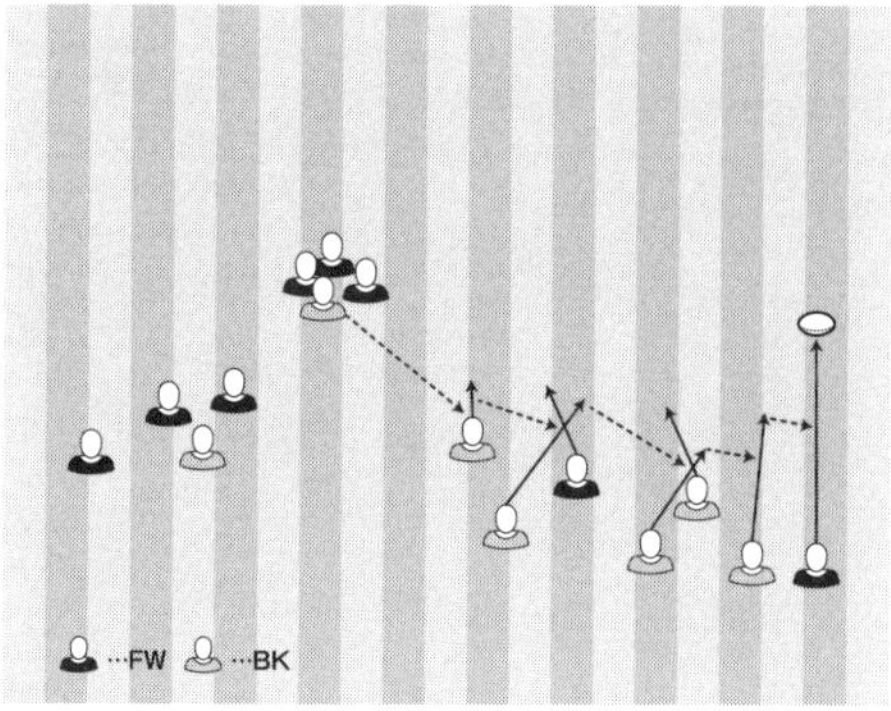

図4

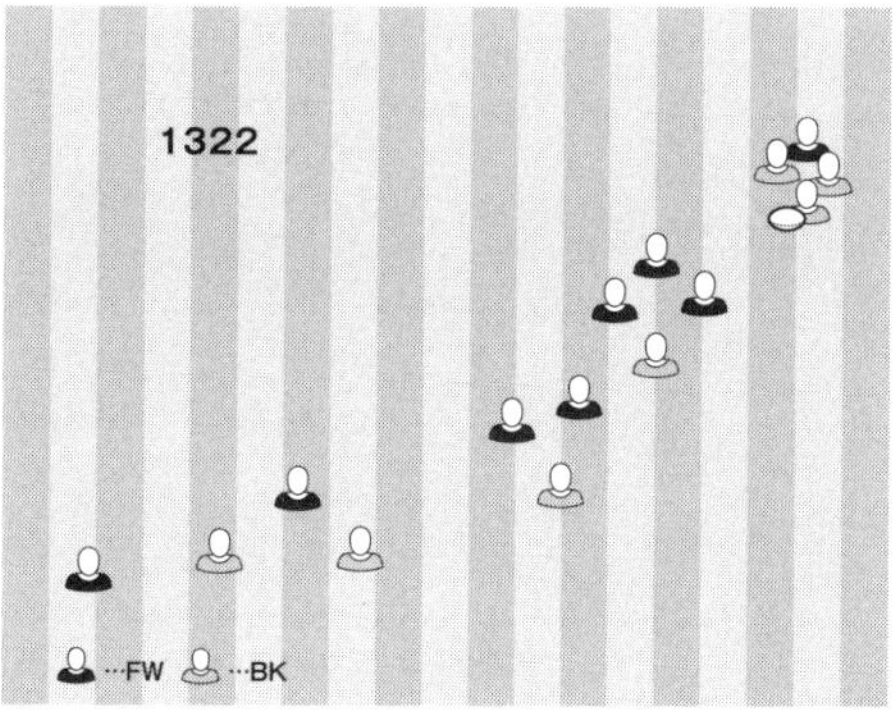

図5

サモアの弱点を突いた最後のトライ

後半37分、キックオフキャッチしてブレイクダウンを作り、展開します。逆目の9シェイプでブレイクダウンを作り（図1）、10番の外側とバックドアにフォワード、内側に12番の交代で入った22番の松田力也選手を配置。

サモアはブレイクダウンから1人目がハーフへプレッシャー、10番が外向きにキャッチから縦にカットインしたため、10番の内側にいる22番を見なければいけないサモアのディフェンスが10番に詰めてしまい、22番にスペースが生まれて見事に防御を崩し、最後のトライへと繋がりました（図2）。

ジャパンが再三狙っていたブレイクダウン周囲の防御ですが、後半の後半に、サモアが崩れて見事に攻略しました。メンタルとフィットネス両面において一番しんどい時間帯でも、意図通りの攻撃ができたジャパン。日頃からの練習における準備力の高さを伺うことができました。

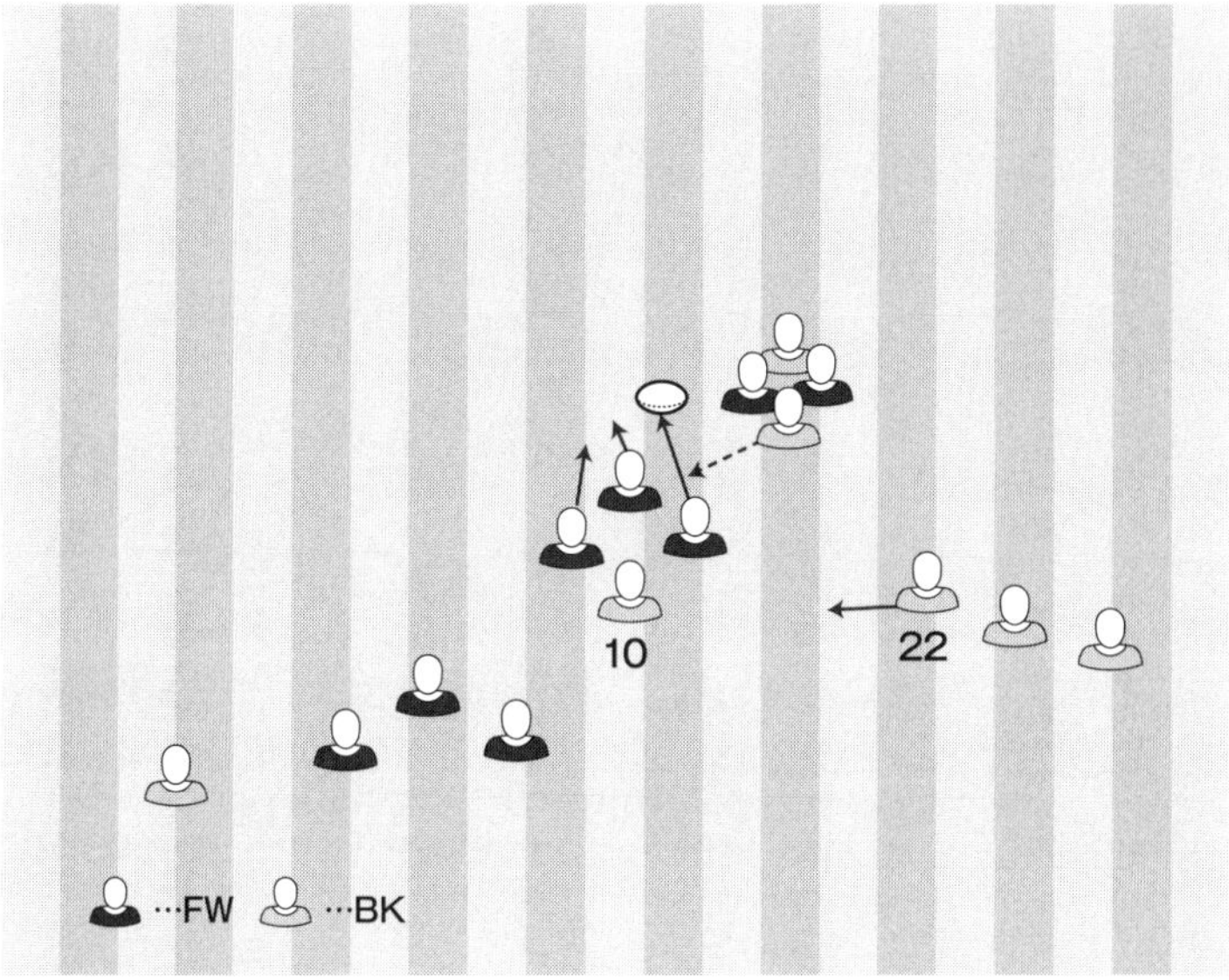

図1

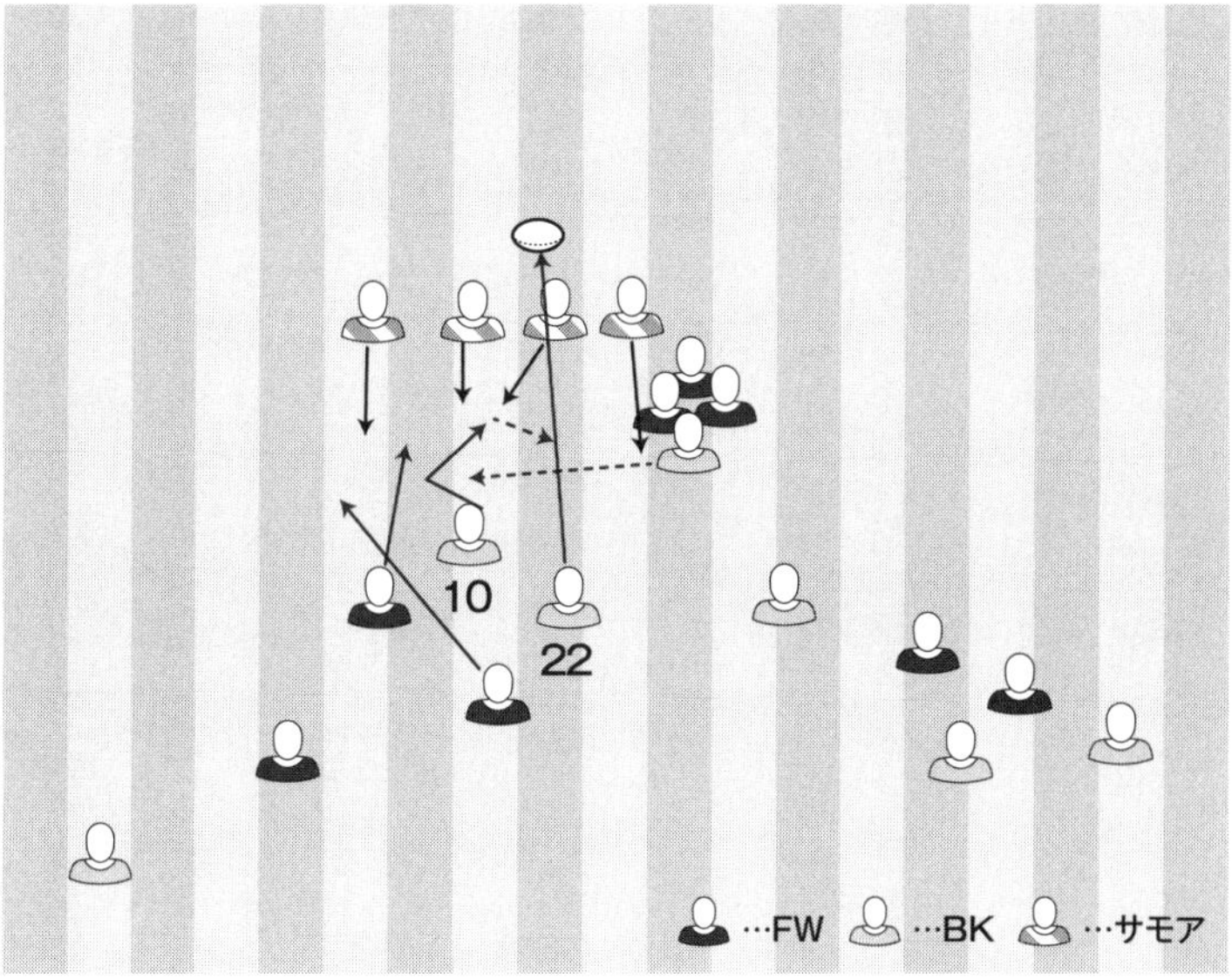

図2

スコットランド戦

ジャパンがエッジからの折り返しのアタックをすると、ミッドフィールドにスコットランドの一列がポジショニングすることになりますが、ポジショニングが遅いスコットランドに対して、ジャパンはエッジから速くリサイクルし、折り返しで一列がポジショニングしているミッドフィールドを攻撃します。

「2321」→「2312」→「2321」

前半28分、セットからエッジでゲインして「2321」のポッドを作り、10シェイプでブレイクダウンを作ります（図1）。続いて逆目のエッジにボールを運びます。

この時もブロッカーを走らせて内側の防御の足を止めます（図2）。

折り返しの10シェイプですが、9シェイプをリンケージさせて防御の的を絞りにくくしています（図3）。

続いて逆目に9シェイプ（図4）、エッジへと攻撃して防御を片側に誘導します（図5）。折り返し「2312」のポッドを作り、エッジにフォワードを2人配置して外側に優位を作ります。

9シェイプでブレイクダウンを作った後（図6）、10番の外側にフォワードを走らせて、防御

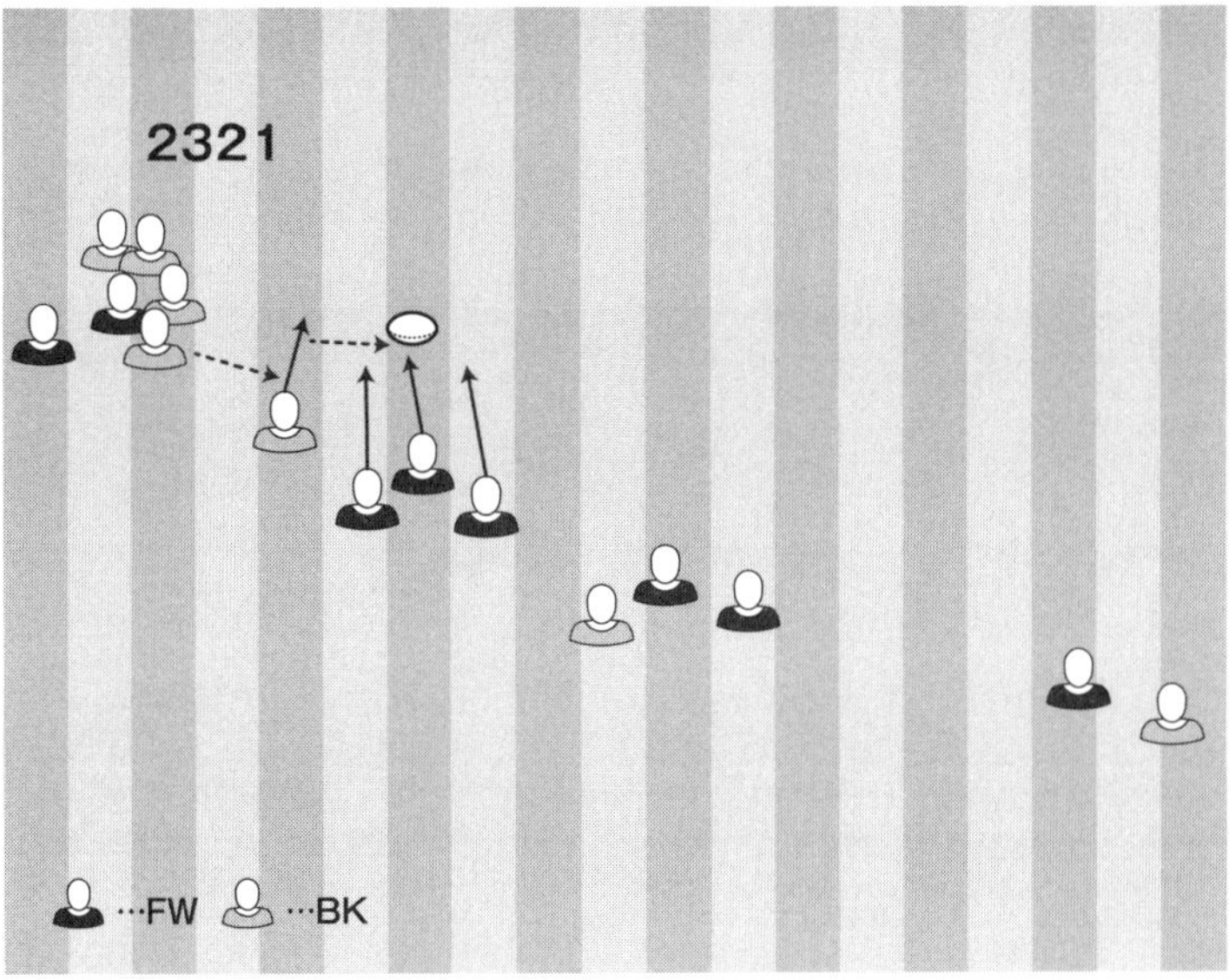

図1

の足を内側で完全に止めた状態でエッジにボールを運びます（図7）。

折り返し「2321」のポッドで9シェイプをリンケージさせて、10シェイプでブレイクダウン（図8）。最後はミスで終わりましたが意図がわかる攻撃でした。

本来「2312」のポッド時、外側にフォワードが2人いる、数的質的にも劣位の状態では内側からスライドするだけでは間に合いません。

外側が前に出る「アンブレラディフェンス」を用いてボールが簡単に外側に運ばれるのを防ぎ、防御の的を内側に絞ることができれば、ブレイクダウンにプレッシャーをかけられ攻防を優位に運べます。

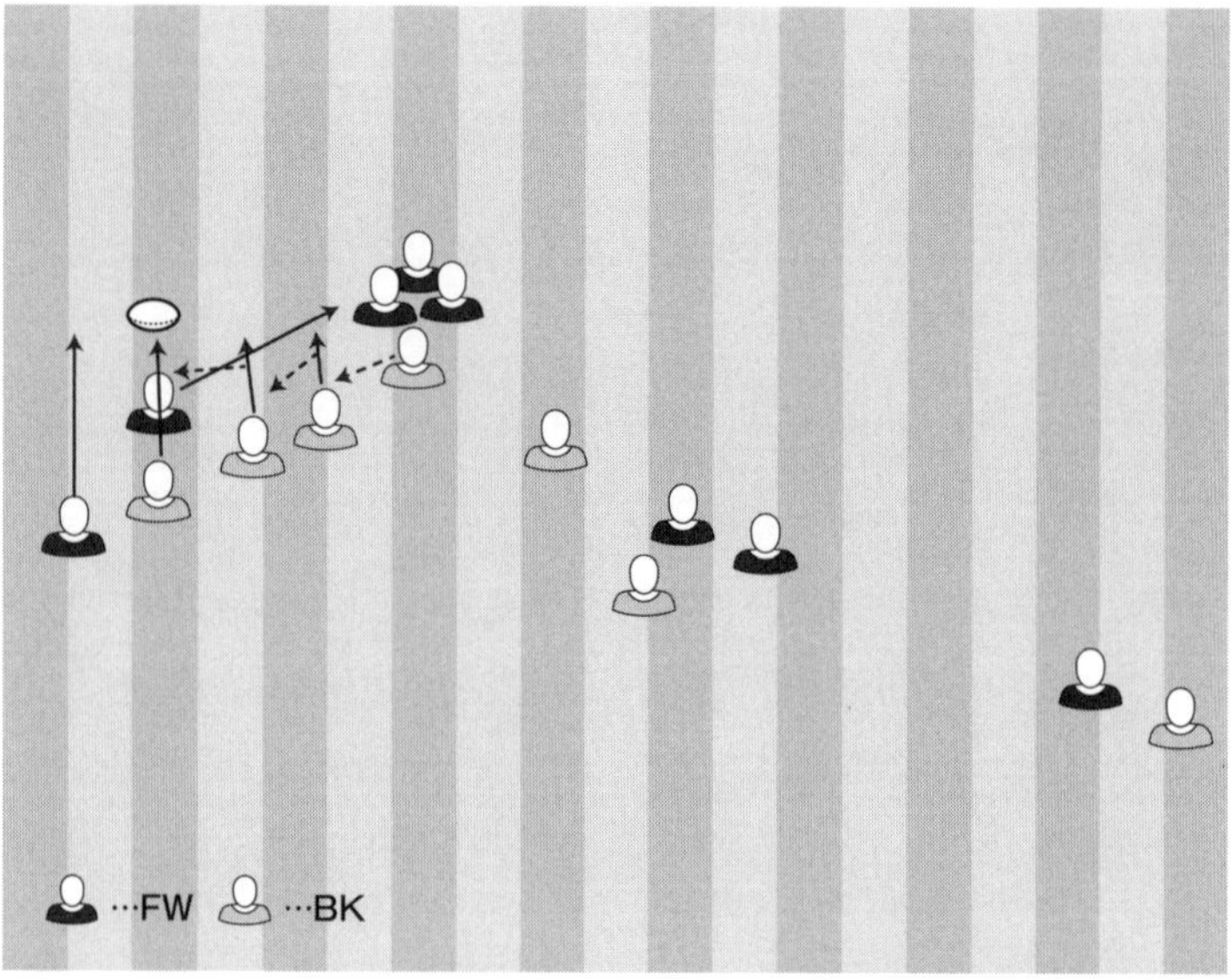

図2

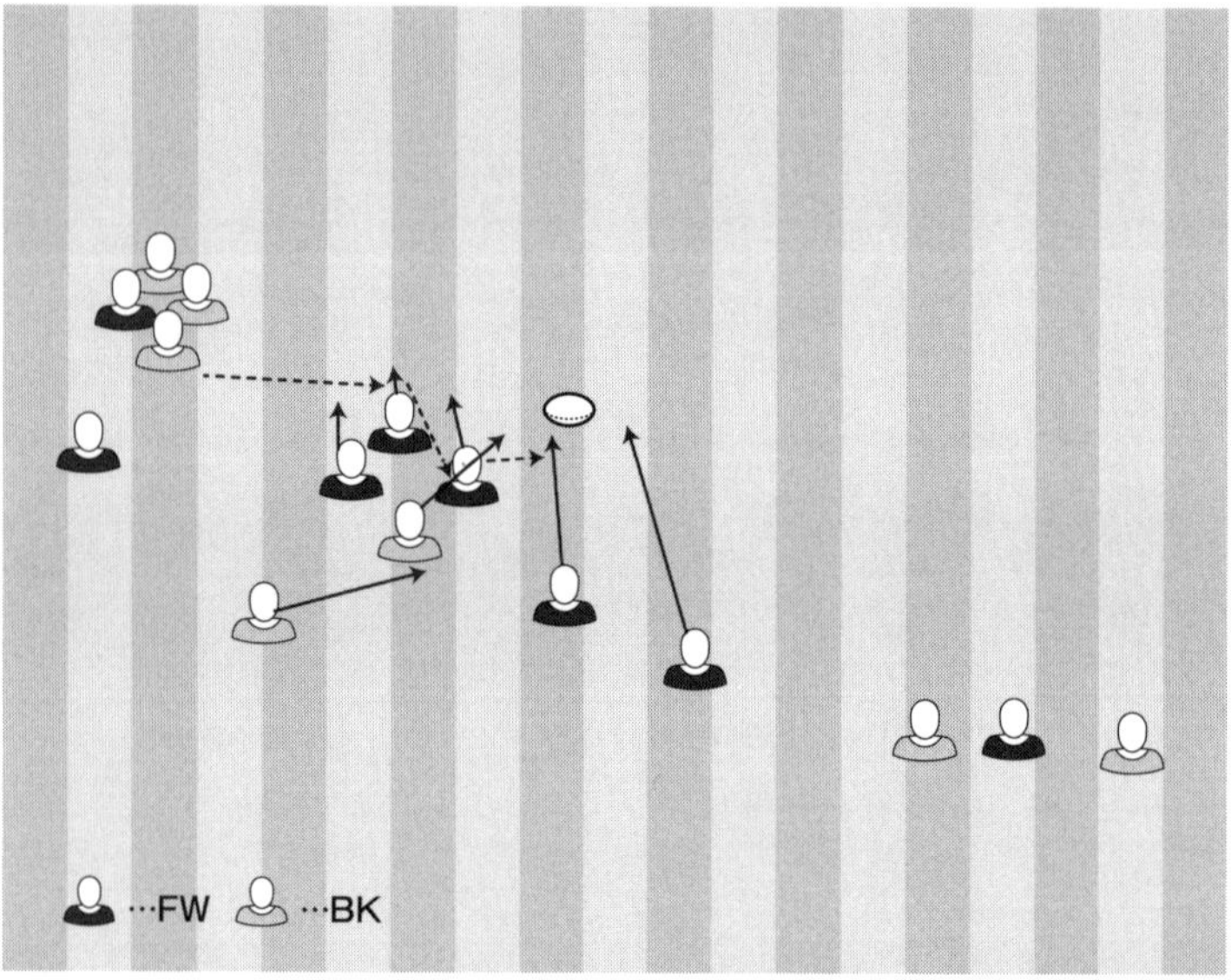

図3

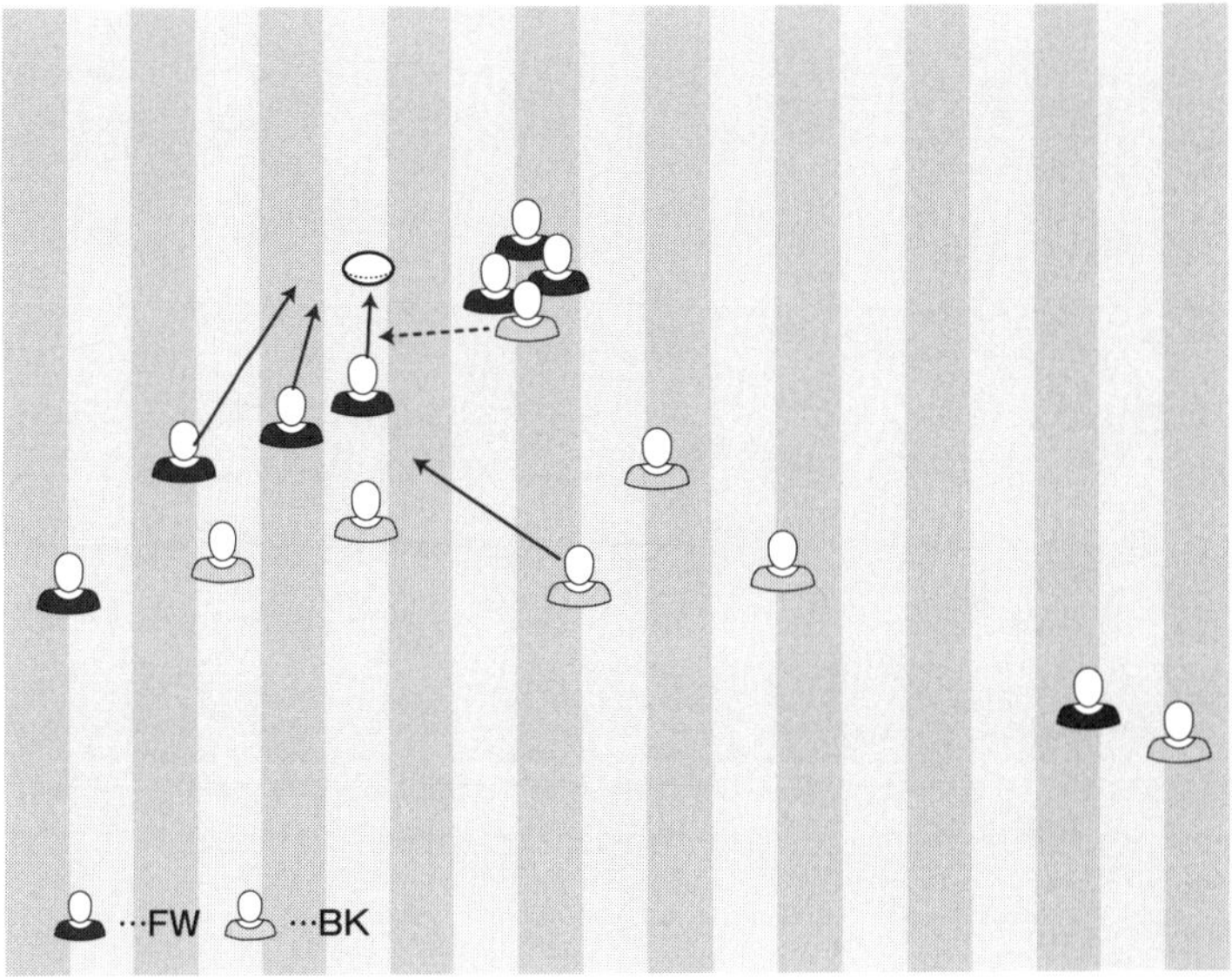

図4

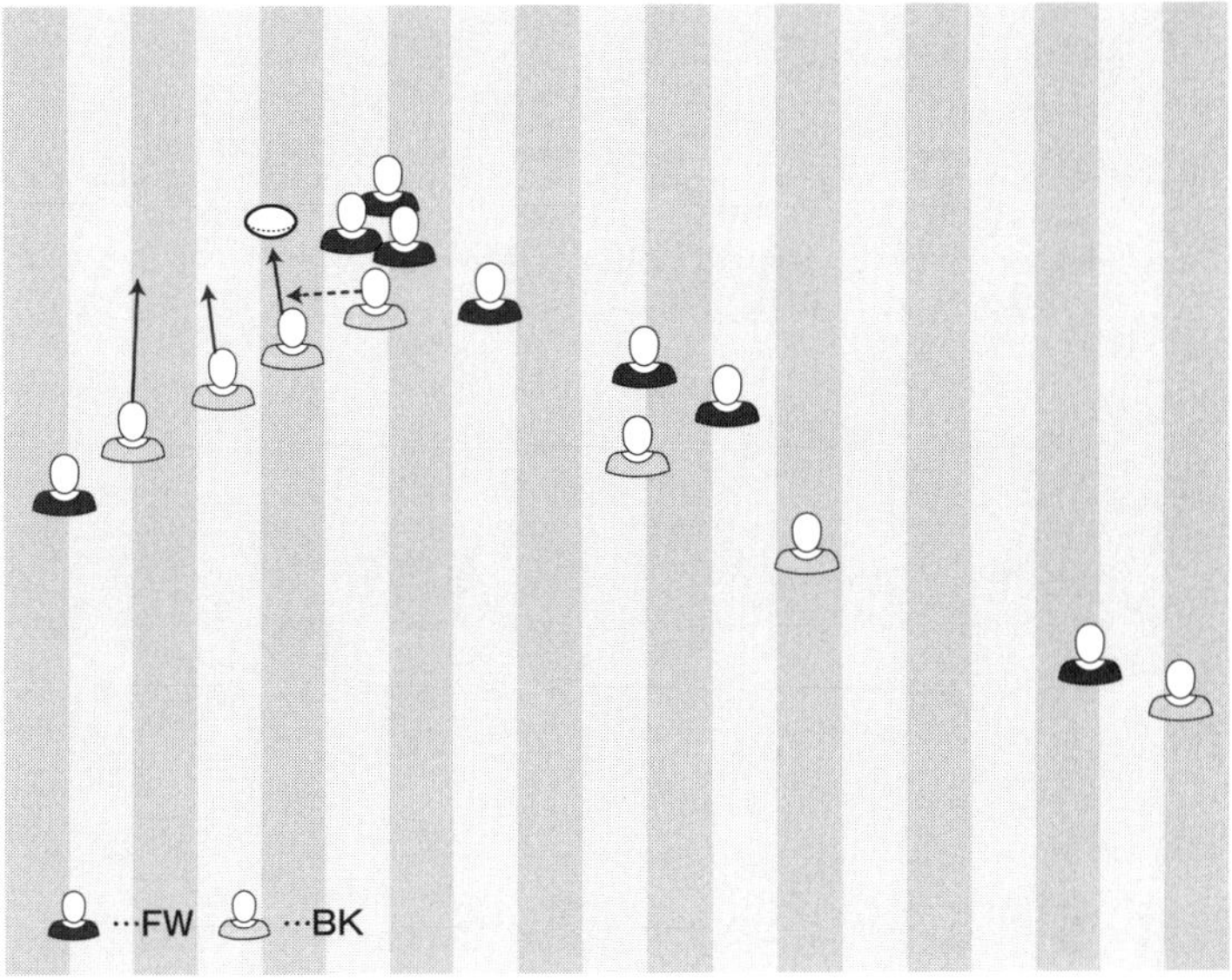

図5

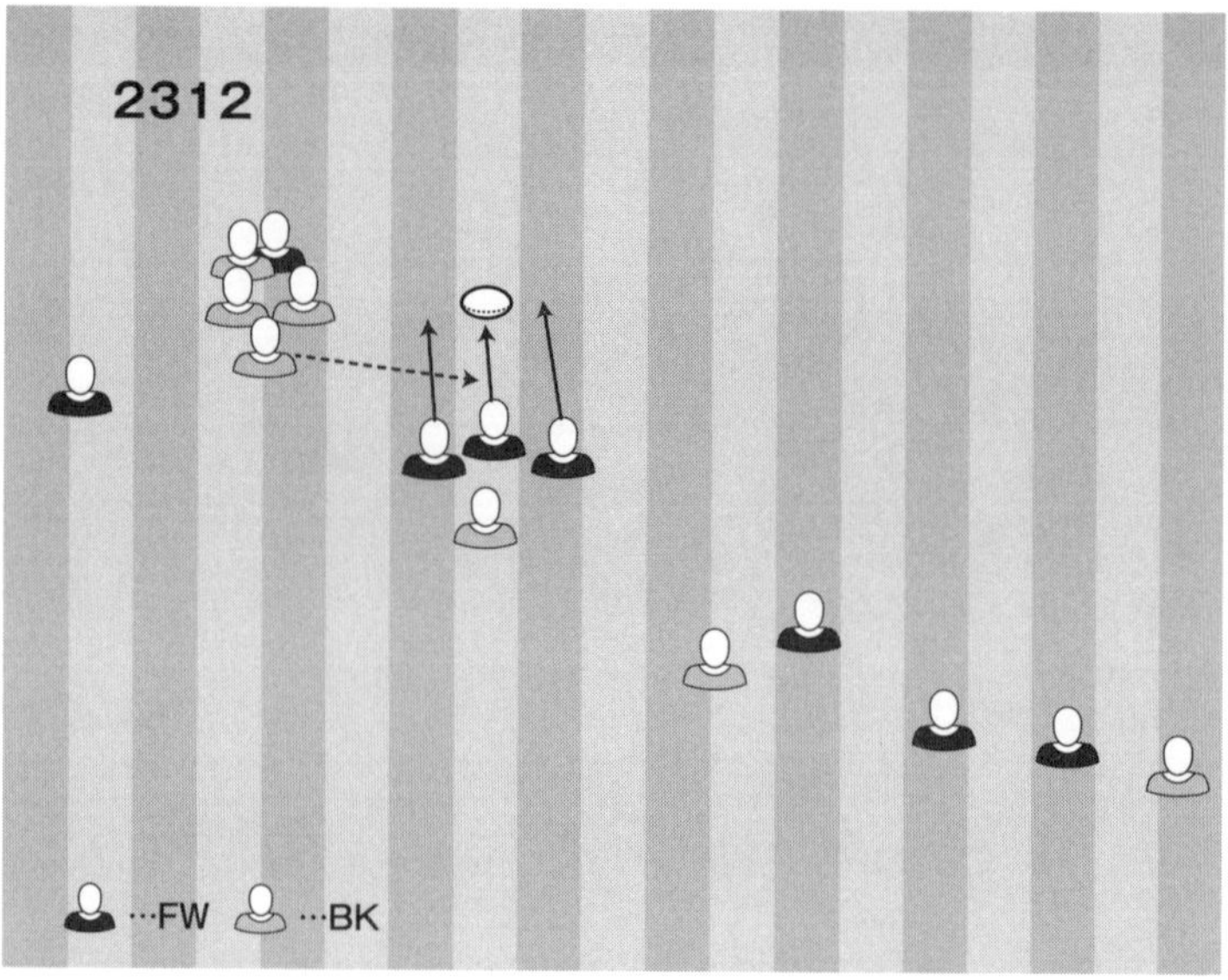

図6

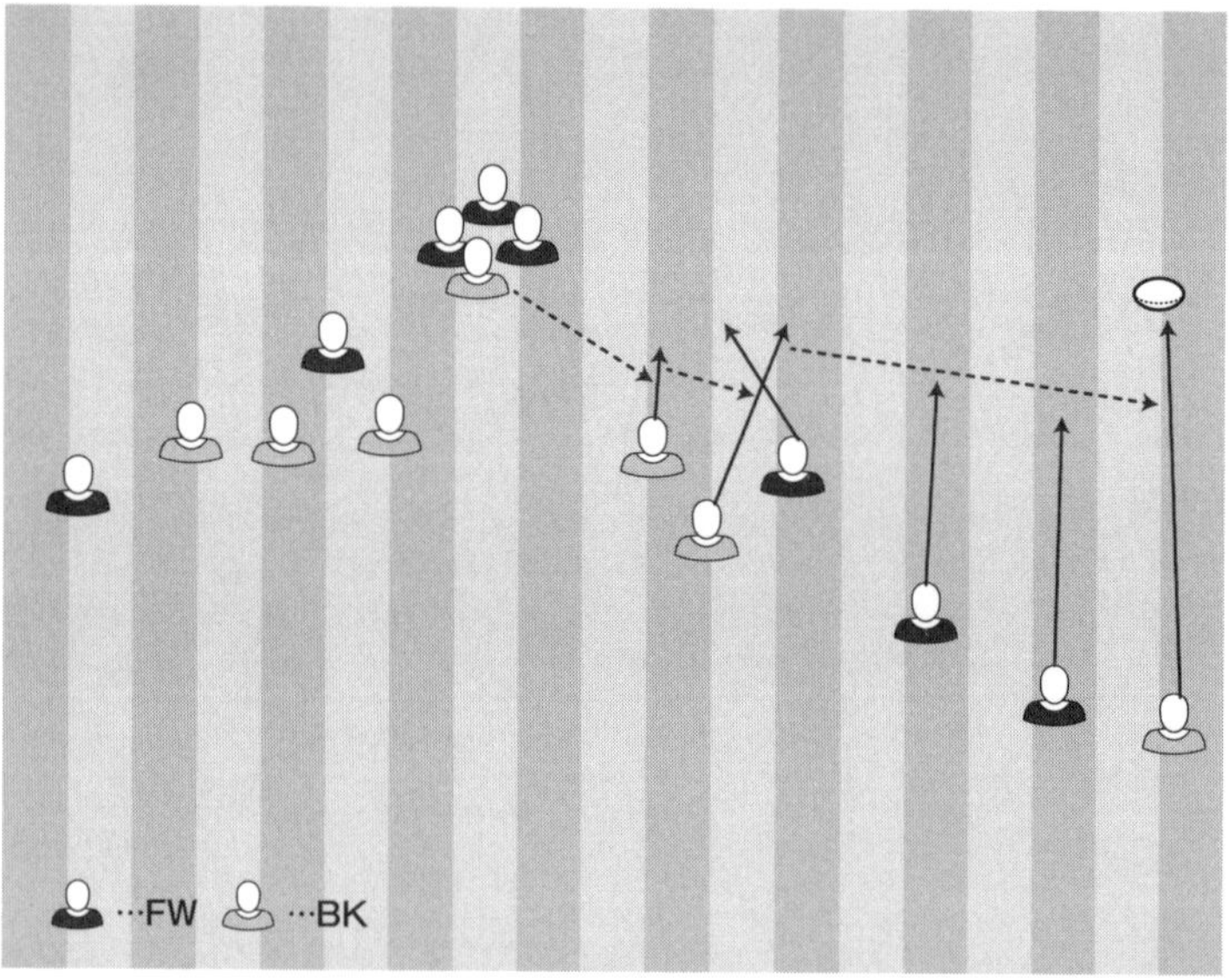

図7

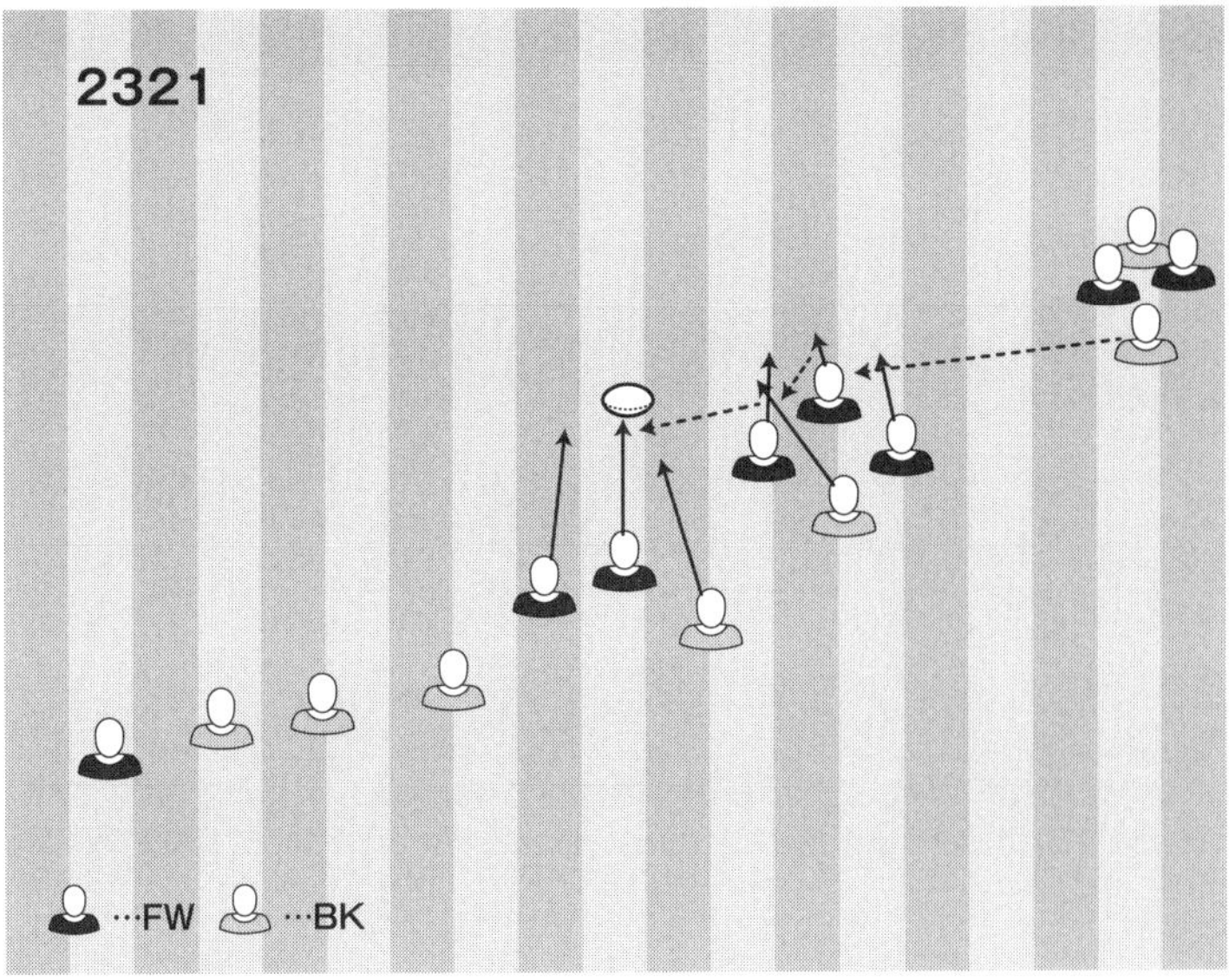

図8

続いて、9シェイプのムーヴを紹介します。前半3分、アンストラクチャーから、12番がカットアウトしたところに、フォワードが複数走り込んでブレイクダウンを作ります（図1）。10番の内側にいたフォワード2人の選手が、順目側へリロードします。12番がブロッカーで走り込み、バックドアにそのフォワードが2人カットアウト。さらに13番がカットインしてくるバックドアに10番。その内側から15番が走り込み、エッジへと展開します（図2）。

折り返し、10番からの10シェイプでブレイクダウン（図3）。振り戻しの「ワイパーアタック」でブロッカーを入れて展開していました（図4）。

前半17分、セットプレイからミッドフィールドでブレイクダウンを作り、9シェイプの内側の選手が真ん中の選手の外側に走ってパスを受け、外側の選手をブロッカーにして10番がカットアウトでパスを受けます。この時も15番が10番の内側から外側に顔を出し、防御の足を止めて展開します（図5）。

折り返しは9シェイプのスイベルパスを使い、防御に的を絞らせないようにして「1列」がポジショニングするミッドフィールドを狙って、10シェイプでブレイクダウン（図6）。

逆目に9シェイプを入れ（図7）、ブロッカーを入れて内側の足を止めて展開し、トライを奪います（図8）。スコットランド戦ではエッジを使う時に、ブロッカーを入れて防御の足を止めるようにしていました。

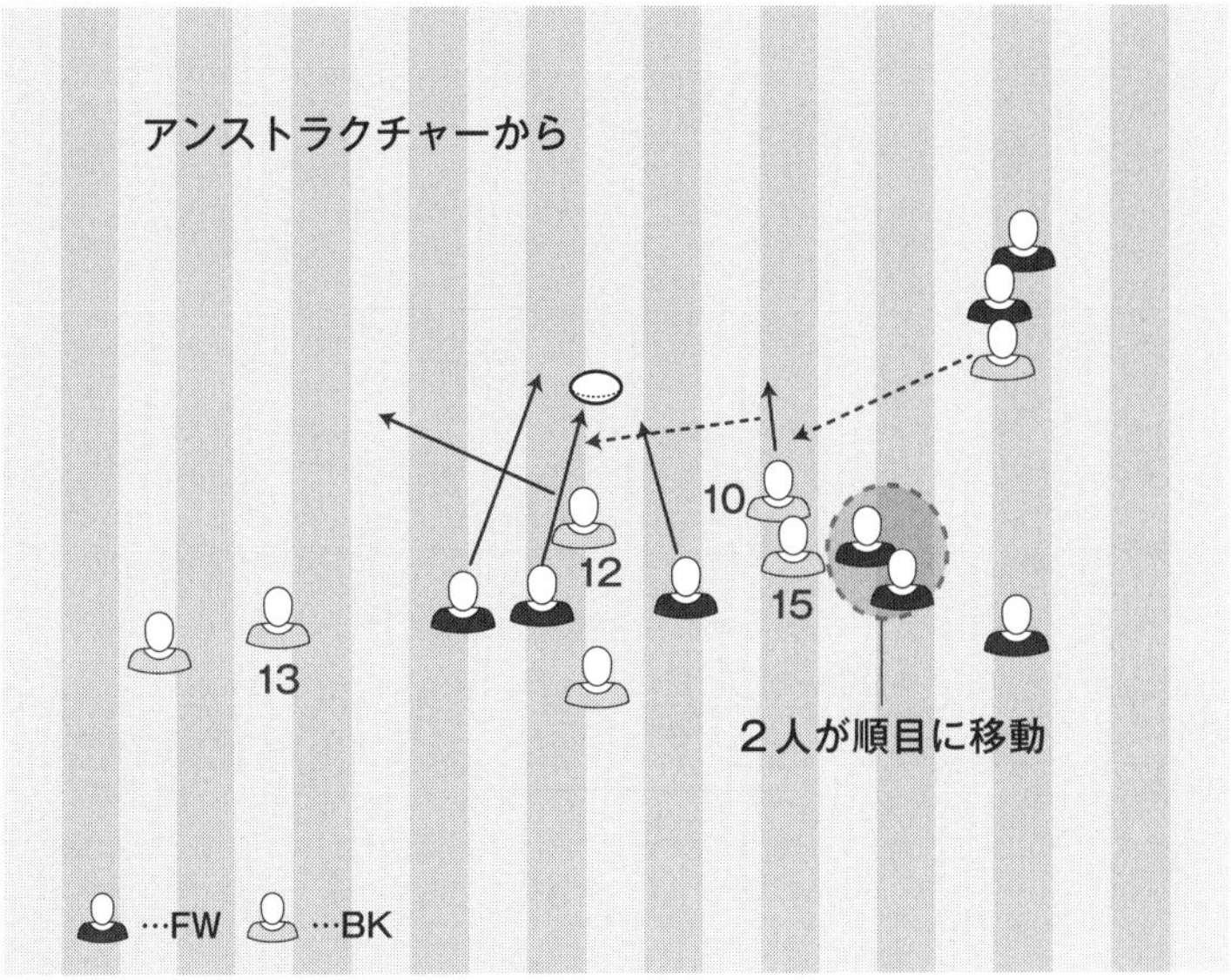
アンストラクチャーから
10
12
15
13
２人が順目に移動
…FW
…BK

図1

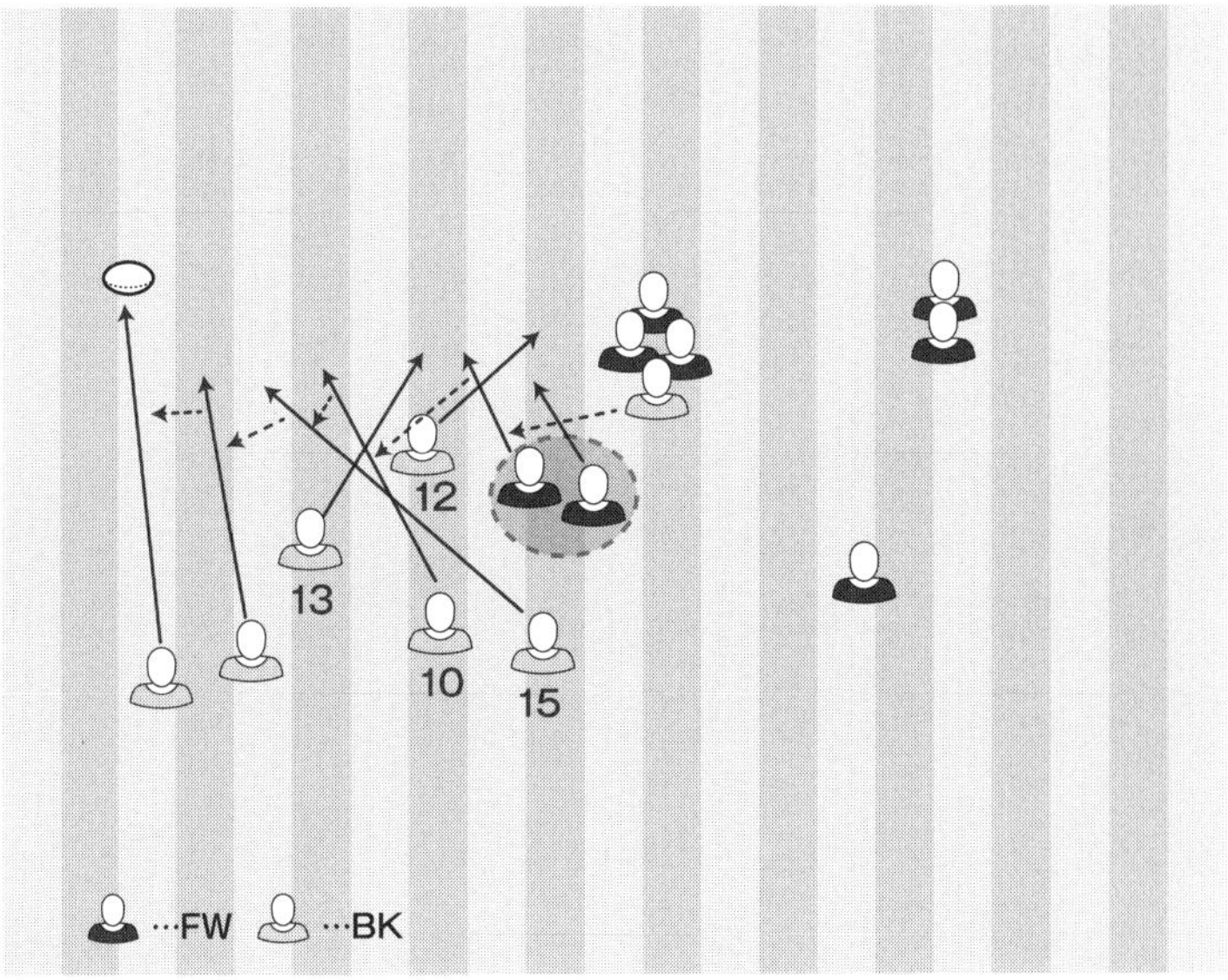
12
13
10
15
…FW
…BK

図2

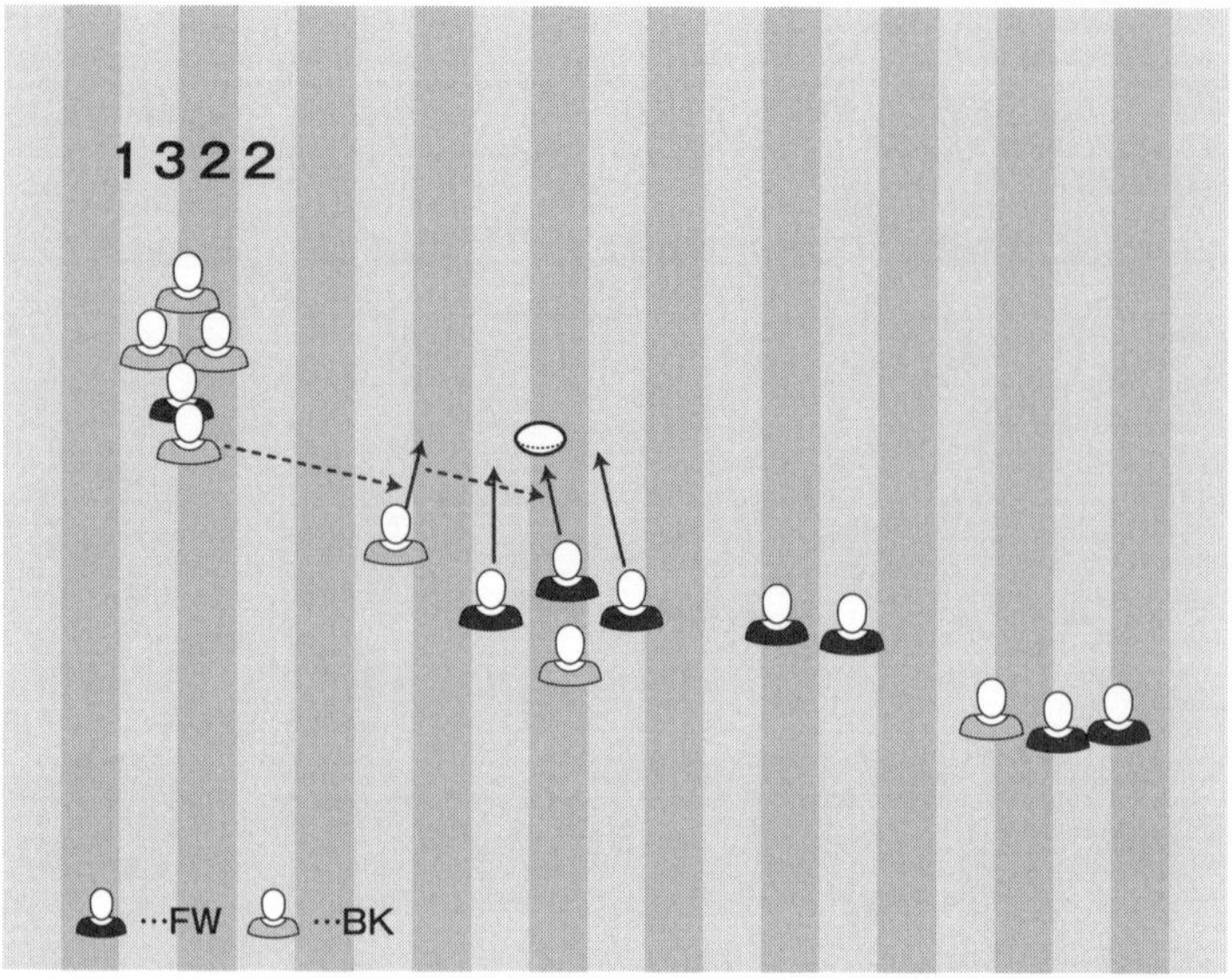

図3

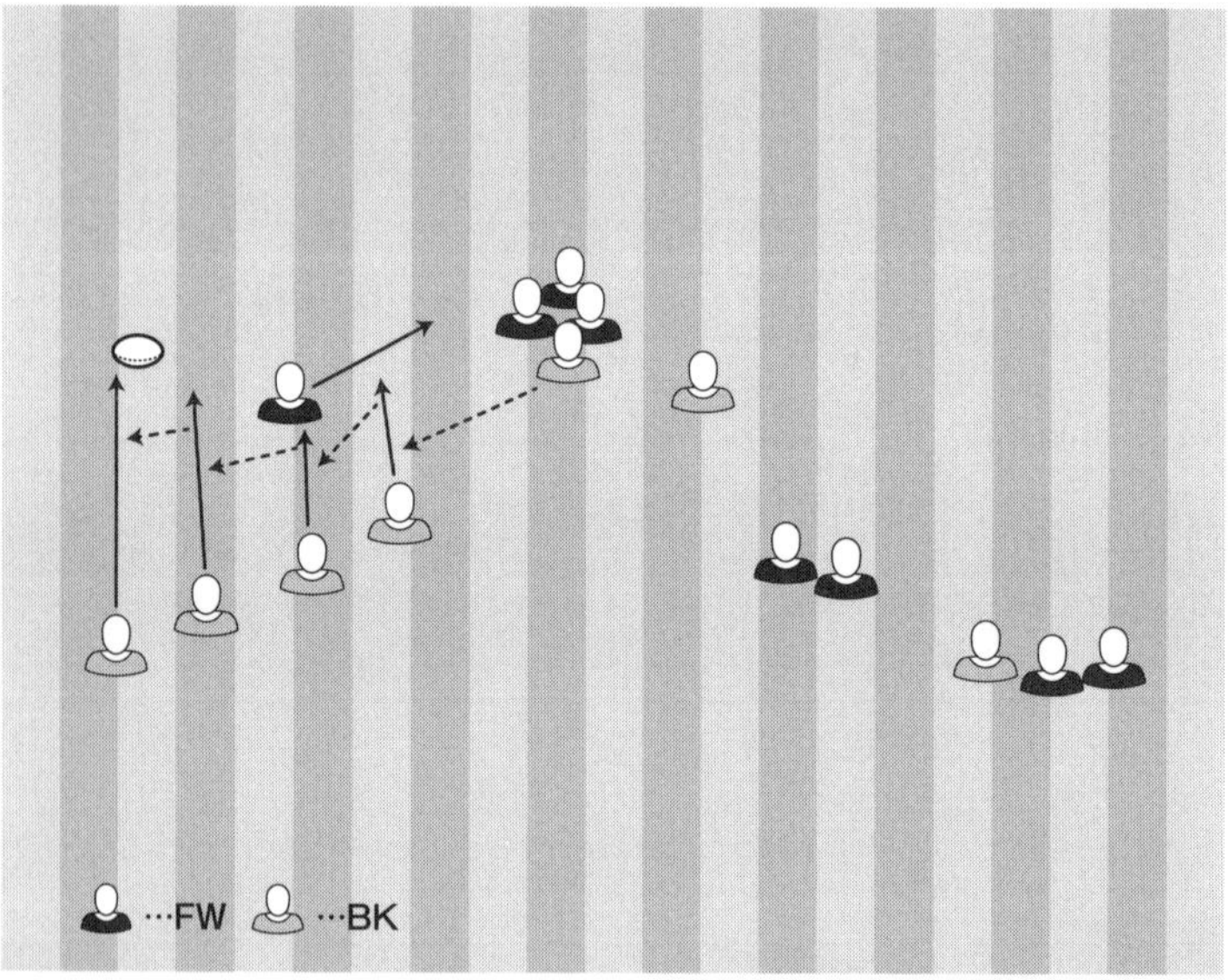

図4

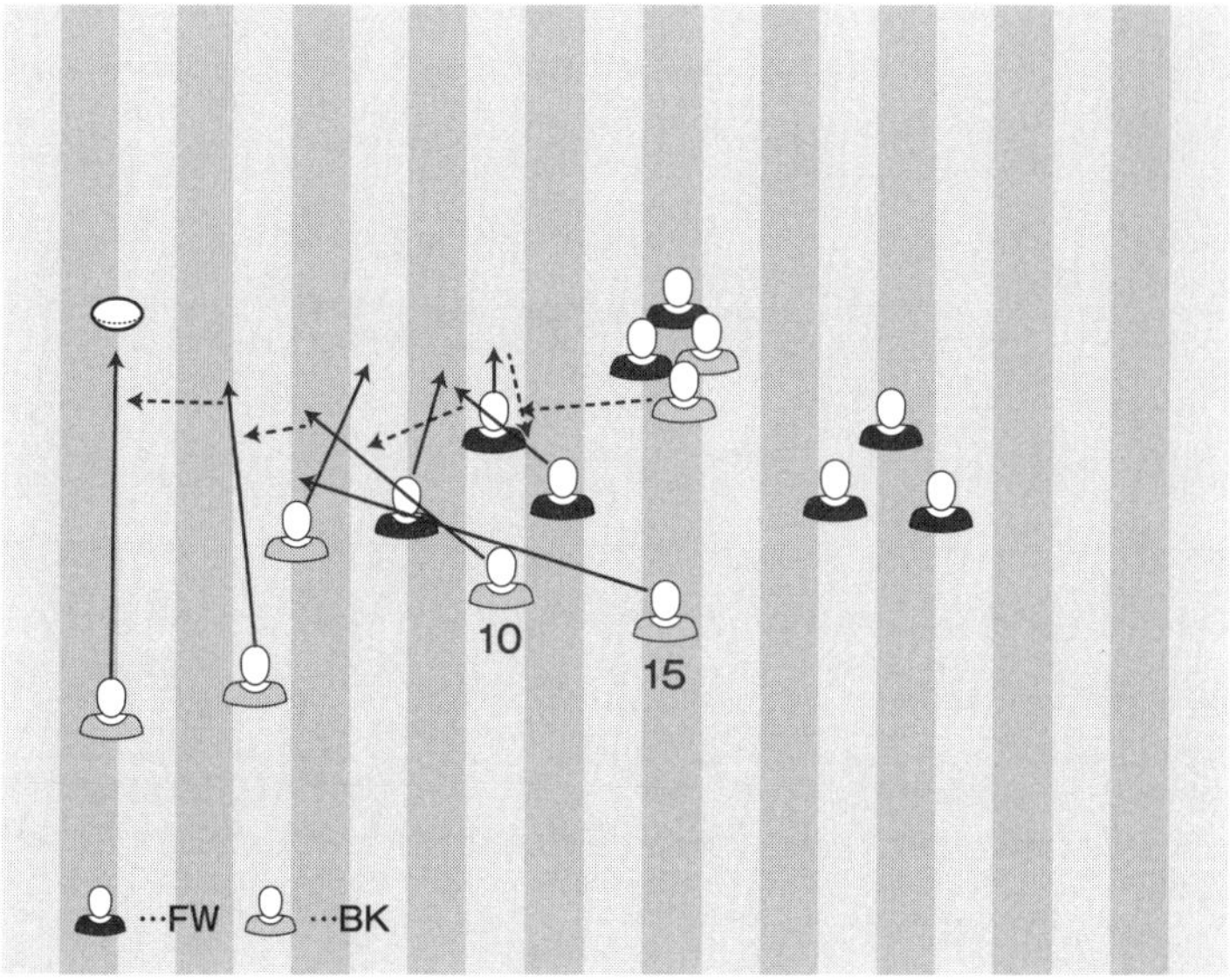

図5

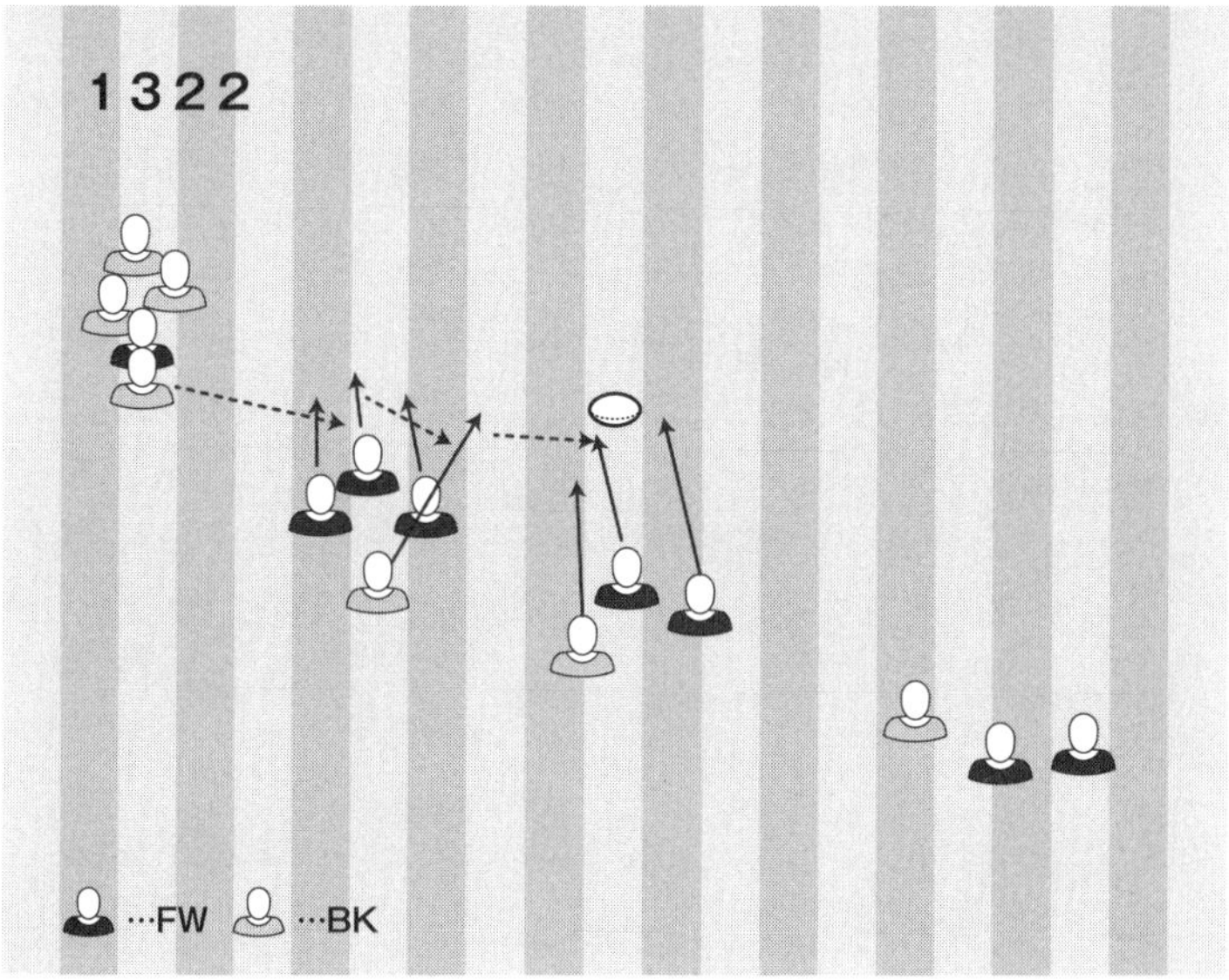

図6

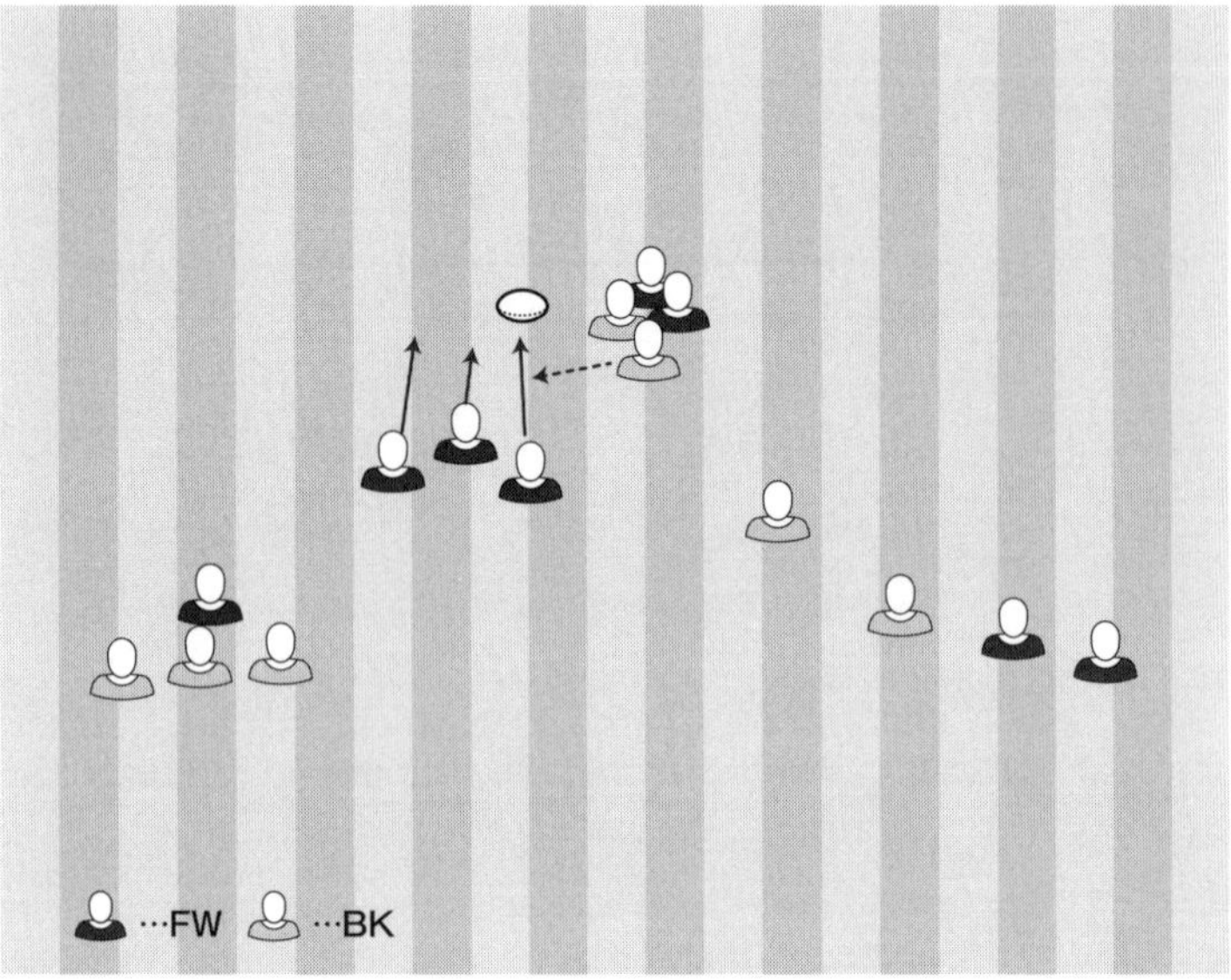

図7

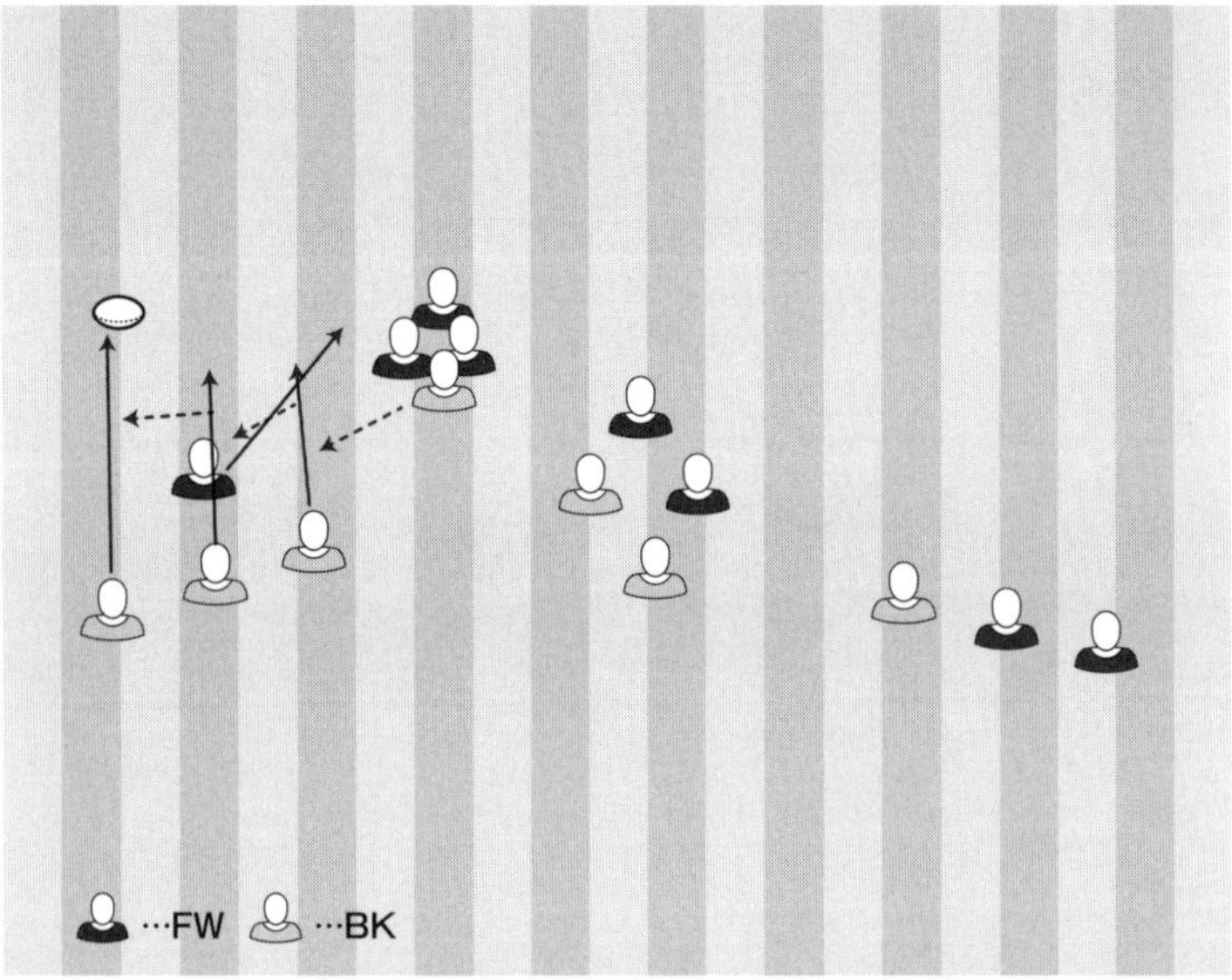

図8

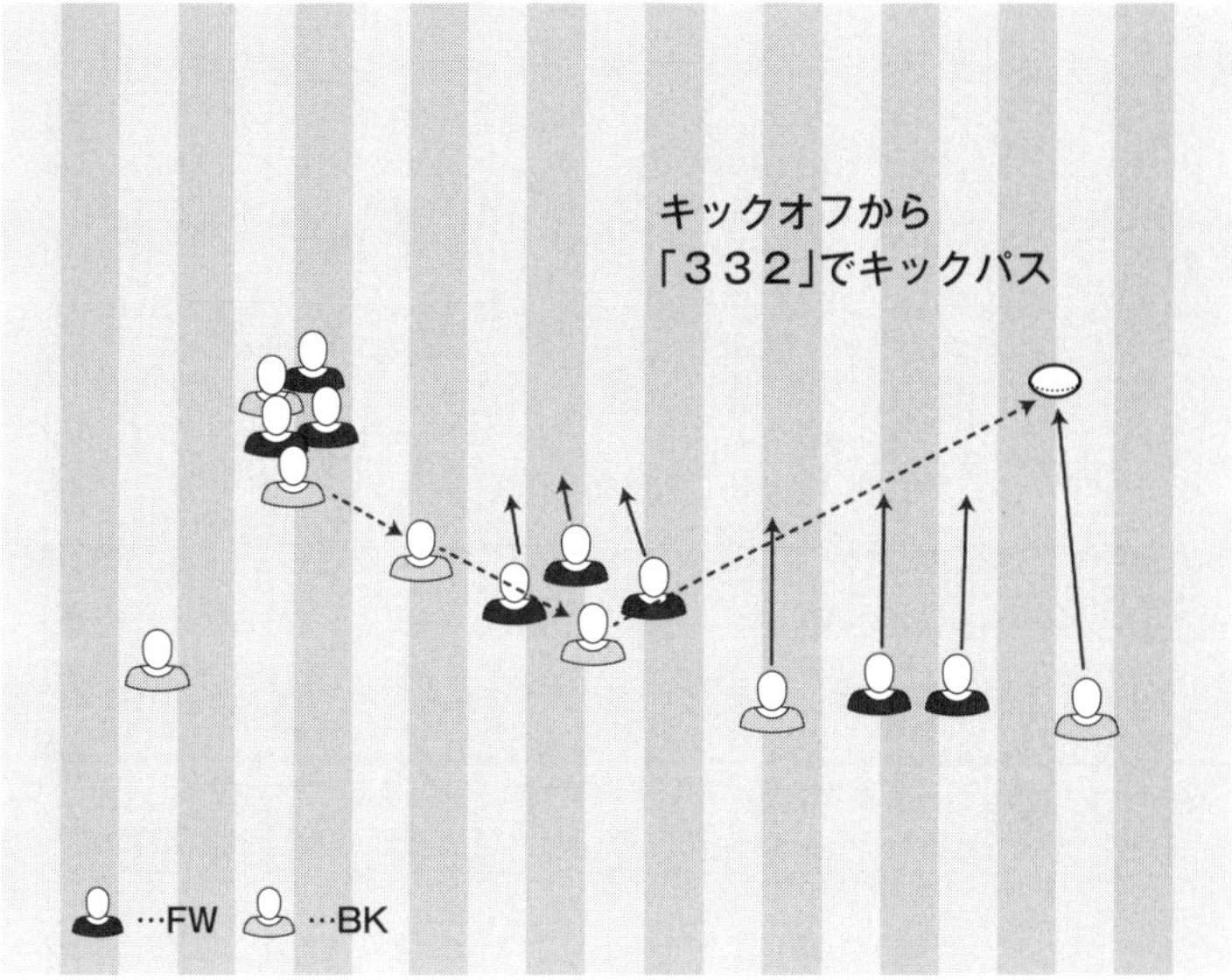

ジャパン対南アフリカ

前半０分、ジャパンがキックパスを使った「３３２」のポッドです。南アフリカの防御は構造上生まれる外側の「数的不利」を無視して、パスでボールが運ばれる前にタックルで止めてしまう「ラッシュアップディフェンス」で、敵陣深くでは、ロングキックを警戒して深い位置でバックラインを形成しています。ジャパンは南アフリカの「外側はスペースが空いているが前は飛び出し、後ろは下がっている」防御戦術を逆手に取り、「キックパス」で攻略。「キックパス」を最初に使うことで、南アフリカの防御はウイングが上がりにくくなり、前半の主導権を握りました（上図）。

南アフリカの防御の特徴を利用した戦術

南アフリカはロングパス、特にバックドアへのパスにプレッシャーをかけることで、ゲインラインとブレイクダウンの攻防を有利にしていくので、ジャパンはエッジと9シェイプのピストンアタックから「3311」というポッドで南アフリカの防御の特徴を利用しました。

ジャパンはポッドを三つ重ね合わせてバックドアへのパスを二つ作り、南アフリカの防御を誘い出します。全てのパスを「狭く深く」することで防御のプレッシャーが届かない位置でパスを繋ぎました。

南アフリカは防御の構造上生まれる外側のスペースを、「ラッシュアップディフェンス」によってパスをする「時間」を奪ってきましたが、ジャパンはキックパスで前にボールを運んで攻略した後、前半12分、南アフリカにパスをする時間を奪われないように、横にパスするのではなく、前に出てくるのを回避するように後ろに短いパスを繋いで攻略しました（図3）。ここでもこの陣形を作るために「ピストンアタック」を利用しています（図1・2）。

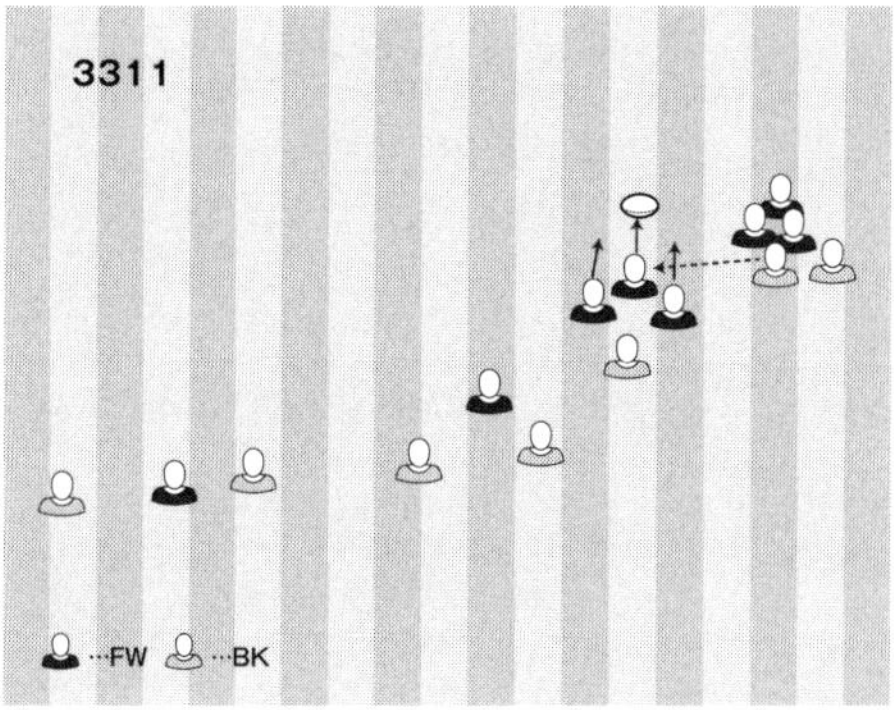
3311
…FW
…BK

図1

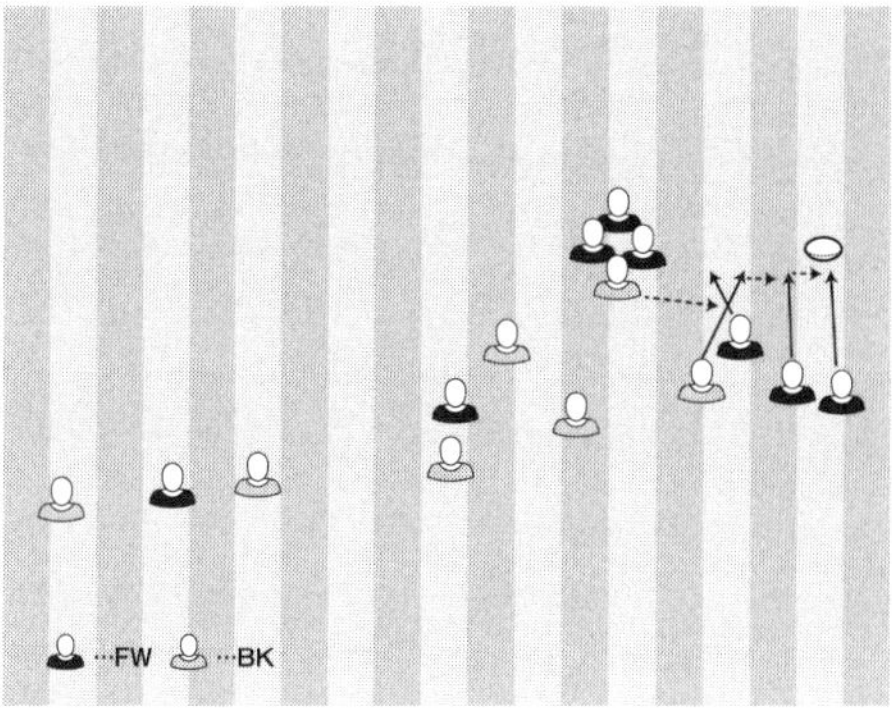
…FW
…BK

図2

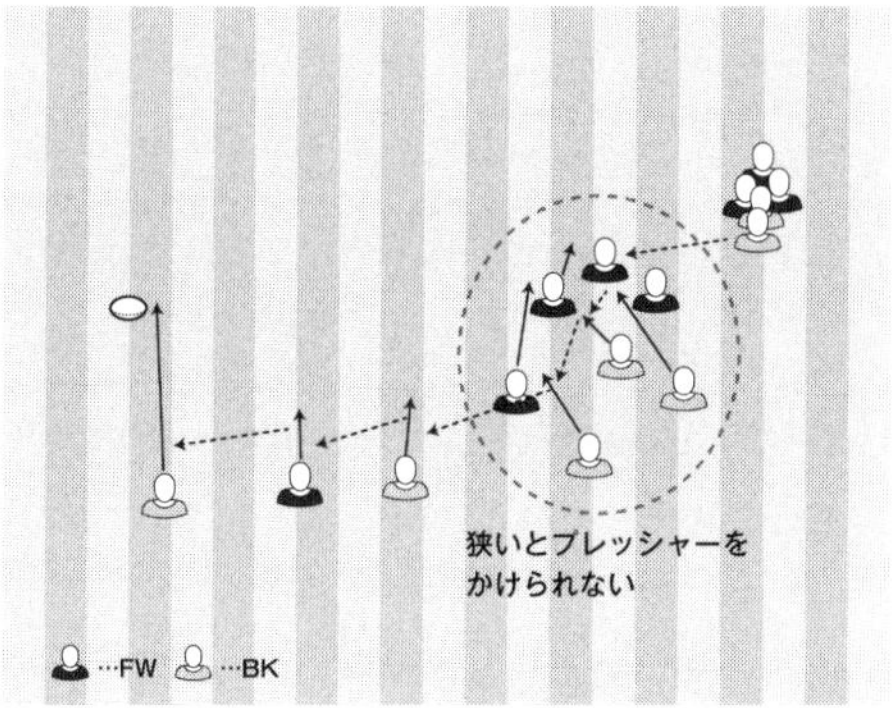
狭いとプレッシャーを
かけられない
…FW
…BK

図3

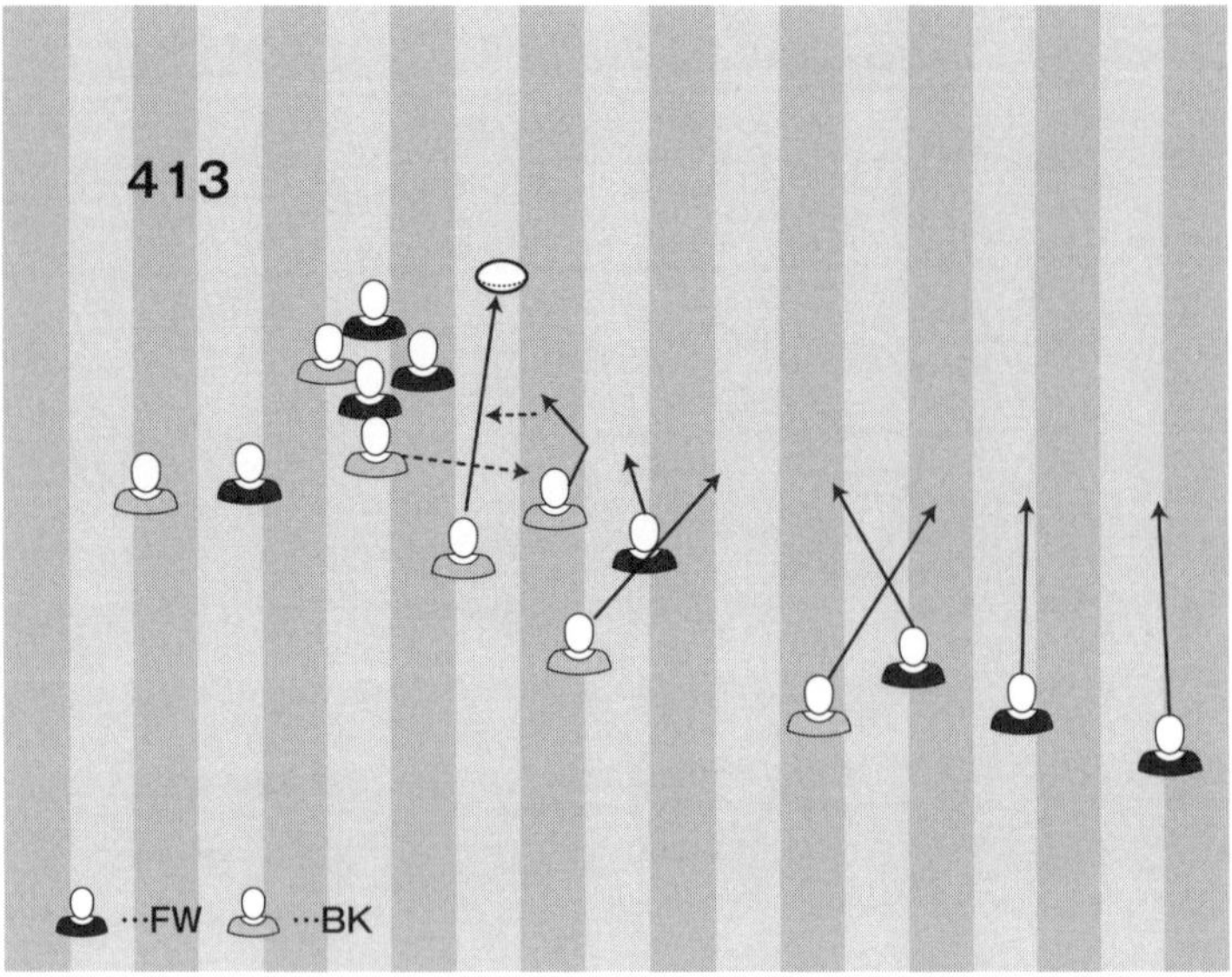

図1

ジャパンの駆け引き

「キックパス」「後方への連続したショートパス」で南アフリカのウイングを飛び出しにくくすることに成功しました。

そこでジャパンは前半16分、ハイパントキャッチから「413」のポッドを作り、エッジへボールを運びます（図1・2）。折り返し「332」のポッドでエッジからの次のポッドを「9シェイプ」にするのではなく、10シェイプにして飛び出しにくくなった外側の優位をいかし、広くボールを動かしていきます（図3）。

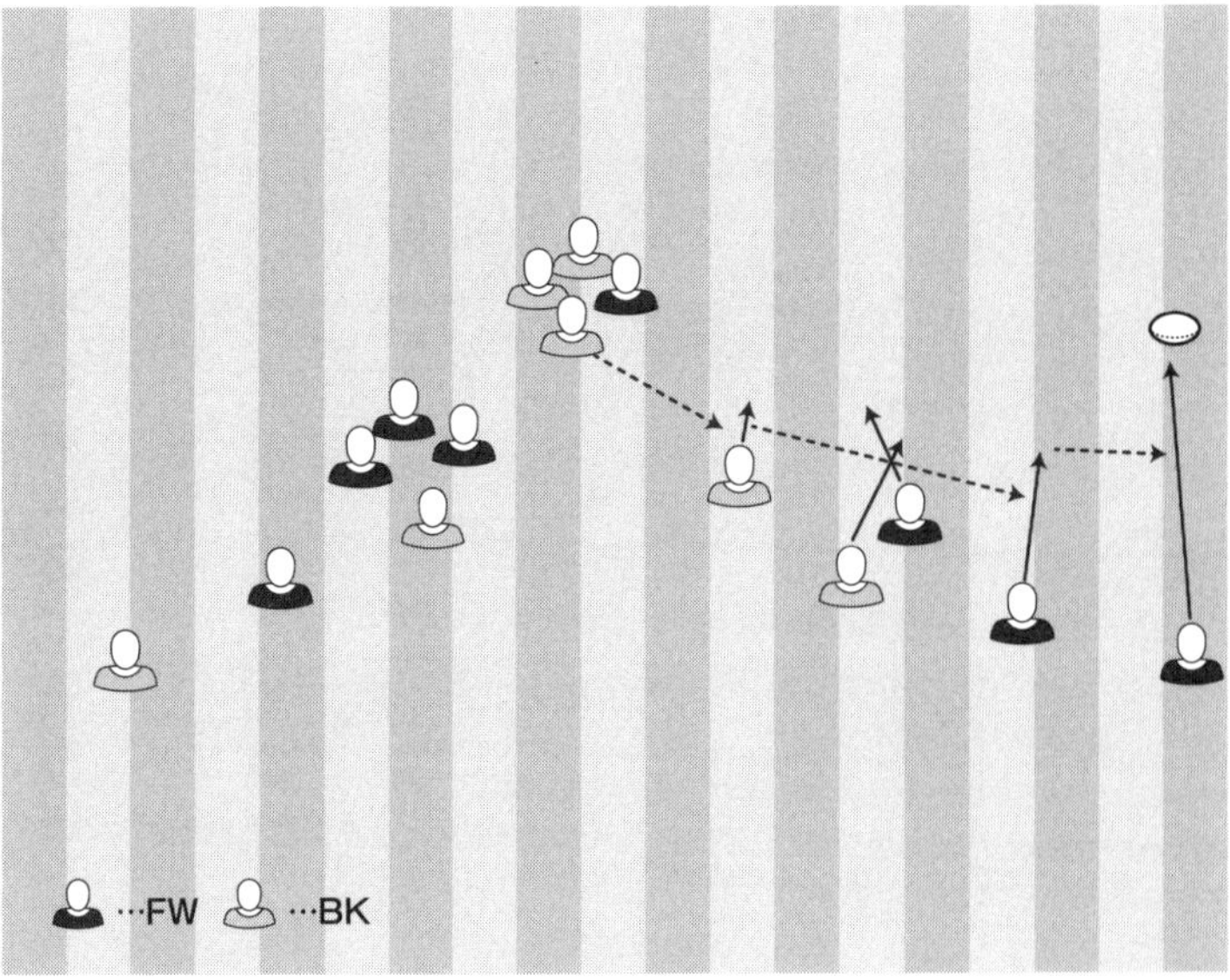

図2

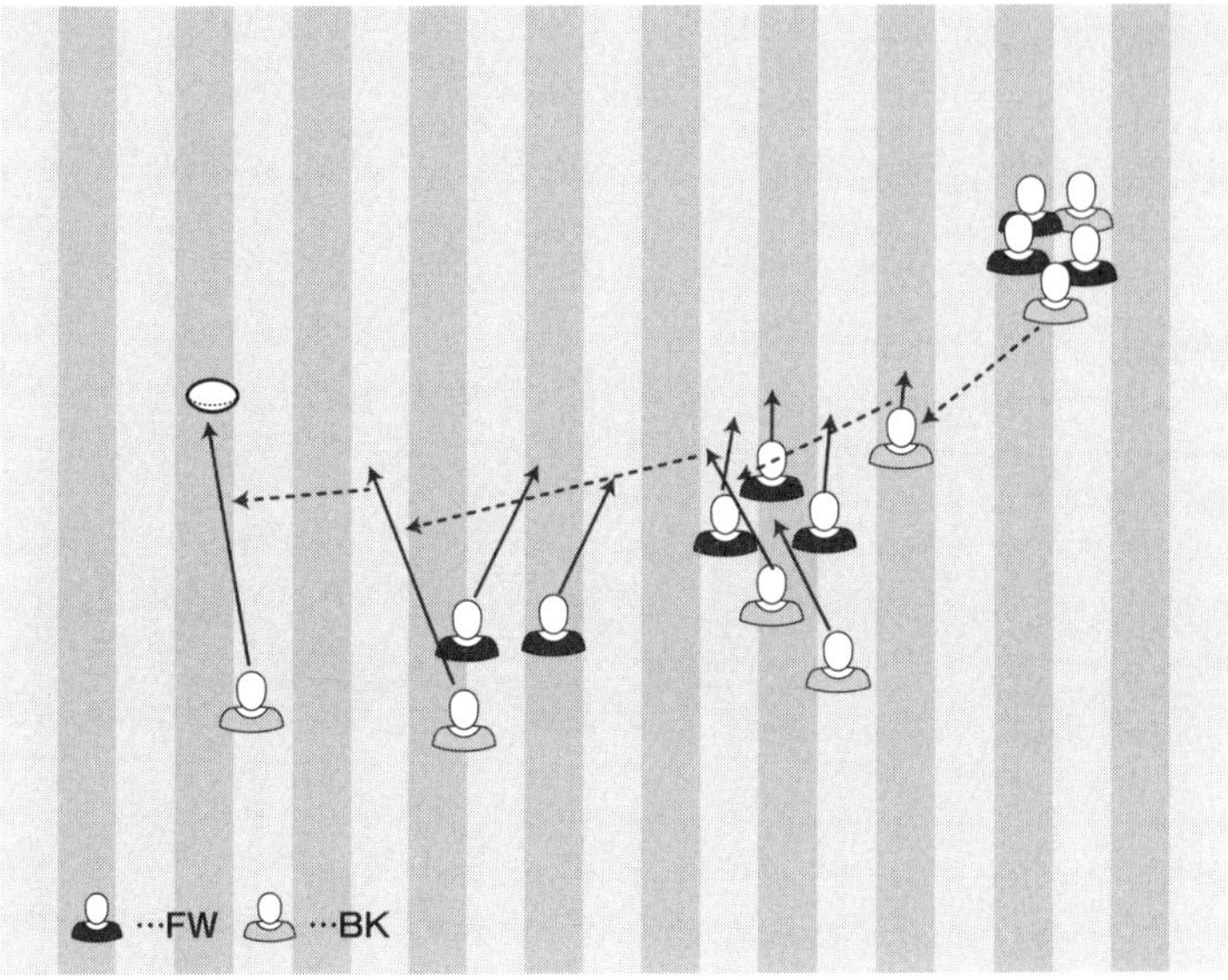

図3

南アフリカが攻防で優位になっていった理由

ジャパンは「トリプルライン」とでも言うべき、バックドアを2回使う攻撃で南アフリカの防御を崩していきました。南アフリカのラッシュアップディフェンス攻略には、ポッドの「深さと狭さ」が必要だったのです。前半12分、うまくいったシーン（図1）と、前半20分、28分、後半5分、（図2・3・4）のうまくいかないシーンでは、このポッド間の連携に大きな違いがありました。

失敗した三つのポッド（図2・3・4）では、いずれも最後のパスが浅く広くなり、プレッシャーを受けています。

ポッドを狭く深くするには、相手の状況を確認する「認知」と、味方の選手とポッド形成を行うための「コミュニケーション」、さらに事前にどういったムーヴ（サインプレイ）を行うのかといった「意思決定」が必要です。

例えば、エッジにボールが運ばれた時、集中力が切れてこれらが行われていないとボール（ブレイクダウン）の位置から選手が遠くなり、ポッドが浅く広くなってしまいます。そういう意味では「フィットネス」も必要になってきます。

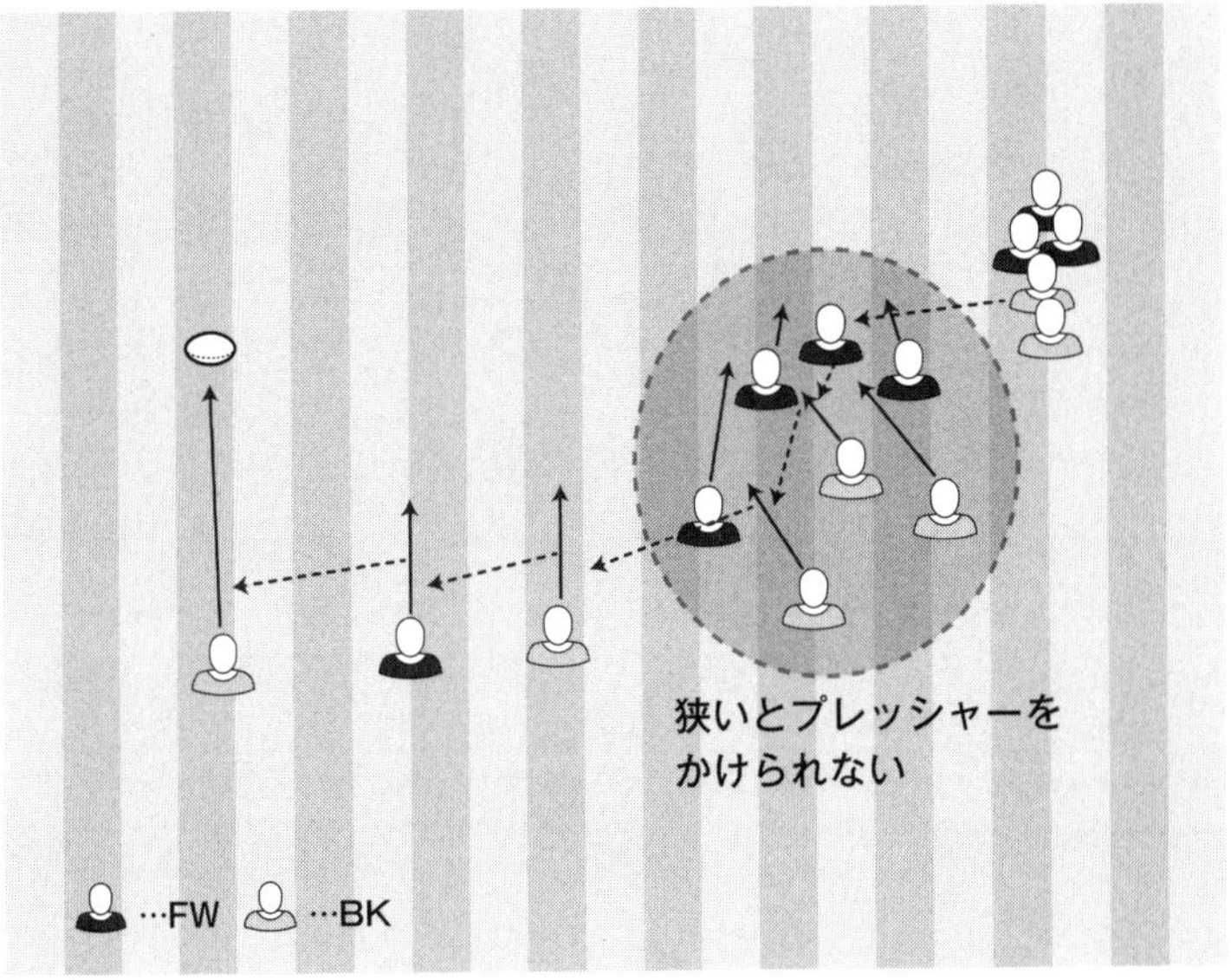
狭いとプレッシャーを
かけられない
…FW
…BK

図1

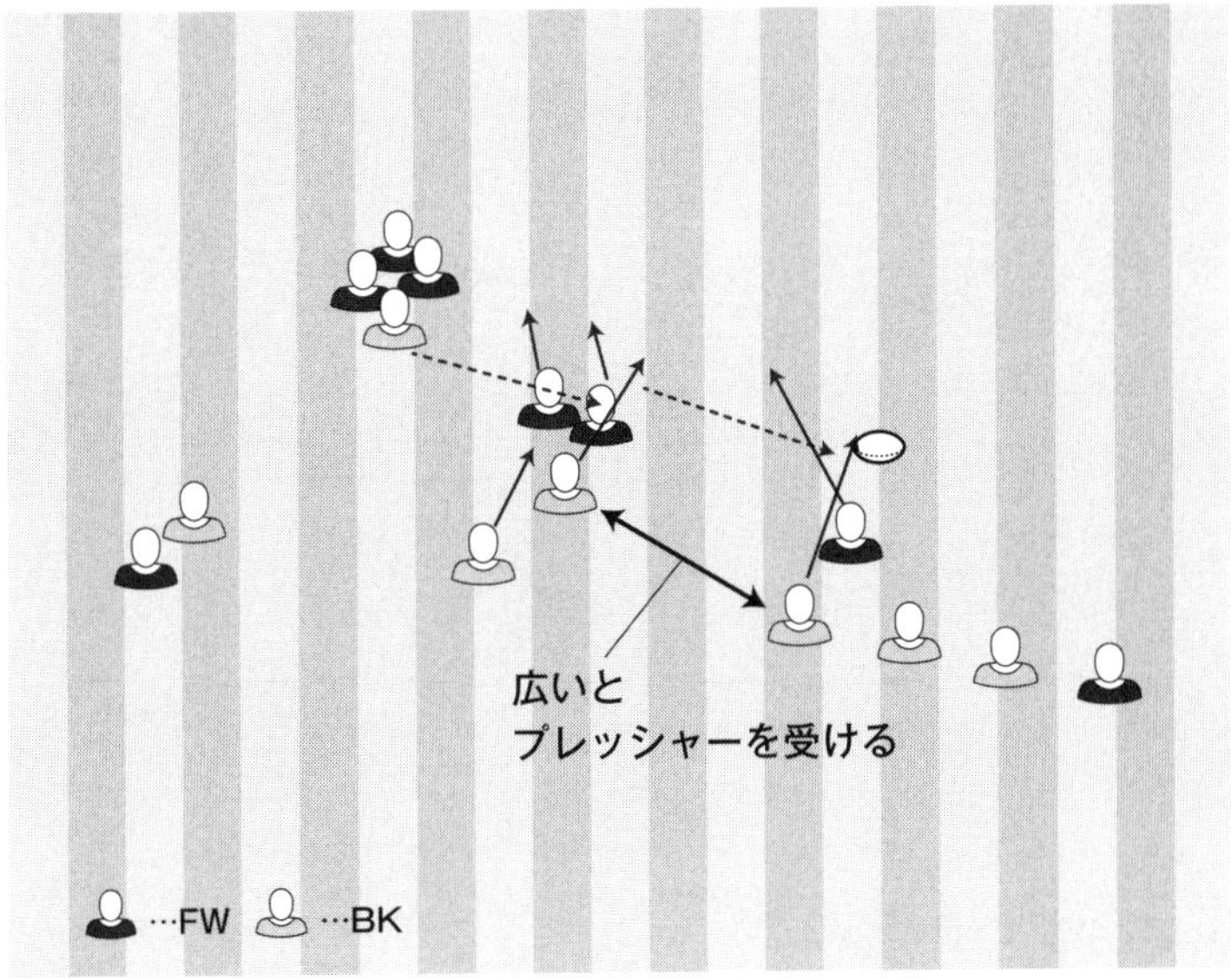
広いと
プレッシャーを受ける
…FW
…BK

図2

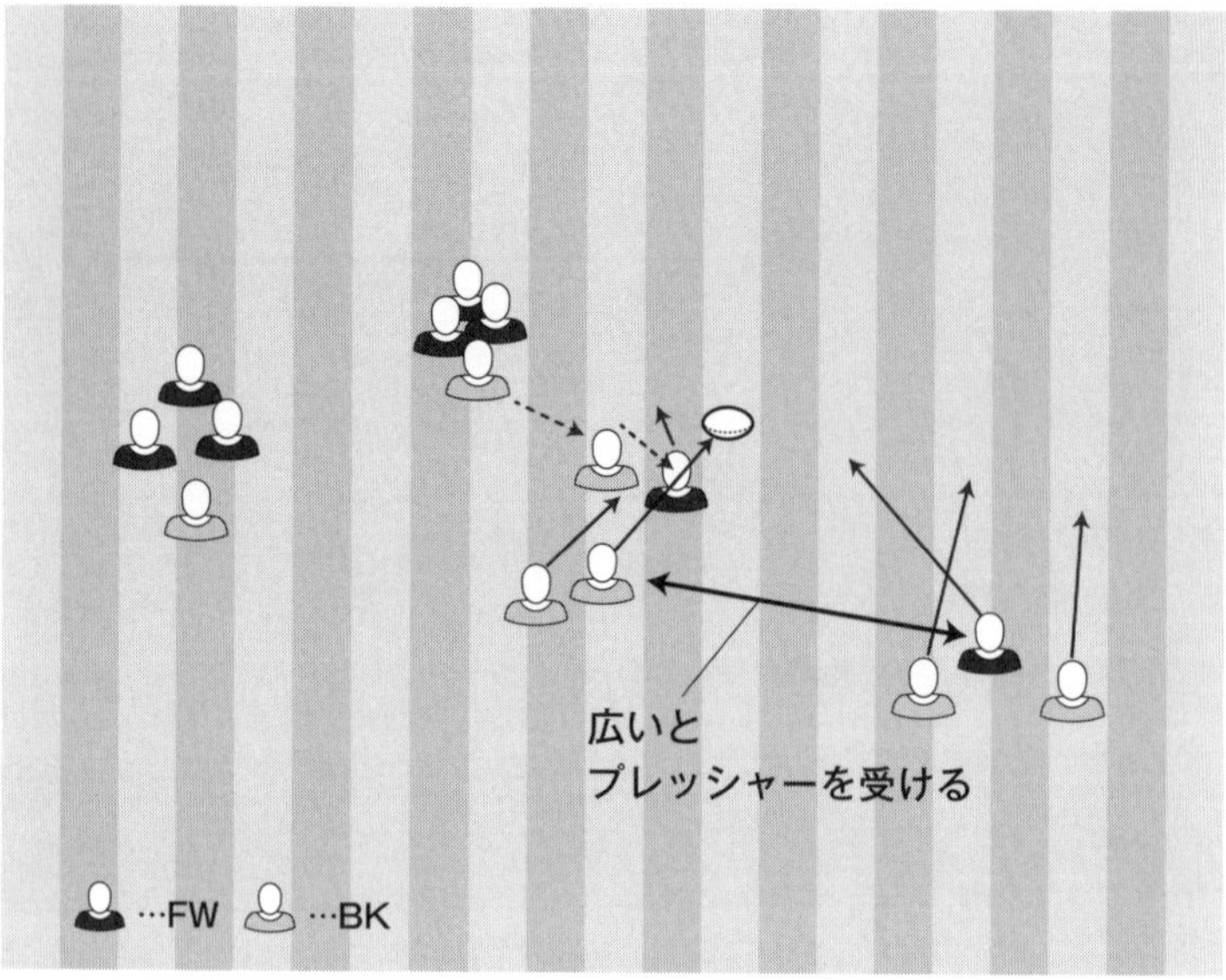
広いと
プレッシャーを受ける
…FW
…BK
図3

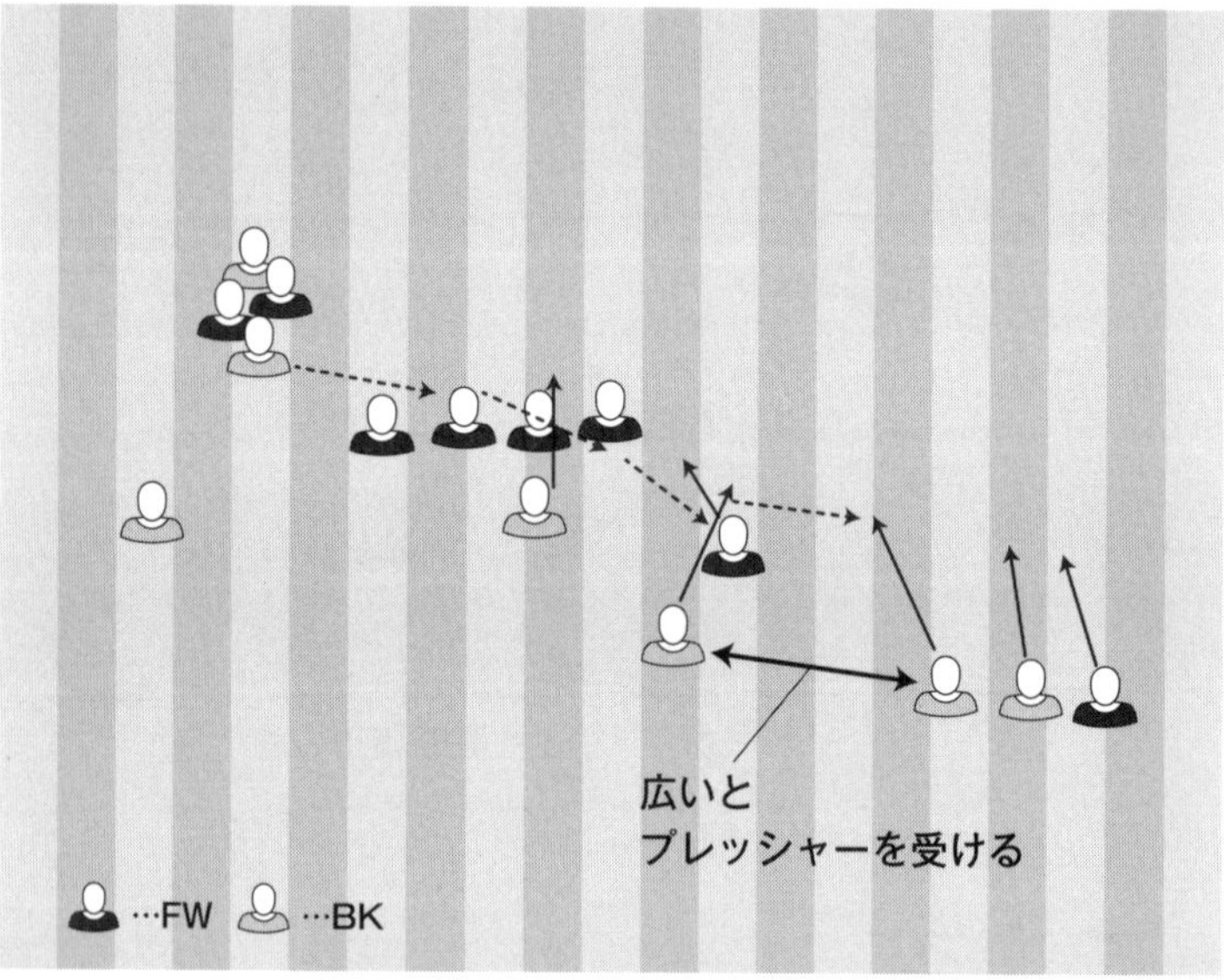
広いと
プレッシャーを受ける
…FW
…BK
図4

第5章

ラグビーの戦術（分析）的な見方

ゲームモデル（プレイスタイルとプレイ原則）

チームや対戦相手、プレイエリアなどに合わせたガイドライン

戦略的にゲームを進める上で、エリアごとのプレイ選択のガイドライン（第2章参照）が存在します。

そのガイドラインを基準に「チームの特性」を踏まえて、「どのように攻撃、防御をしていくのか」といったゲームモデルが決まります。

例えば、フォワードの身体が大きく、セットやモールに強みがあるチームは、パスやランで攻撃する時間を減らして、キックを中心にゲームを組み立てますし、パスやランに強みがあるチームがセットやモールに強い相手と試合をする時は、キックの割合を減らしてパスやランで攻撃する時間を増やします。

南アフリカやイングランドのようにキックを中心にゲームを組み立てるチームは、「ハイパント」がゲームの大きな要素を占めることになります。

また、対戦相手に応じて複数のゲームプランを持つチームもあり、2019年ワールドカップのジャパンは、サモアと戦う時は「ハイパント」を使ったプレイスタイルで戦い、アイルランドやスコットランド相手には「ポゼッション」、南アフリカ相手にはキックパスを交えた「ポゼッション」と明確に区別していました。またイングランドも、普段は「キック」を主体としたプレイスタイルですが、ニュージーランド相手には「ポゼッション」に切り替えて、見事に勝利を収めました。

ゲームモデルにはこうしたプレイスタイルと、それを実現するために必要な状況を作らなければなりません。

例えば、ポッドで攻撃する時のフォーメーション（配置）であったり、防御でプレッシャーをかけることができる状況や効果的にキックが使える状況など、その状況を作り出すための判断基準があり、それを「プレイ原則」と呼んでいます。

プレイ原則にはそれを実現するための準原則、準原則を実現するための準々原則と、大局から局面へと原則が続いていきます。

それでは、セットプレイとモールが強い南アフリカ、ポゼッションが高いニュージーランド、いくつかのゲームプランを持つジャパンの3チームを例に、ゲームモデルを解説していきたいと思います。

南アフリカのゲームモデル

・プレイスタイル

スクラムとモールでプレッシャーをかけ、ボールを動かすリスクを背負わずに前進し、スコアしていく。

・プレイ原則

①キッキング・ゾーンから敵陣10mまではハイパントを軸にテリトリーを進めながら、ボールの再獲得を狙う。

②防御はラッシュアップディフェンスとアンブレラディフェンス。ブレイクダウンでプレッシャーをかけてターンオーバーを狙う。

・準原則

①カウンターアタックもハイパント。常にハーフウエイライン付近に攻防戦を引く。

②ターンオーバーからはボールをエッジに運び、一気に防御を崩す。

ニュージーランドのゲームモデル

・プレイスタイル

ポゼッションを重視。アンストラクチャーからの攻撃を得意とし、どんな状況からでもポッドを使ってボールをスペースに運んで防御を崩す。

・プレイ原則

①基本は「１２３２」の配置。スキルフルでランニングスキルの高い8番のキアラン・リード選手を10シェイプに置き、ミッドフィールドのブレイクダウンからゲームを組み立てる。10番のリッチー・モウンガ選手と15番のボーデン・バレット選手の2人がスプリットに立つため、どちらのサイドも防御側にとっては脅威になる。

②デンジャラス・ゾーンではハイパントでボールの再獲得を狙い、キッキング・ゾーンではアンストラクチャーからの攻撃に引き込むためにロングキックを使い、相手にキックを蹴

らせる。

③防御ではスペースをカバーするために、ブレイクダウンにいる人数を極力減らす。そのため、タックルのスキルを高めて、シングルタックルで防御する。

・準原則

①10シェイプのオプションを作る。キアラン・リード選手からのショートパスや、10シェイプを3人ではなく4人にして的を絞らせにくくする。

②カウンターアタックではフォワード、特に一列の選手がチェイスするミッドフィールドでミスマッチを狙うか、ボールを大きく逆サイドまで動かして防御をストレッチさせる。

③相手が孤立した時はジャッカルを狙うが、それ以外ではポジショニングを優先。

ジャパンのゲームモデル

・プレイスタイル

A 可変式ポッドを使い、「数的、位置的、質的優位」の作り方を防御の状況に応じて変える。

B キッキング・ゾーンでハイパントを使い、敵陣でターンオーバーを狙う。

・Aプレイ原則

①基本は「１３２２」の配置でピストンアタックを使い、逆側を可変させる。

・Bプレイ原則

①カウンターアタックやターンオーバーなどアンストラクチャーからのポッドの作り方は、９シェイプでブレイクダウンを作り、フォワード１人をスタンドオフの横に、残ったフォワードをエッジに配置してポッドを作る。このポッドの作り方であれば、最初のブレイクダウンにフォワードが３人入ったとしても「３３１１」のポッドを作ることが可能で、もし２人であれば「２３１２」というポッドの形が作れる。

・A準原則

①ポッド間を狭くし、ロングパスを使わないようにして、防御のプレッシャーを受けないようにする。
②プレッシャーを受けやすいバックドアの配置を１人ではなく２人にすることで、防御の的を絞らせないようにする。

③ポッド間で移動して配置を変えるだけでなく、ポッド内でも「優位な位置取り」ができるように、フォワードの配置（外側→内側）を変えていく。

・B 準原則

①相手のハイパントをキャッチした後、そのブレイクダウンにバックスの選手が1人以下であればポッドを使って攻撃し、ブレイクダウンにバックスの選手が2人以上の場合は、9シェイプでブレイクダウンを作って、9番からハイパントを蹴る。

②カウンターアタックからのポッドで攻撃する時は、エッジまで順目に運んでからピストンアタックに持っていく。

ラグビーを分析的に見る

①現代ラグビーは「ポッド単位」でボールが動く

ラグビーは、防御のプレッシャーを受けやすい前方（フロントドア）やブレイクダウンから見て内側に、フィジカルが相対的に優位なフォワードを配置し、プレッシャーの届かない後方（バックドア）や薄くなるブレイクダウンから見て外側に、スピードのあるバックスを配置することで効率的な攻撃を実現してきました。これはポッド戦術でも同じことが言え、各ポッドの前方や内側をフォワード、各ポッドの後方や外側にバックスが配置されるのが一般的になりました（図1）。

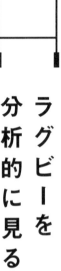

ラグビーは、ポッドからポッドにボールが運ばれて、ポッド内でブレイクダウンが起こります。

つまりポッド単位でラグビーは進んでいるため、ポッドの配置（攻撃の陣形）がわかれば、ボールの運ばれ方が見えてきます。

これにより、今まで一人ひとりバラバラに見えていたものを「規則性のある現象」として捉えることができます。


ボールしか見えてない時は予測が立てられず、その場その場で反応しながらゲームを見ますが、「ポッド単位でボールが動く」といった現代ラグビーの戦術の根幹さえ理解できれば、予測を立てながらゲームを見ることができます。

予測が立てられるようになると、ボールから目を離して、攻撃や防御の陣形を確認することができるのです。


攻撃陣形の見方ですが、エッジにボールがある状態からフォワードの配置を読み解きます。

エッジにフォワード1人がブレイクダウンに入っていて、ミッドフィールドのポッドである9シェイプと10シェイプに3人ずついれば、「1331」だと理解することができます（図1）。

ミッドフィールドの9、10シェイプのフォワードの選手は固まって配置されており、その後方に10番、12番、15番などのバックスの選手が配置されていることが多いので、そこが見極めるポイントになります（図1）。

基本的には現象に再現性があれば、その現象を引き起こす行為に意図があると考えることができます。

「可変式ポッド」ではない限り、配置には再現性がありますが、「1331」にもかかわらず9シェイプがなく10シェイプが二つといったことはあります（図2）。従来、エッジからの折り返しの攻撃は、9シェイプを置くことで10番へのプレッシャーを弱められますが、選手の戦術理解度が低い場合、ボールを見て止まっている時間が長くなるために配置に着くのが遅れて、9シェイプに間に合わないといったことも起こりえます。

もし、この10シェイプ二つを組み合わせた特異的なムーヴがあれば別ですが（図3）、10シェイプを2回当てたり（図4・5）、10シェイプの次に9シェイプとなっているのであれば、単純に戦術の精度が低いだけだと考えられます。

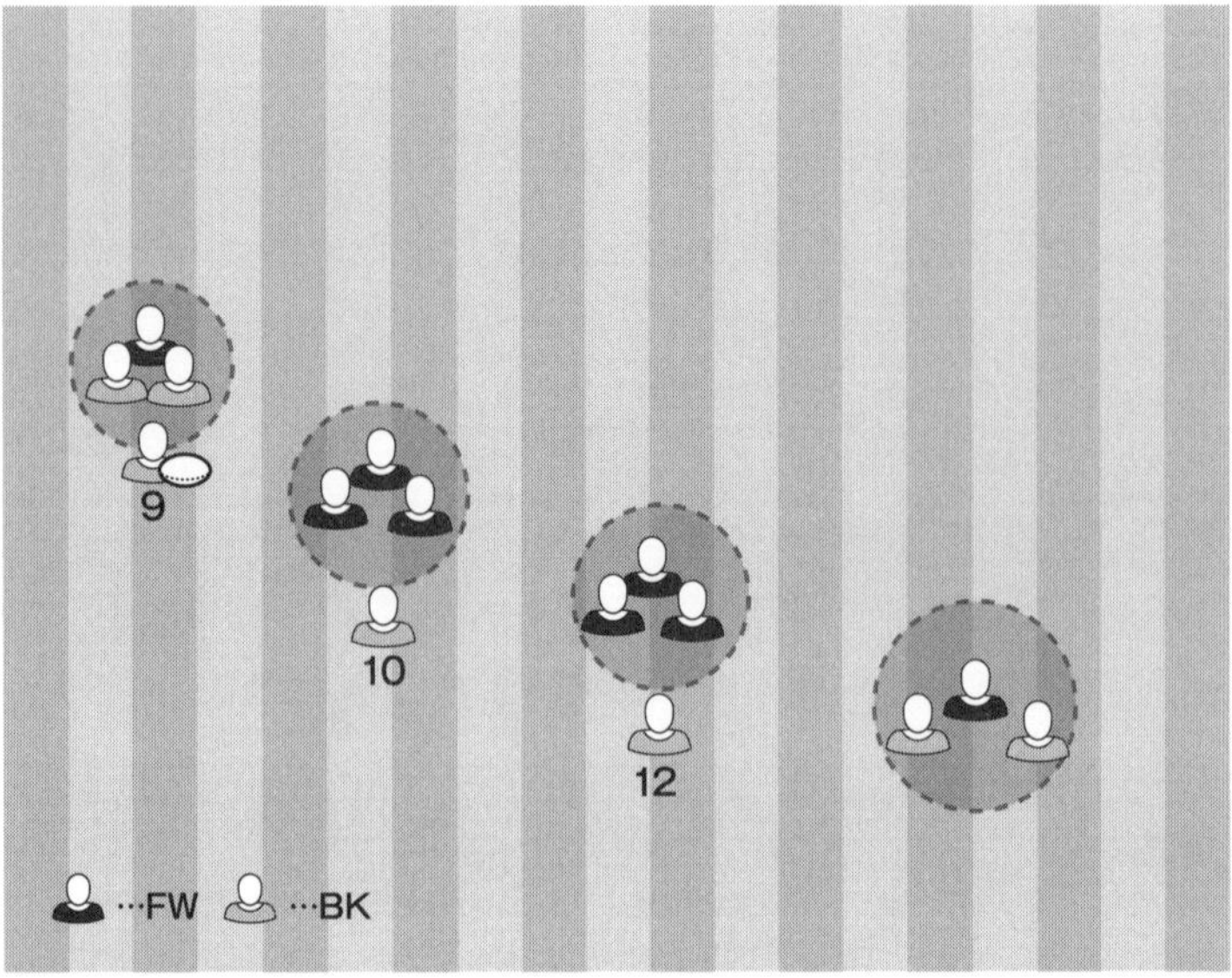

図1

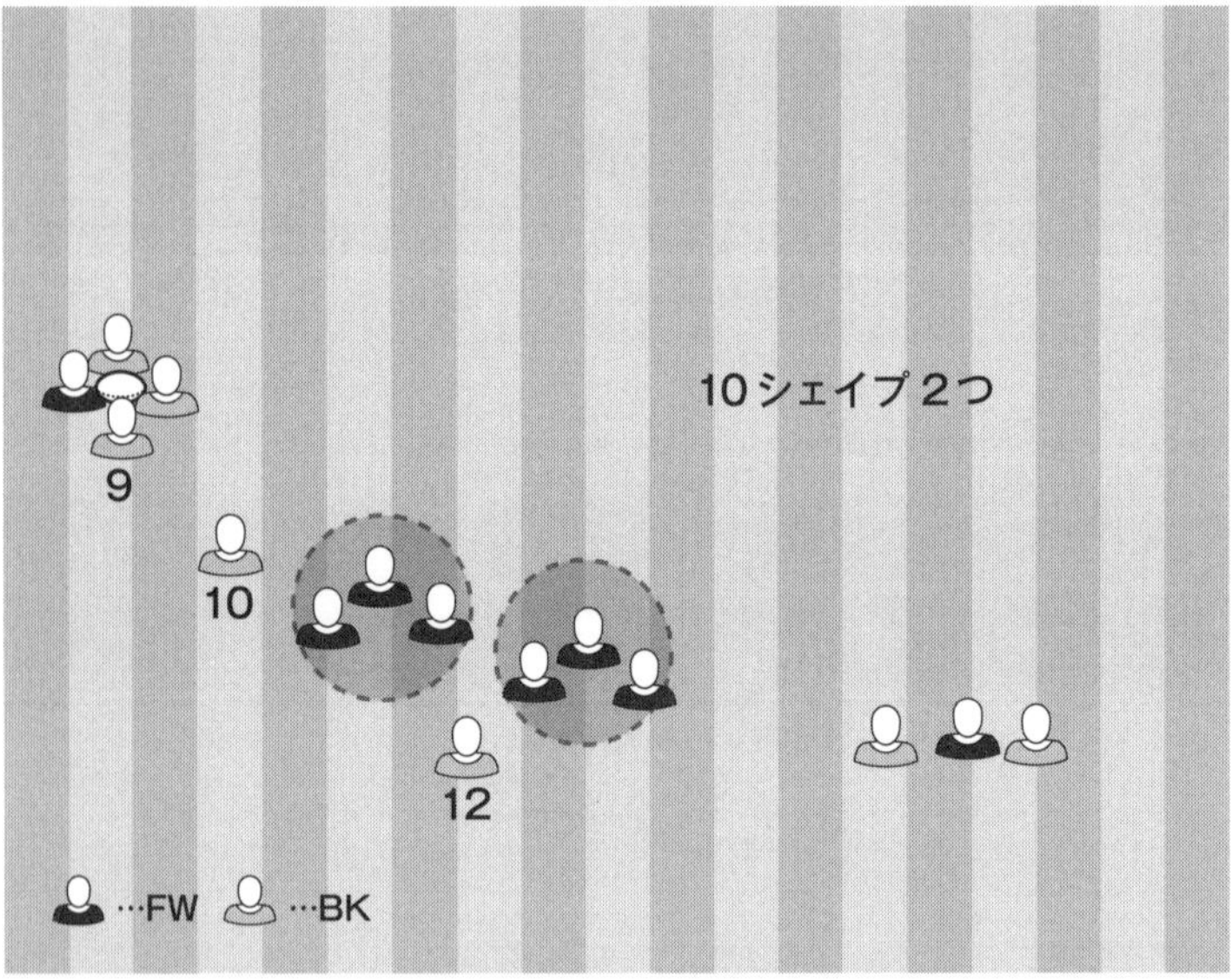

図2

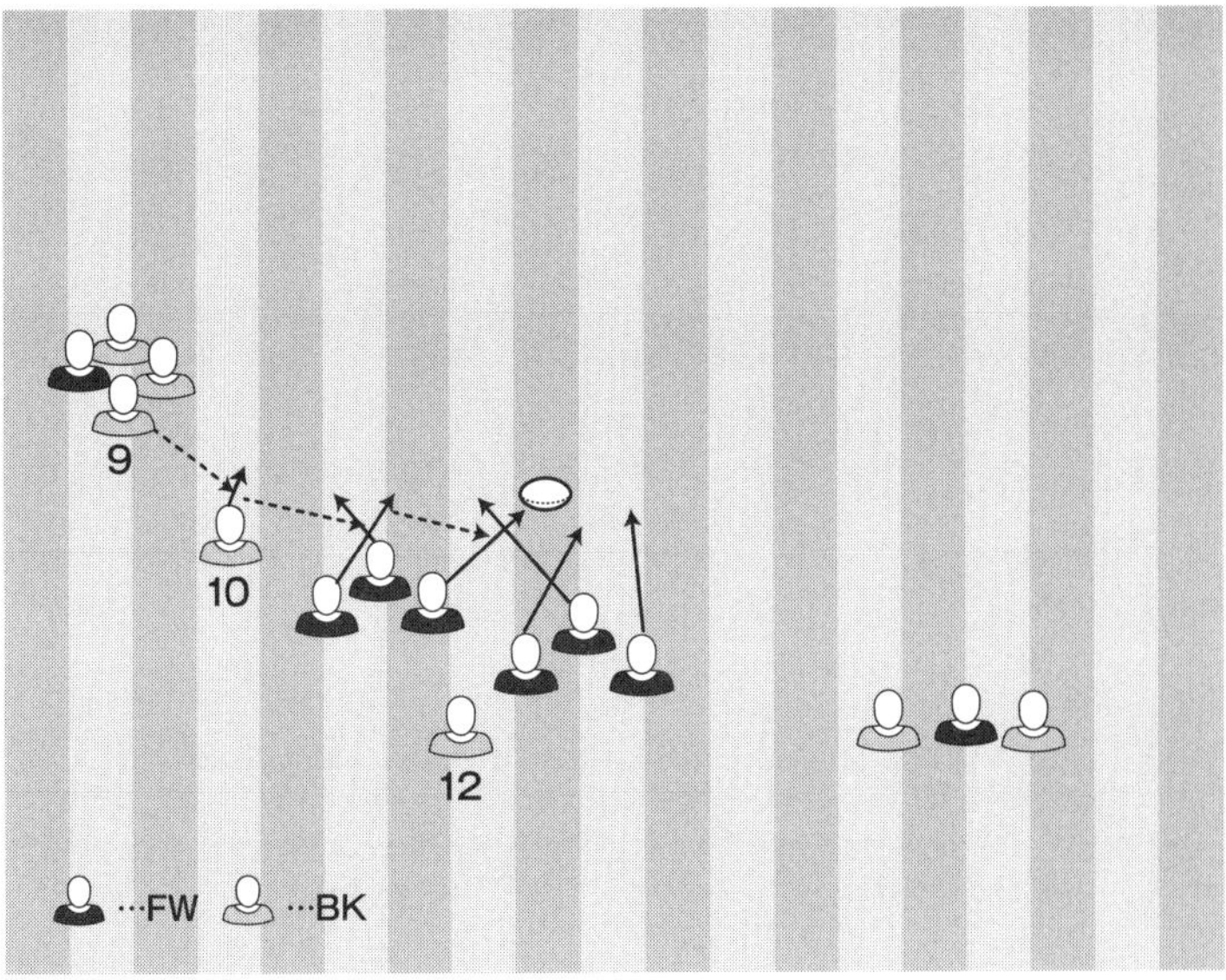

図３

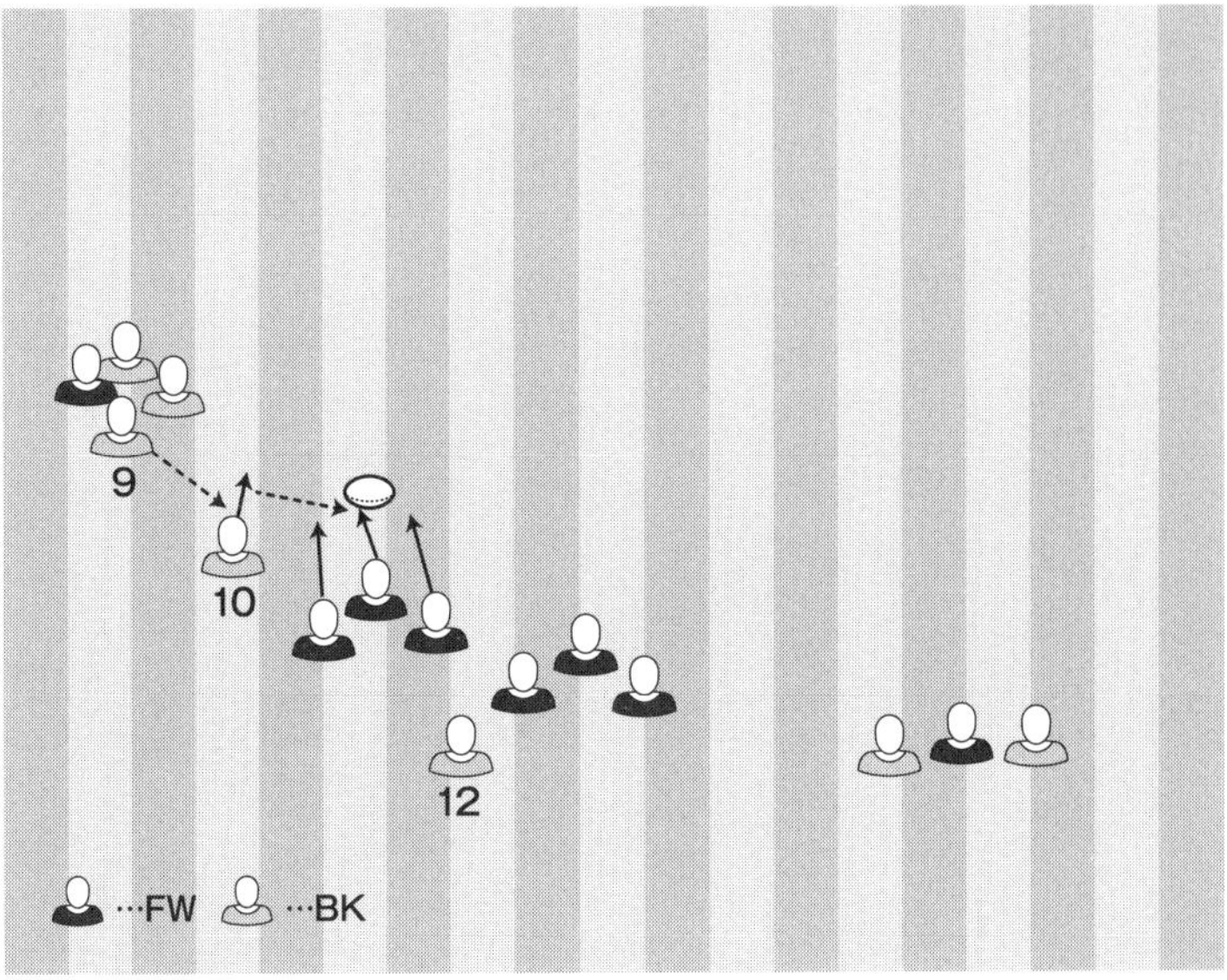

図４

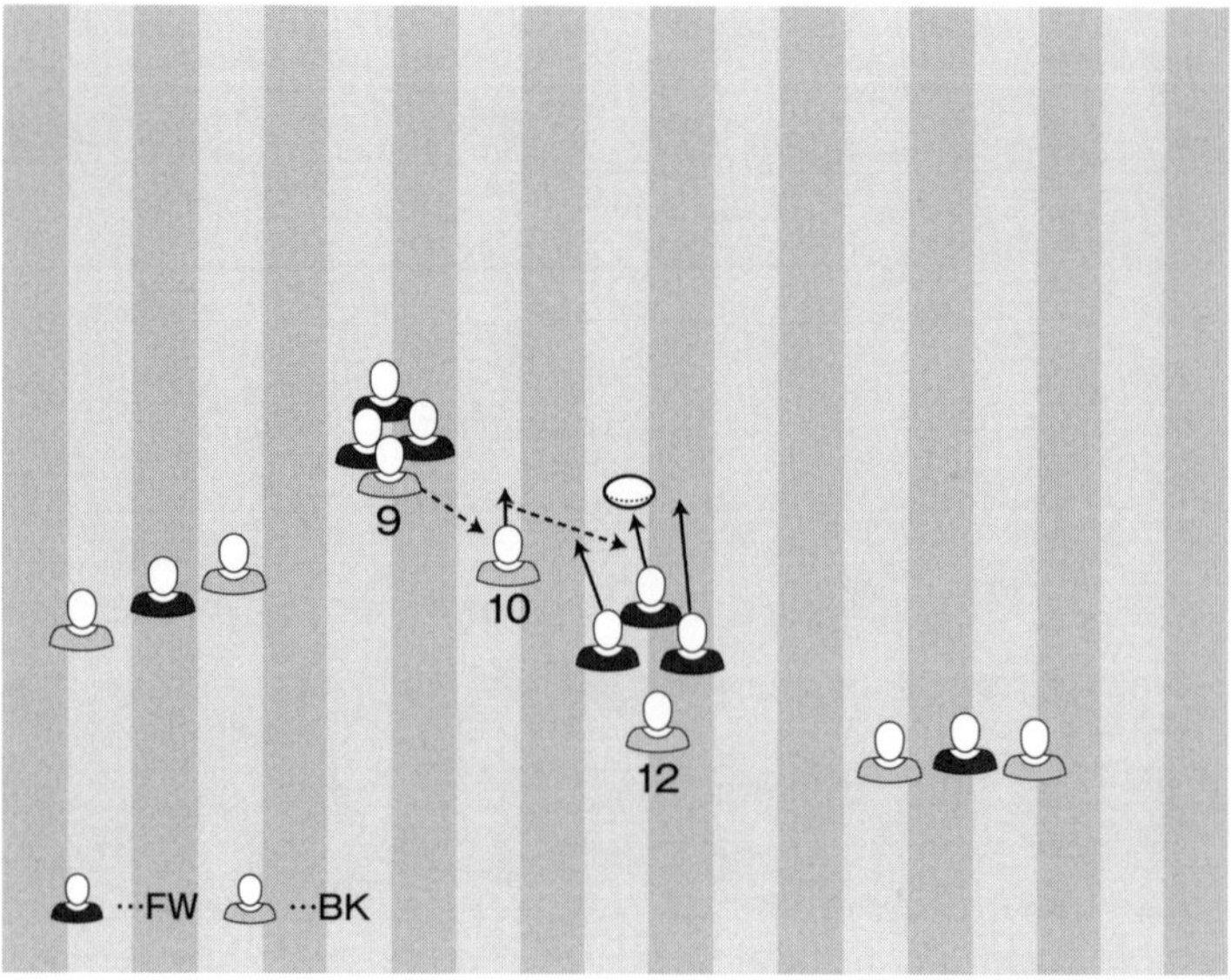

図5

②「状況判断」だけでなく「意思決定」を行なっているかを見極めるポイント

攻撃のサイクルは、「ポジショニングする（ポッドを作る）→空いているポッドにボールを運ぶ→ブレイクダウンを速くリサイクルする→ポジショニングする」の連続です。10年前はポッドを作るだけでスペースが生まれたので、そのスペースにボールを運ぶための「状況判断」が適切であれば、防御を崩すことができました。しかし防御は進化して、ポッドを作るだけでは防御が崩れなくなりました。

空いているスペースがなくなったため、必要なことは状況判断ではなく、スペースを作り出すための意思決定となったのです。

意思決定とは、ポッドの数的バランスを変えることで、任意のチャンネルに優位を作り出す行為と言えます。

例えば、エッジからの折り返しで毎回9シェイプを使い、その後も配置されたポッドにボールを運ぶだけのチームは意思決定できず、状況を単純化しようとしていると考えられます。

エッジからの折り返しの攻撃である「12対11（図1）」よりもポッドに順番にボールを運んで、最後のエッジでの「6対5（図2）」と局面が単純化されれば、攻撃側は状況判断が容易になりますが、防御側も状況が単純化される分、プレッシャーをかけやすくなります。

配置されたポッドにボールを運ぶだけの攻撃は「パターン攻撃」であり、パターン攻撃で防御が崩れるのは、防御が組織化されていないか、「フィジカル、スキル」に優位差が大きい場合に限られます。


攻撃に何らかの変化がある場合は、意思決定が行われている可能性が考えられます。その変化とは、単にボールの運び方が変わったというものではなく、選手の移動による変化です。その選手の移動が「瞬間的な状況判断」ではなく、意思決定によるものだとすれば、何らかの「基準（トリガー）」となる現象が存在し、そのトリガーには必ず再現性があります。

つまり、スペースを攻撃する上で、相手のミスによって偶然生まれたスペースに反応しただけなのか、必然的にスペースを作ったのかで大きな違いがあります。

前者は、ミスしなければスペースは生まれませんが、後者はそのトリガーを見つけない限り、何度も同じように防御は崩されます。

トリガーは防御を崩すための仕掛けであり、意思決定の合図です。

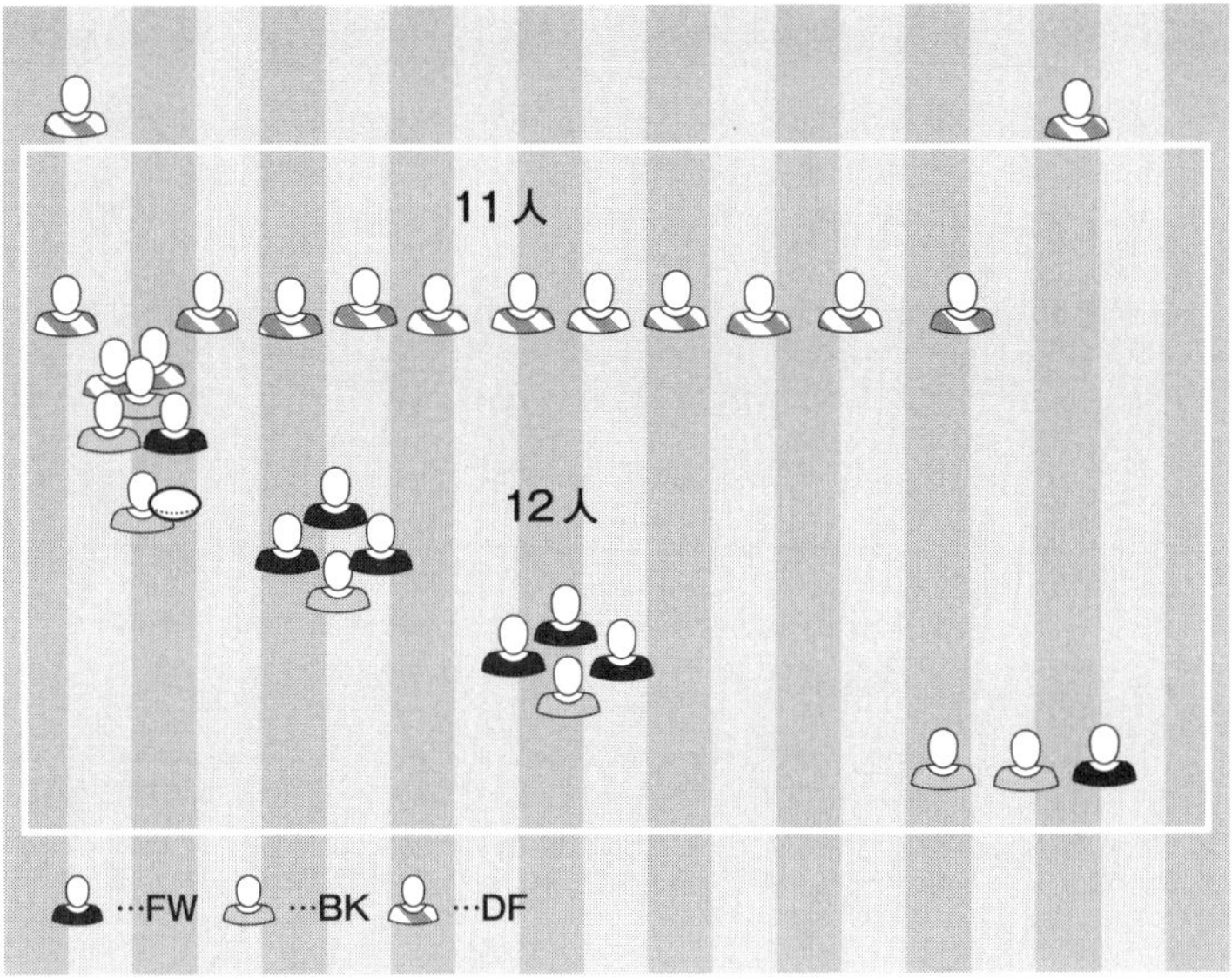

図1

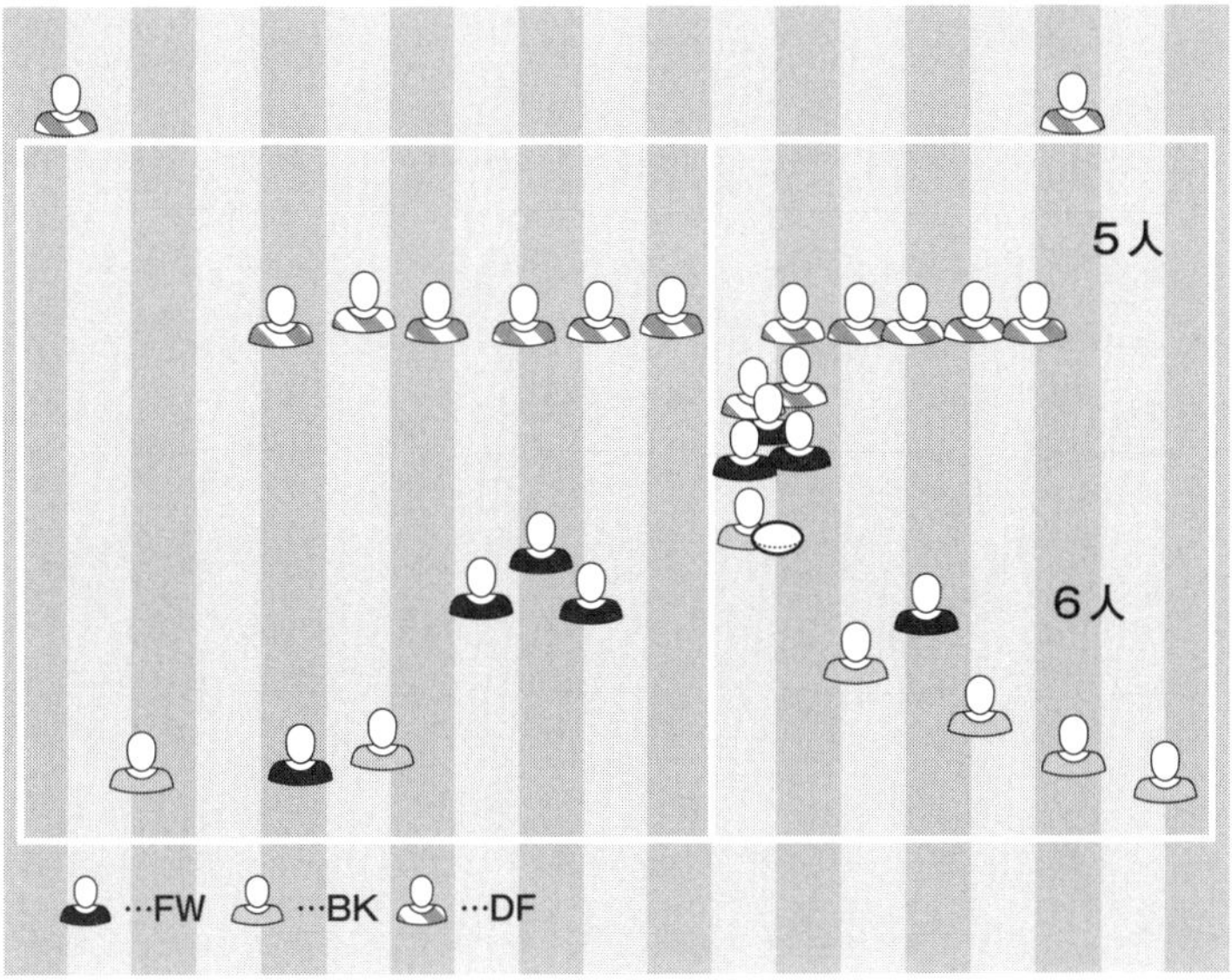

図2

ジャパンの意思決定のトリガーは「ピストンアタック」で、ニュージーランドは「10シェイプ」でした。

選手の移動には意図があります。「誰が、どこに移動するか」を読み解けば、それが見えてきます。

ミッドフィールドのフォワードが移動するのであれば、ブレイクダウン周囲の防御を動かしたいことがわかりますし、エッジの選手が移動するのであれば数的優位を作ろうとしていることがわかります。

ポッドの配置が見えてくれば、ポッドという単位でボールが運ばれていくのがわかります。つまり、今まで一人ひとりバラバラに見えていたものが、規則性のある現象として見ることができます。

この「規則性」は配置されたポッドにボールを動かす「パターン攻撃」か、「意思決定」に従って移動しながら規則的なポッドを作るかの違いが、「状況判断ベース」と「意思決定ベース」の違いであるように思います。

③シェイプなのか、ポッドなのか？

ポッドがチャンネル型から配置型へと変わり、現代ラグビーではシェイプもポッドも厳密な意味ではなくなりましたが、順目に移動しながら攻撃する戦術を便宜的に「シェイプ」と呼びます。

エッジから折り返し9シェイプで攻撃した後（図1）、ブレイクダウンにいたエッジの選手がそのまま真っ直ぐ下がってポジショニングする「リフォーム」の場合はポッド（図2）、逆目側のエッジに向かって走り出す「リロード」の場合は「シェイプ」（図3）と判断できます。

攻撃側がリフォームしているのに、防御側がラックチェイスしている場合（図2）は、ポッドが効果的に機能していると判断できますし、攻撃側がリロードしているのに防御側が残っている場合（図3）は、数フェイズ先に防御が崩れると予測することができます。

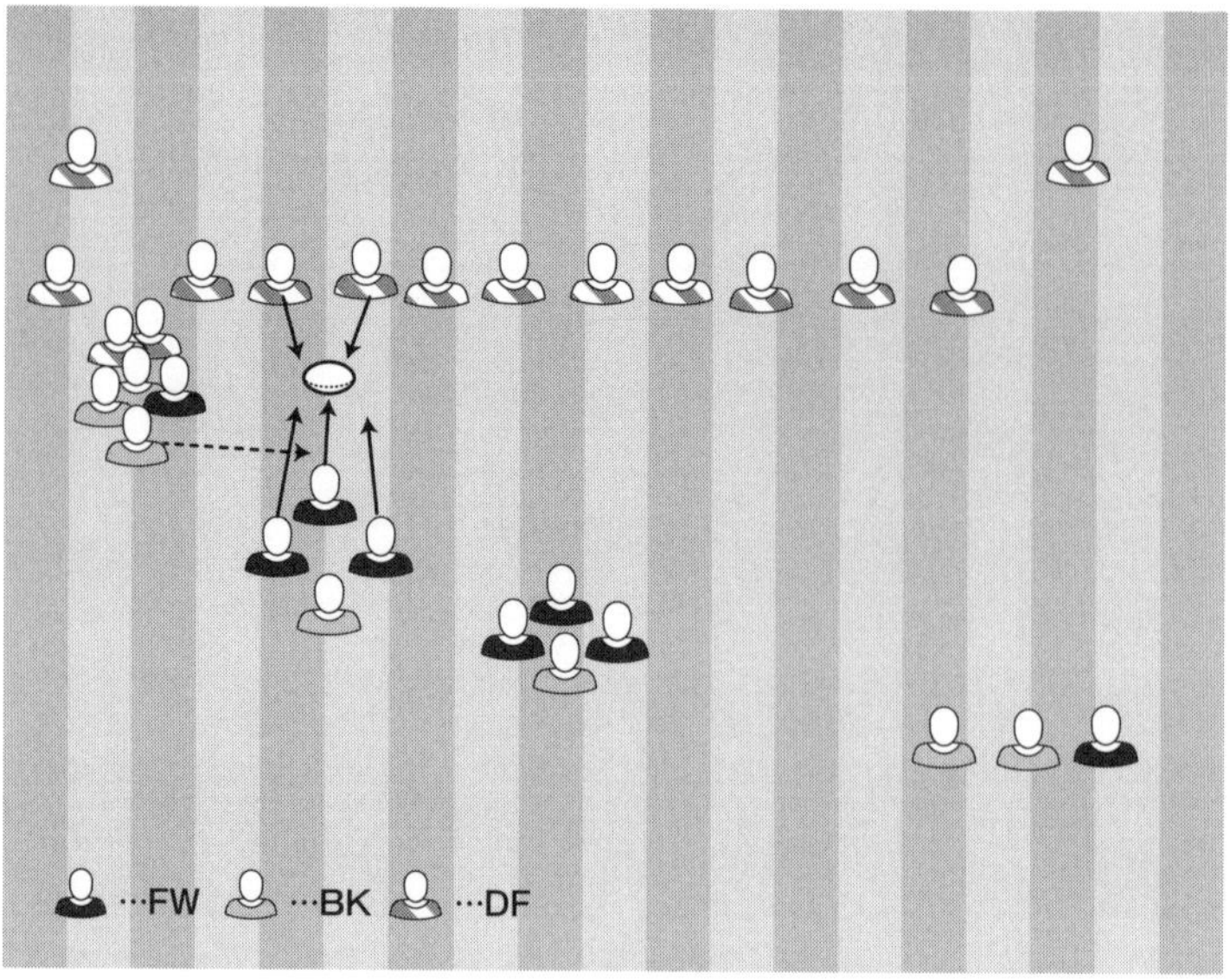

図1

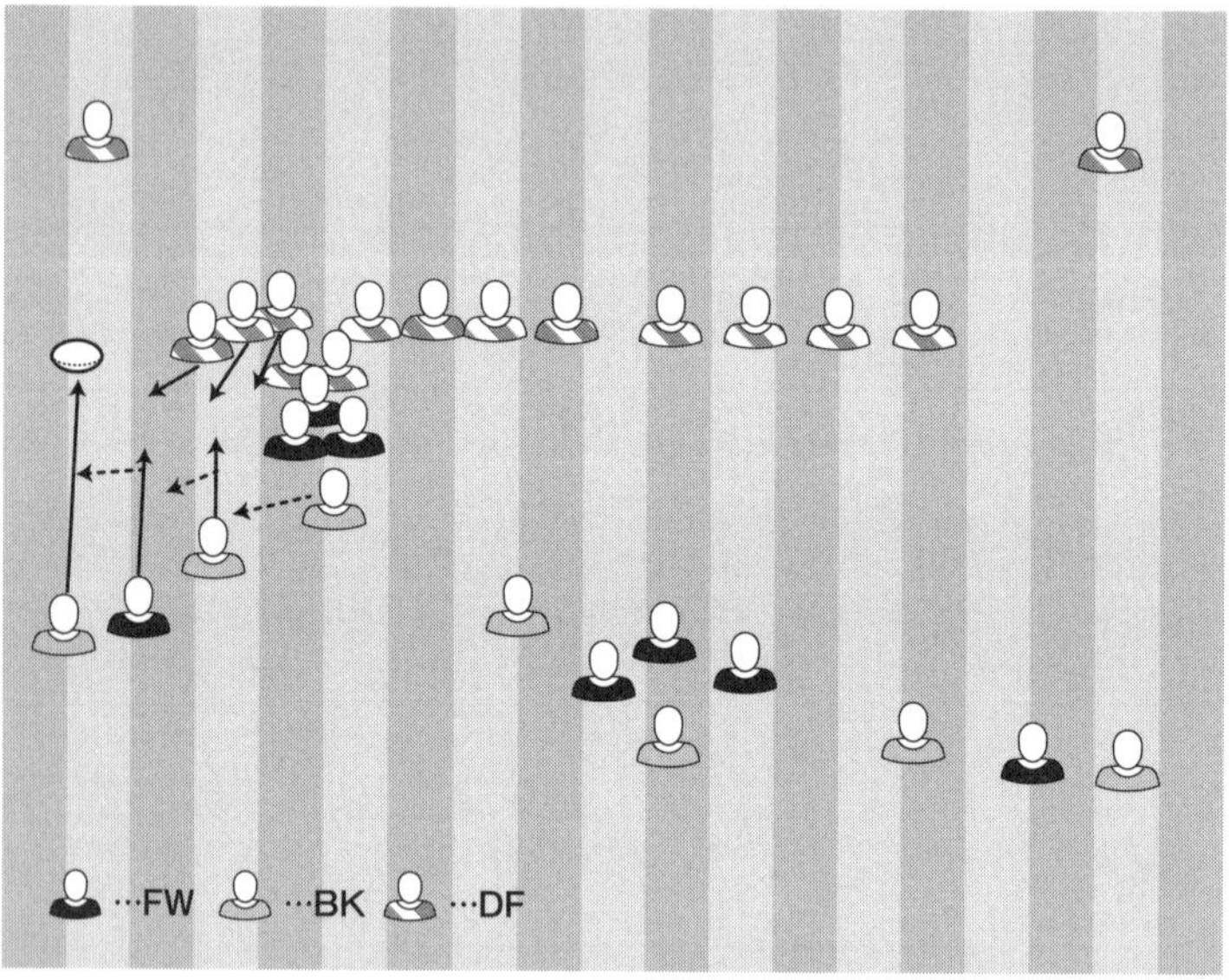

図2

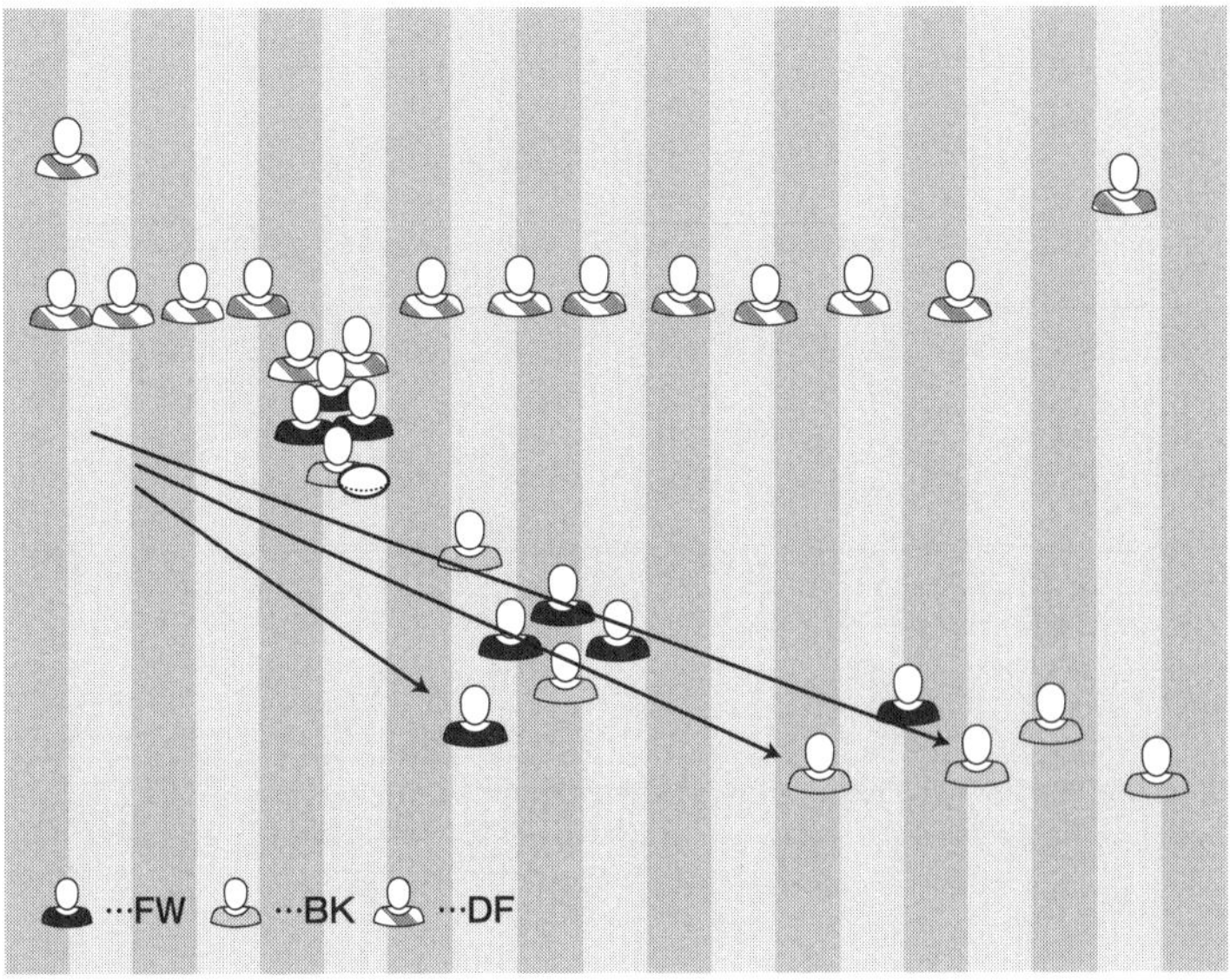

図3

④可変式ポッドかどうかの見極め方

配置を見る時は、ミッドフィールドにある9、10シェイプで判断しますが、可変している場合もここは大きな判断材料になります。

「33」（図1）となっていたミッドフィールドのポッドが「32」（図2）や「31」（図3）となっている場合は可変している可能性を考え、同じ現象が起こらないかに注目し、再現性がある場合は意図して可変させていることがわかります。

攻撃側が配置を切り替えてどこかに優位を作ろうとしているということは、逆に言うと劣位が存在します。

防御側はその劣位にプレッシャーをかければ攻防を有利に進めることもできるのですが、ボールを動かしながら配置が切り替わっていくので、防御側が攻撃側の劣位を探し出してプレッシャーをかけるのは難しくなります。

攻撃側の配置が変わらない場合、防御側は攻撃側の配置を予測してポジショニングすること

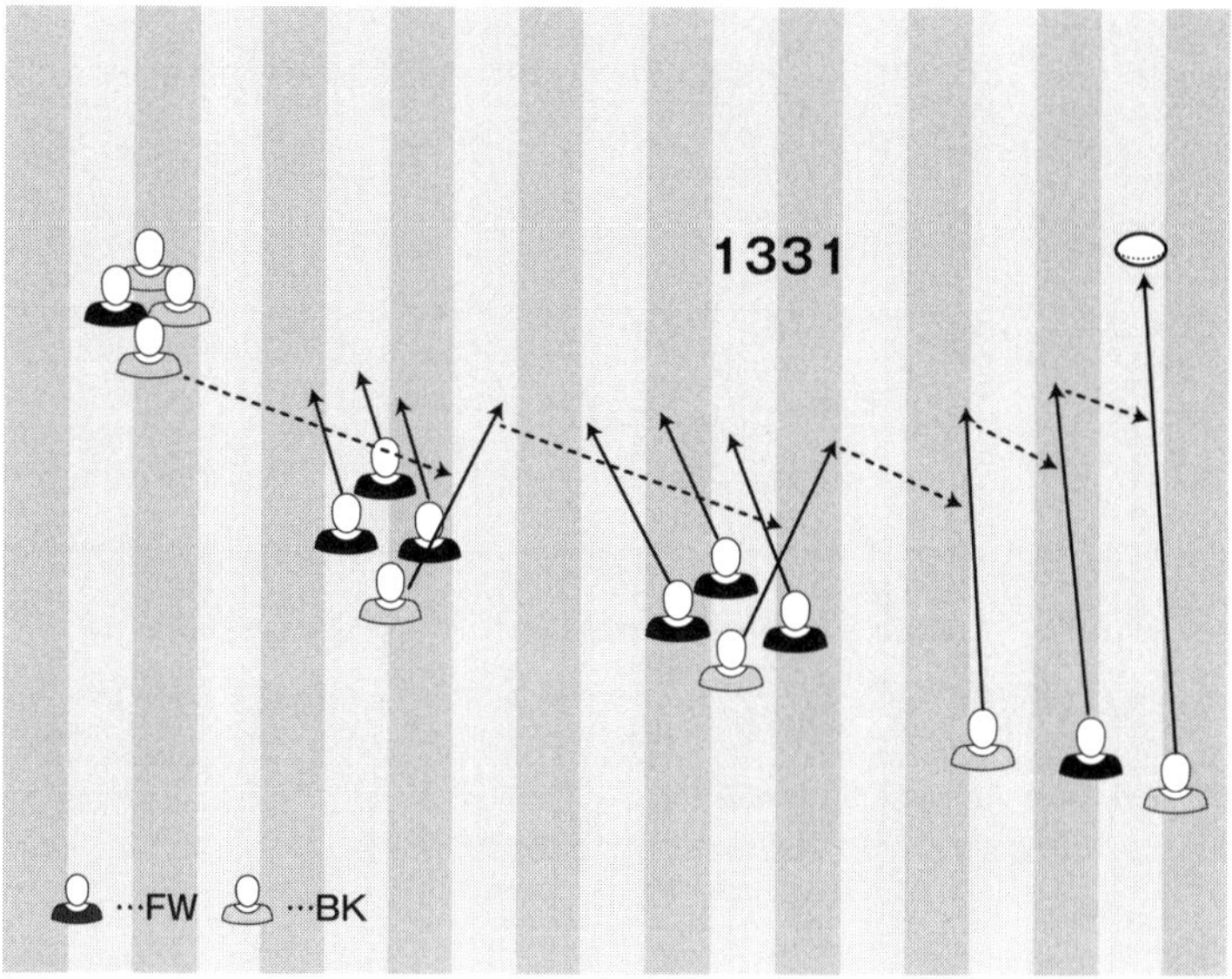

図1

ができます。

つまり、前もって準備をしプレッシャーをかけることができますが、可変式ポッドの場合、プレイ中に配置が切り替わっていくので、防御側が攻撃側の配置を予測してプレッシャーをかけるという行為ができません。

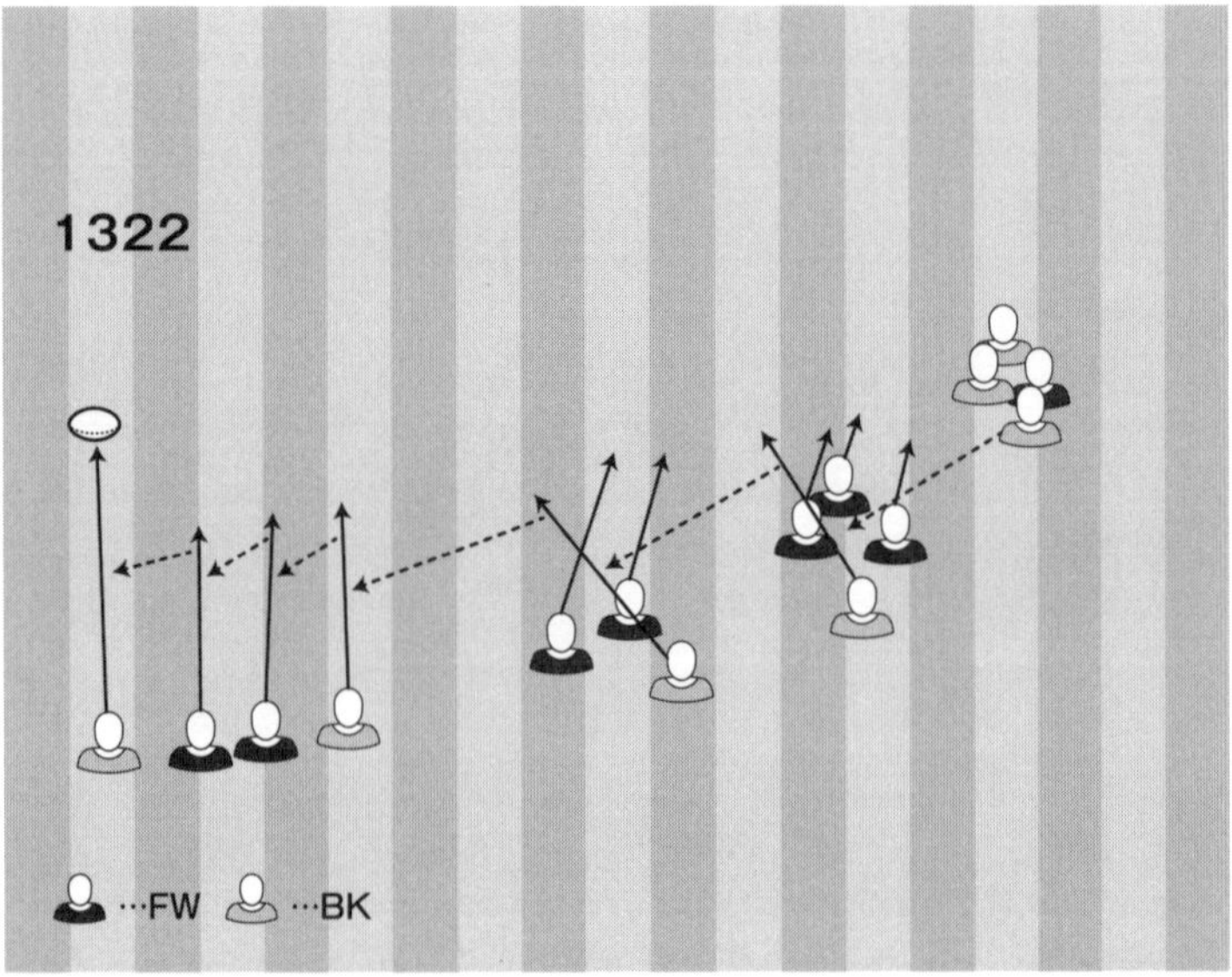

図2

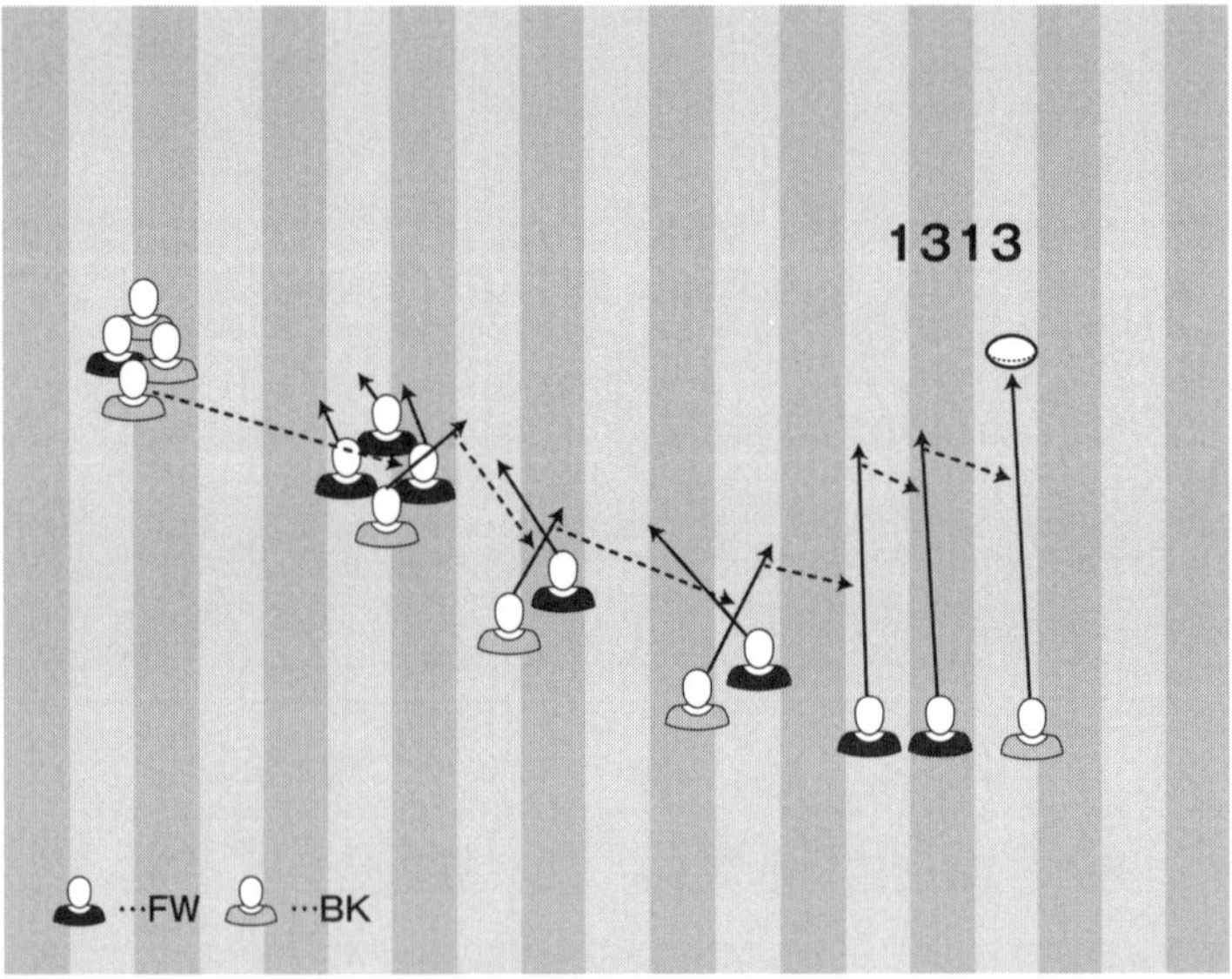

図3

⑤キックの効果について

自陣深くの「デンジャラス・ゾーン」でタッチキックを蹴るのは理解できるとしても、ノータッチのロングキックを蹴りあっているシーンやハイパントを使うシーンでは何が有効かわからず、キックを蹴って相手にボールを渡すくらいなら、自陣からボールを回して攻撃した方が良いのではないかと考える方も少なくないと思います。

自陣22mから外側のキックに関しては、「敵陣での攻防」ができるかどうかがキックを蹴る時の目安の一つです。

相手にノーバウンドでキャッチされて蹴り返されていては、単純なキックの飛距離の勝負になるので、ボールを外側に動かし、下がっている相手選手を上げてからキックを蹴るスペースを作り出します。

また、ロングキックを使うことで、相手がセットできない状況を意図的に作り出すこともできます。

相手がカウンターアタックをしてきた場合は別ですが、ロングキックを蹴り返してくれれば、相手との距離がある状態で攻撃を仕掛けることができます。

カウンターアタックでこちらがハイパントを使う場合、相手を背走させることになり、キャッチできれば相手の防御のセットを遅らせることができます。

スクラムで優位がある場合は、「ハイパント」が大きな武器になります。

ハイパントは「20〜25m先」にボールを落とすため、自陣22mより外側であればハーフウェイラインから敵陣側まで前進することができます（図1）。

競りに行く場合は50／50の状況を作れますし、もしキャッチできなくても、相手がノックオンをすれば優位なスクラムで反則を誘うことができ、より有利な状況を作れます。

つまり、ハイパントを蹴った場合、「味方がキャッチできる」「相手にキャッチされる」「味方がノックオンする」「相手がノックオン」という4つのパターンが考えられ、通常、「味方のキャッチと相手のノックオン」の50%の確率でポゼッションを奪えます。しかし、スクラムが優位な場合、相手のスクラムでもプレッシャーをかけることができますし、味方のスクラムでプレッシャーをかけて反則を奪うことも可能になり、戦略的な優位性は非常に高くなります。

相手のロングキックに対しても、ハイパントで蹴り返せば戦略的な優位は守られます。

この戦術は相手にキャッチされる可能性もあるので、「防御」が良いことも条件にはなりますが、スクラムが強いチームがハイパントを蹴る場合の参考にしていただければと思います。

また、敵陣深くでアドバンテージが出た場合のプレイ選択にも、キックは大きな影響を与えています。

前々回の２０１１年のワールドカップは、アドバンテージが出るとドロップゴールで３点を狙いにいく傾向が強かったのですが、徐々にトライを狙いにいく傾向が強まってきました。

ワールドカップのドロップゴールの成功本数は、２０１１年大会では20本あったのが、２０１５年大会では８本、２０１９年大会には６本にまで減少しました。

ただしこの本数は、アドバンテージがなくてもドロップゴールを決めているケースもありますし、あくまで成功数であって蹴った本数ではないため、アドバンテージが出た時にドロップゴールを狙った数とはなりませんが、一つの目安にはなると思います。

ペナルティーのアドバンテージが出た場合、普段と違い、ミスをしても相手ボールになる心配がないため、大胆に攻撃することが可能です。

空いているスペースへボールを運ぶためにキックパスを使ったり、空いているスペースがな

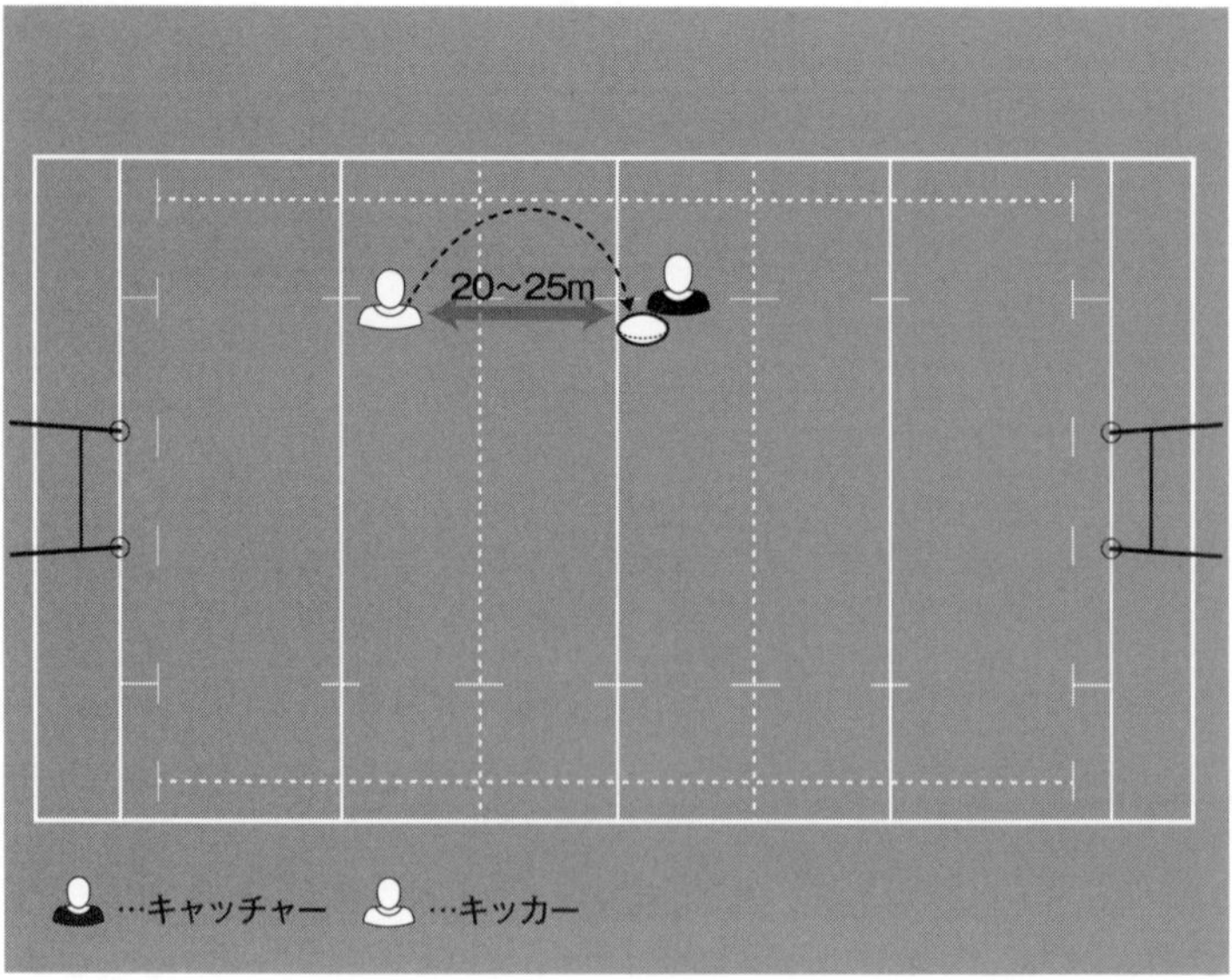

図1

ければ、50／50の確率を狙って相手ゴールに向かってハイパントを蹴ることもできます。

敵陣深くでのペナルティーによるアドバンテージは、思いきった攻撃を選択できるチャンスと捉えておく必要があります。

⑥防御の見方

防御は、「ポジショニングをする→プレッシャーをかける→ダブルタックルをする→ブレイクダウンにプレッシャーをかける→ターンオーバーｏｒできなければブレイクダウンリサイクルを遅らせる→ポジショニングする」のサイクルを繰り返す行為です。

ポジショニングが間に合わなければ、数的不利が生じてプレッシャーをかけることもできません。アタックにプレッシャーをかけなければゲインラインの攻防で不利になり、ブレイクダウンにプレッシャーをかけてボールを奪い返すことができません。ダブルタックルができなければ、相手を仰向けに倒す「ドミネント（支配的）タックル」でない限り、ボールキャリアーの自由を完全に奪うことができずオフロードパスをさせてしまったり、ガラ空きになったブレイクダウンの真上をピックで持ち出されたり、物理的にブレイクダウンで優位に立つことができません。ブレイクダウンでプレッシャーをかけなければボールを奪い返すことができず、相手のミス待ちになってしまいます。全てはブレイクダウンでプレッシャーをかけてボールを奪い返すために必要なことなのです。

チーム作りでもそうですが、見ていくポイントも、この５つがしっかりできているかどうかを指標にします。

I．ポジショニング

ポジショニングは、ブレイクダウン周囲とその外側は基本的には分離して考えるべきで、自分の内側でタックルが起こった場合（図1）、外側は自分のマーカーを外さないようにポジショニングして（図2）、内側は逆サイドのブレイクダウン周囲の選手がポジショニングします（図3）。

逆サイドではブレイクダウンに参加していた選手が加わってディフェンスラインを形成し、必要以上にブレイクダウンの方向に寄らないようにします。タックルを外されて必要以上に選手がタックルに参加しなければならなくなると、ポジショニングに参加できる選手が少なくなり数的不利が生じます。

相手が移動すれば同じように移動して、ブレイクダウンの周囲にはパワーのあるフォワード、スペースのある外側にはスピード豊富なバックスの選手がポジショニングします。

相手チームがポッドを使う場合、防御側も攻撃側のようにセンターがあらかじめ両サイドに分かれて配置するようにします。もし、バックライン2人の「ナイトリング」を使う場合、スタンドオフとフルバックを下げて、センターとウイングの2人ずつを両サイドに配置することで外側の防御を厚くすることができます（図4）。

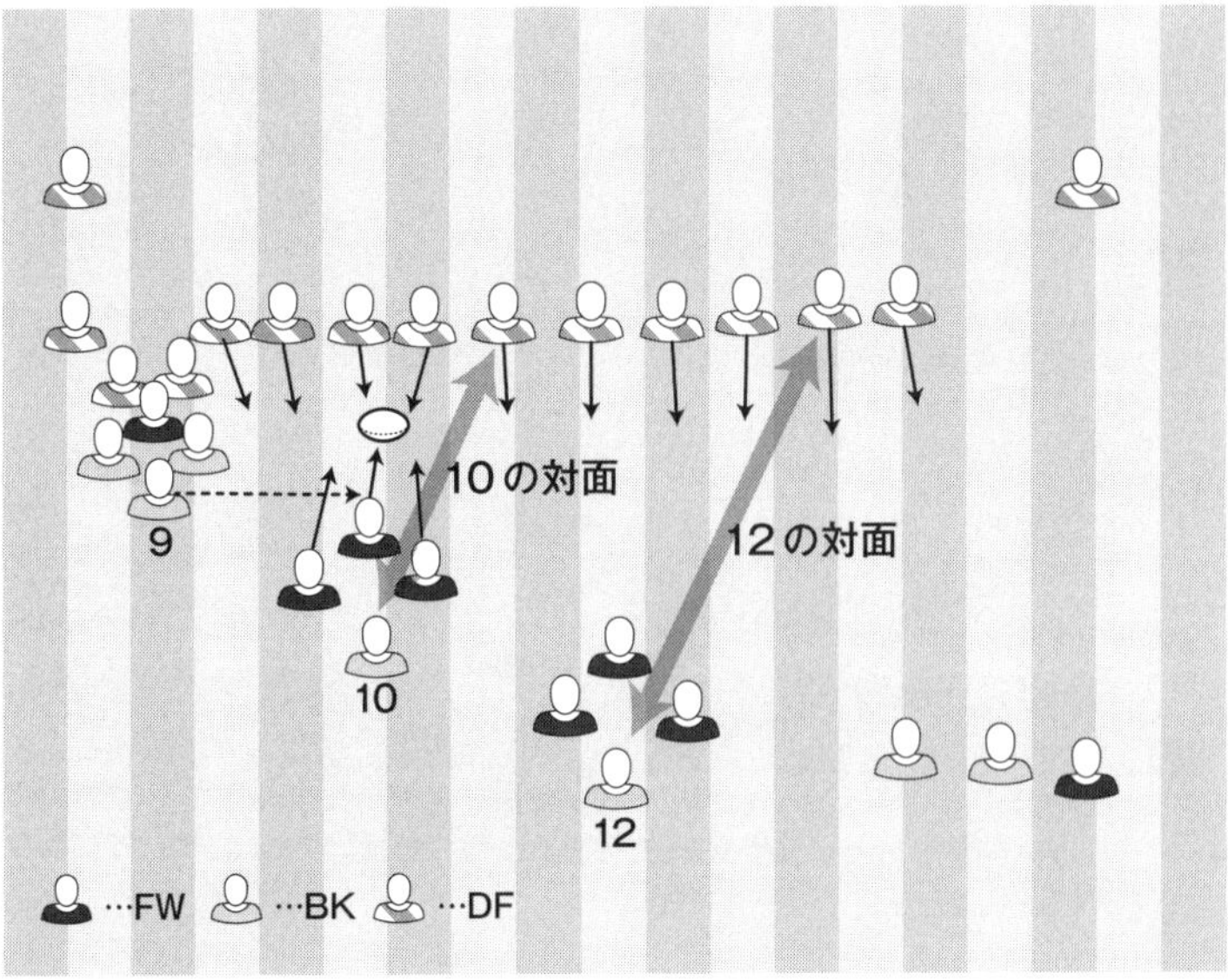
10の対面
12の対面
9
10
12
…FW
…BK
…DF

図1

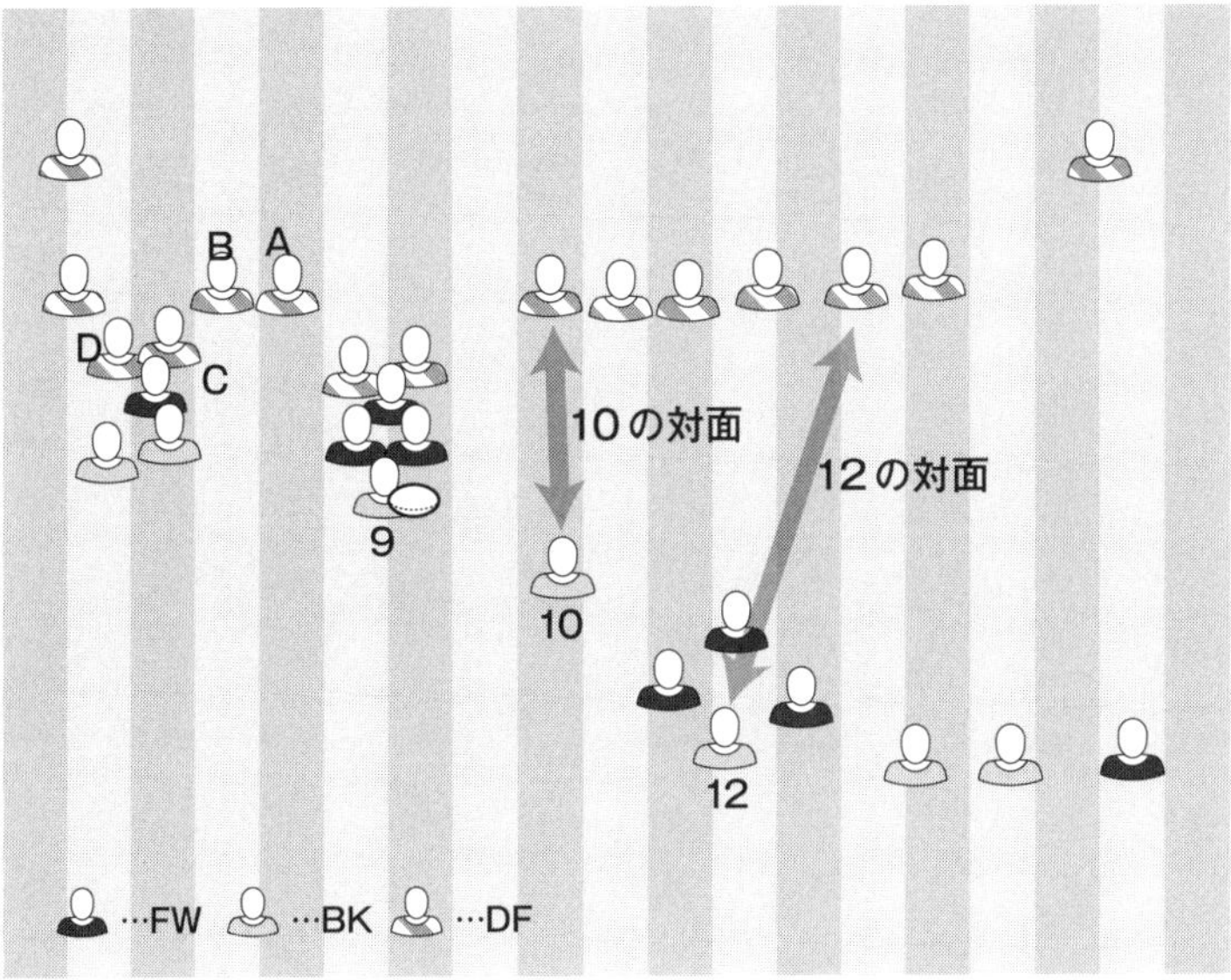
B
A
D
C
10の対面
12の対面
9
10
12
…FW
…BK
…DF

図2

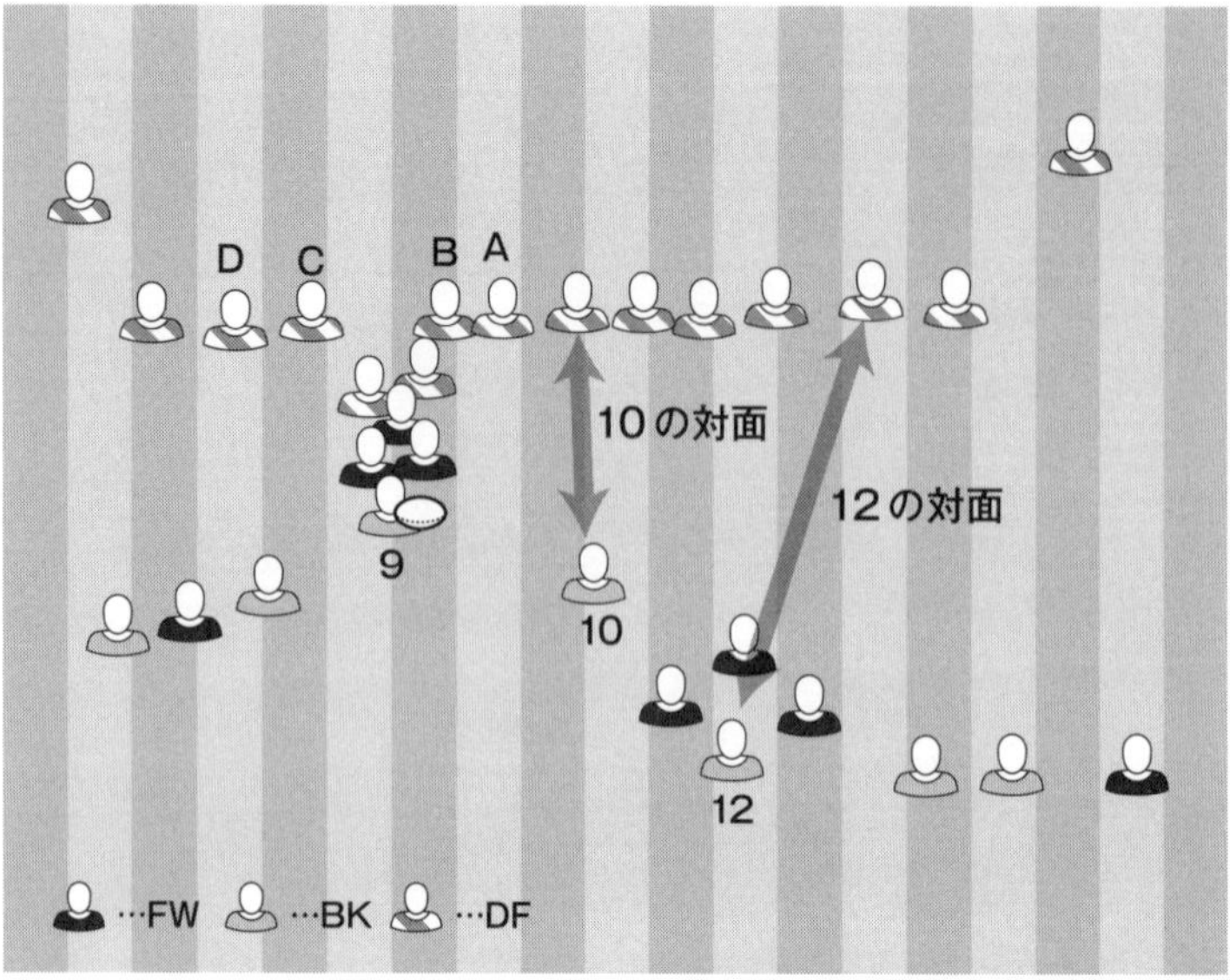
D
C
B
A
10の対面
12の対面
9
10
12
…FW
…BK
…DF
図3

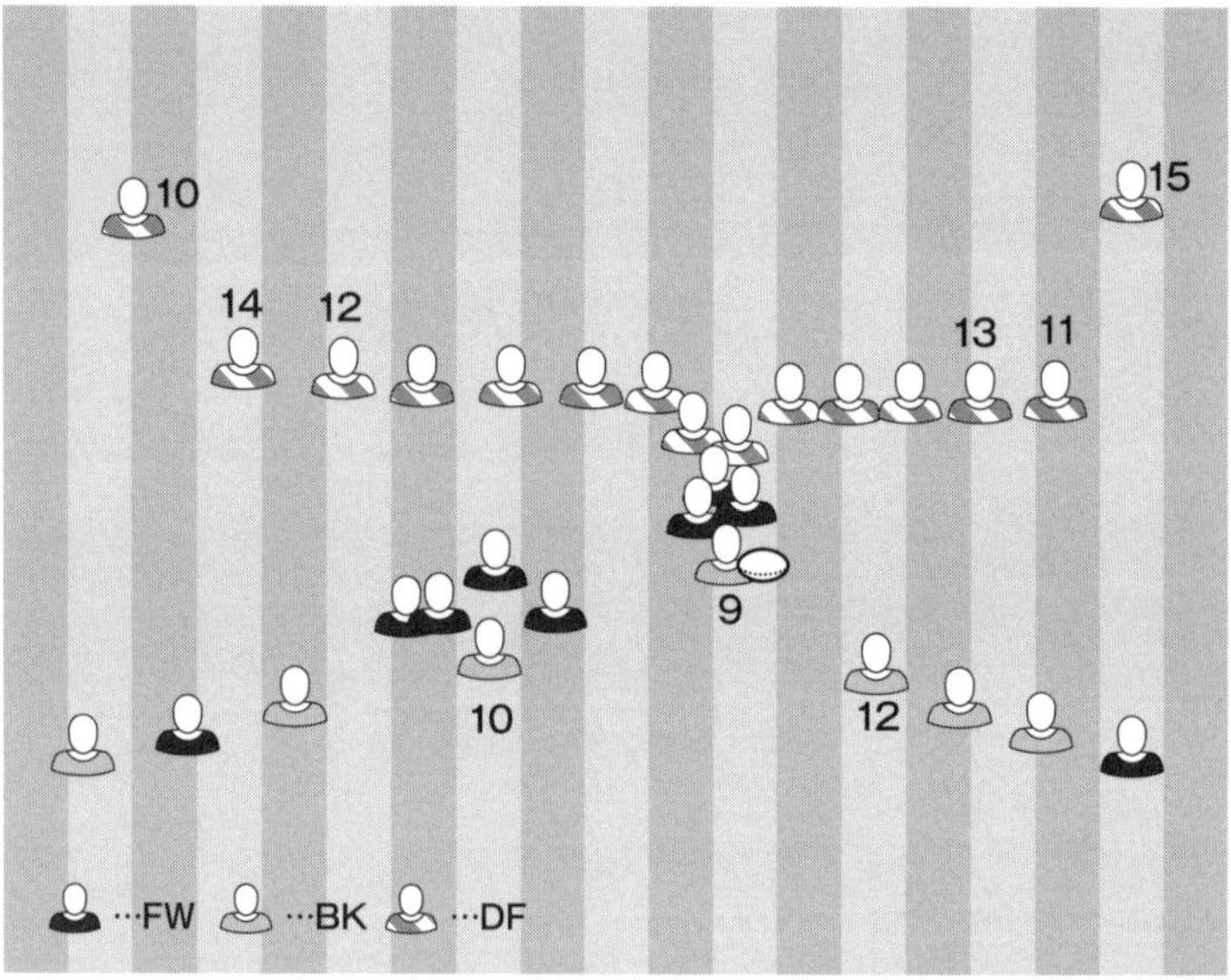
10
15
14
12
13
11
9
10
12
…FW
…BK
…DF
図4

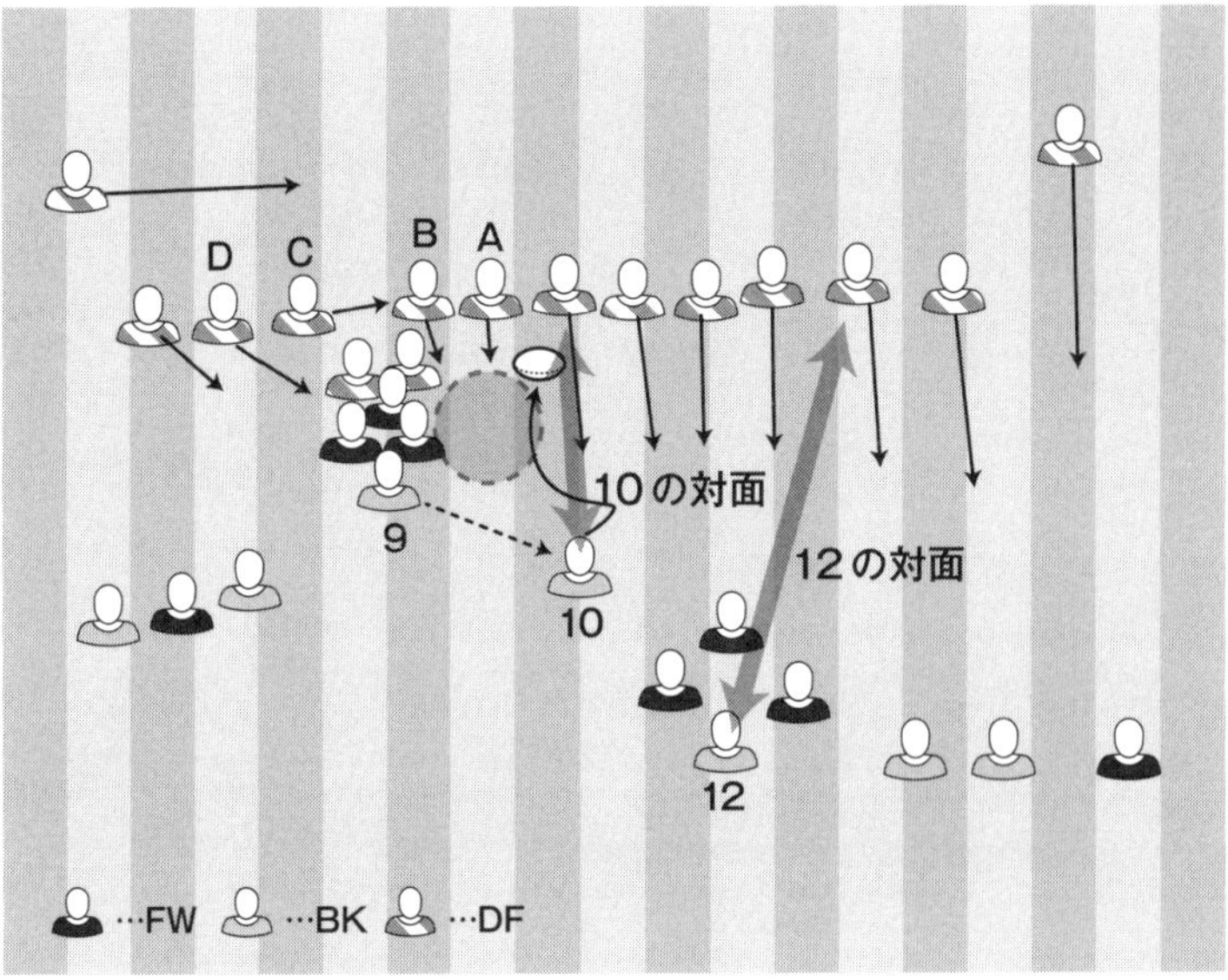

Ⅱ．プレッシャー

前に出れば良いというわけではなく、ラインを揃えて前に出ることが重要です。速い選手と遅い選手でラインを上げるスピードに差があると、そのギャップを突かれます（上図）。また、スピードのコントロールがない状態で走り込むと相手にかわされるリスクがあります。ボールが空中にある間にスピードを上げて、相手がキャッチする瞬間に左右の動きに対処できるようにスピードをコントロールするパドリング、また空中にある間にスピードを上げる「トラッキング」をライン全体で繰り返す必要があります。

Ⅲ．防御の構造

ラグビーの構造上生まれる外側のスペースに対して、どうアプローチしているのかもポイントの一つです。内側からスライドしてスペースを奪うのか、極度にプレッシャーをかけてパスをする時間を奪うのかを見ていきます。

内側からスライドする場合は、相手の縦攻撃に対してどうしてもプレッシャーが弱まります。攻撃側がそこをうまく突けているのか、また防御側はその問題をどのようにカバーしているのかを見ていくのもポイントです。

プレッシャーをかける場合、攻撃側が狭いラインを引いて防御側をコンパクトにし、広い外側のスペースに一気にロングパスを狙ってきたり、プレッシャーの届かない後方のバックドアのバックスの選手にパスをされて崩されるリスクがあります。

外側の選手が内側の選手より前に上がり、外へのパスをカットしたり、バックドアの選手へのパスにプレッシャーをかける「アンブレラディフェンス」を使うことで、そのリスクを減らすことができます（図1）。アンブレラディフェンスは攻撃的なシステムあるが故に守らなければならないプレイ原則が多くあり、攻撃側はそれを逆手に取って攻撃することができ、その駆け引きも見どころとなります。

言い方を変えれば、アタックがブレイクダウンに3人入っているとして、残りの12人に対し、ディフェンスがブレイクダウンに2人入れば残りは13人、2人が後ろに下がっているとすればラインには11人、「12対11」で防御側が数的不利になる1人分をどう考えるのかとも言えます（ブレイクダウンの裏で9番をショートパントのカバーをさせる場合、防御側は10人になります）。

アイルランドやスコットランドは、スライドディフェンス（図2）で1人分の「スペースを奪う」ことを考え、南アフリカはパスさせる「時間を奪う」ことを考えましたが、ニュージーランドとジャパンはキックパスという手段で南アフリカの時間を止めることに成功します（ジャパンは前半のみ）。

ニュージーランドは、ブレイクダウンでボールが取れる時以外はプレッシャーをかけないという独自の手段で、ブレイクダウンを1人にして12対12にする方法を選択しましたが、順目側への防御の移動が間に合わないといった問題が起こりました。

イングランドはニュージーランド戦で、後ろの2人を1人にして、12対11を12対12にするというコロンブスの卵のような発想の配置で、見事にニュージーランドを破ります。

このように防御の構造を理解して、そのスペースをどう考えているのかという視点で見ると、チームの防御戦術がわかるようになります。

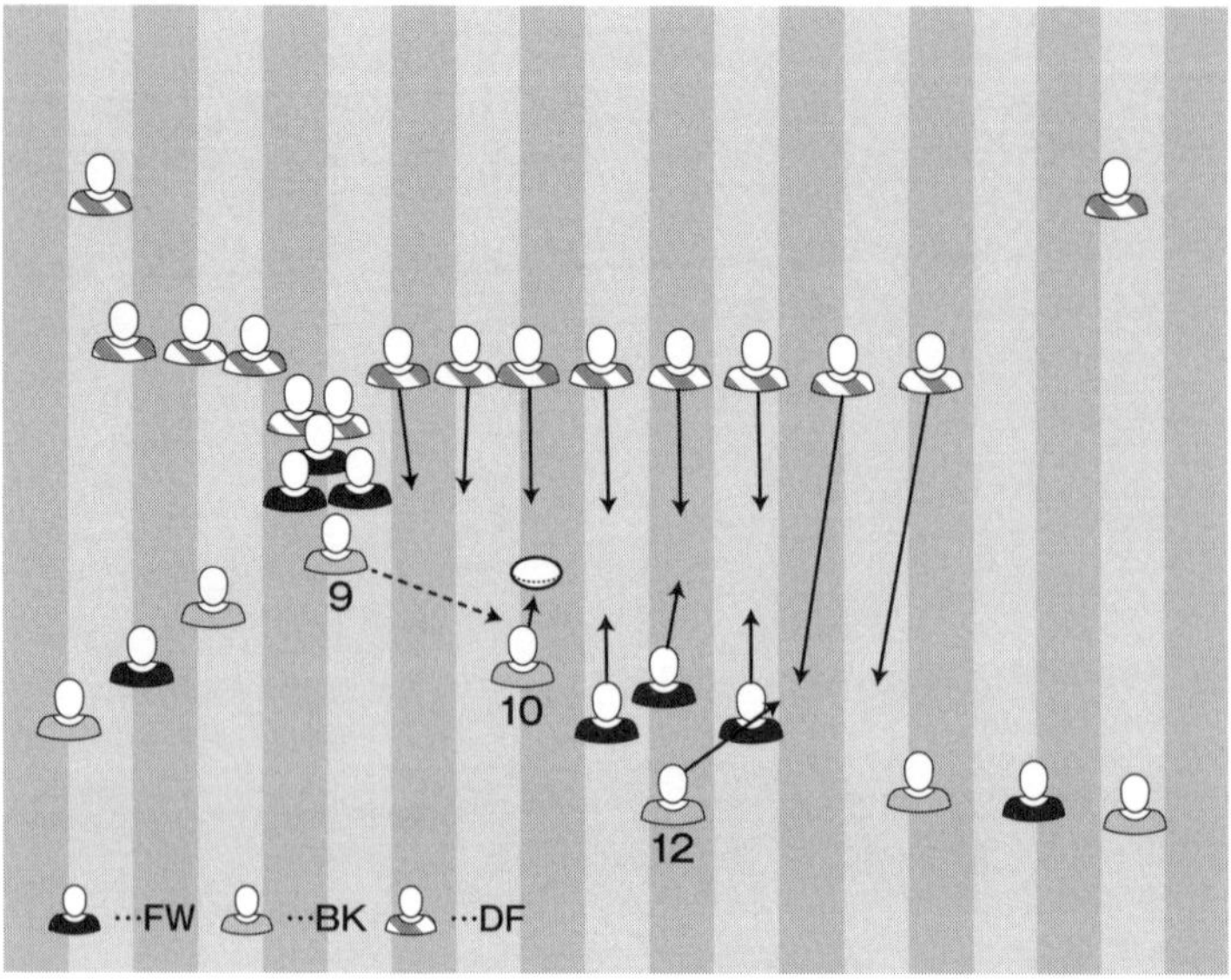

図1

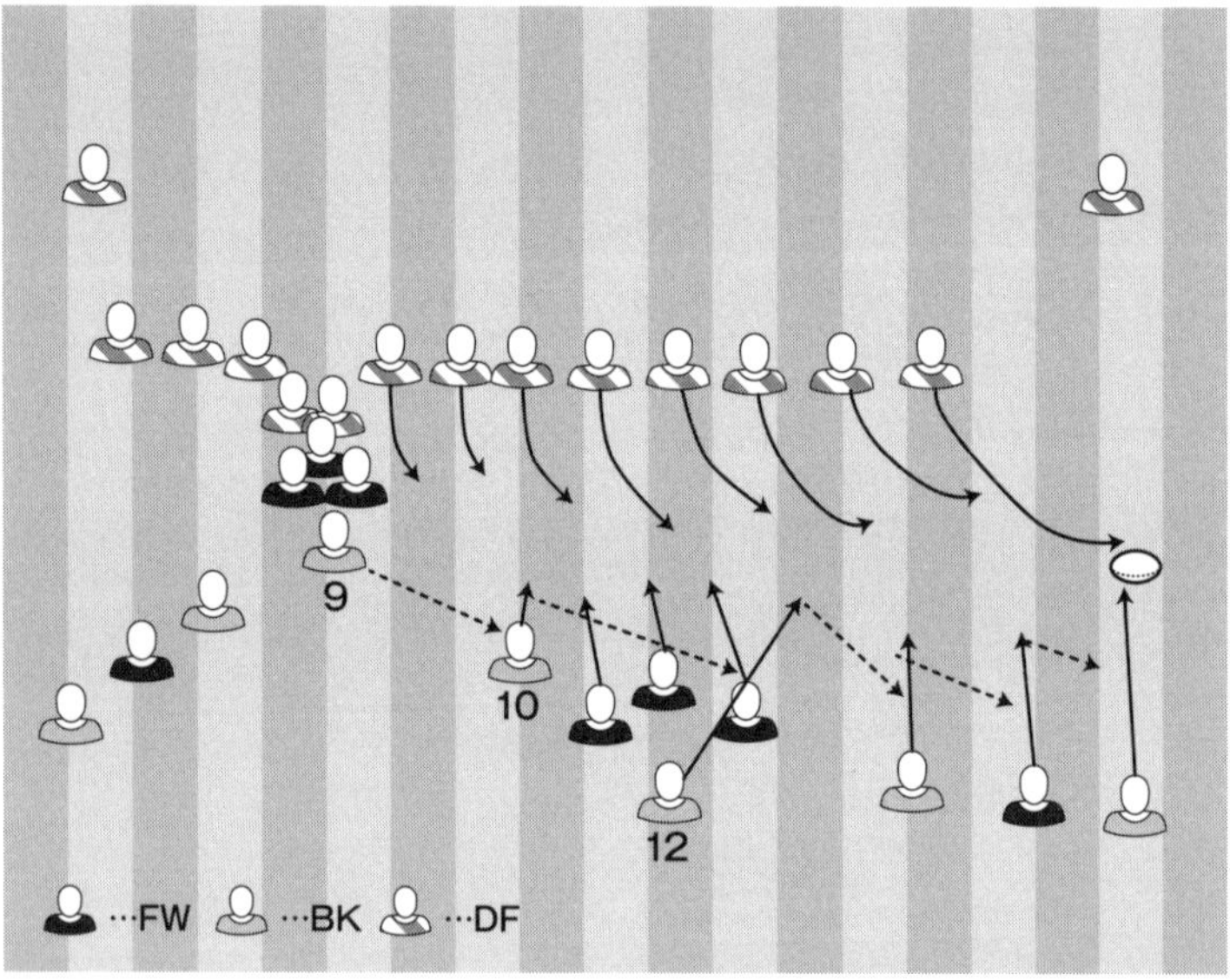

図2

Ⅳ．ダブルタックル

ダブルタックルについては、相手の自由を奪う意味でも、ブレイクダウンにプレッシャーをかける意味でも、上下に入らなければなりません。ダブルタックルを狙うといっても最初から2人でボールキャリアーめがけてタックルに行くわけではありません。

2人でタックルに行くとパスでかわされてしまうので、自分のマーカーへのパスがない（詰められる）と判断した時点で、2人目のアシストタックルが入ります（図1）。

タックルに関わった2人がそのままブレイクダウンにプレッシャーをかけることで（図2）、必要以上の人数をブレイクダウンに割かずに済み、次の攻防に備えることができます。ブレイクダウンにプレッシャーをかけてターンオーバーができると判断した場合は、それ以上の人数を割いてターンオーバーを狙います。

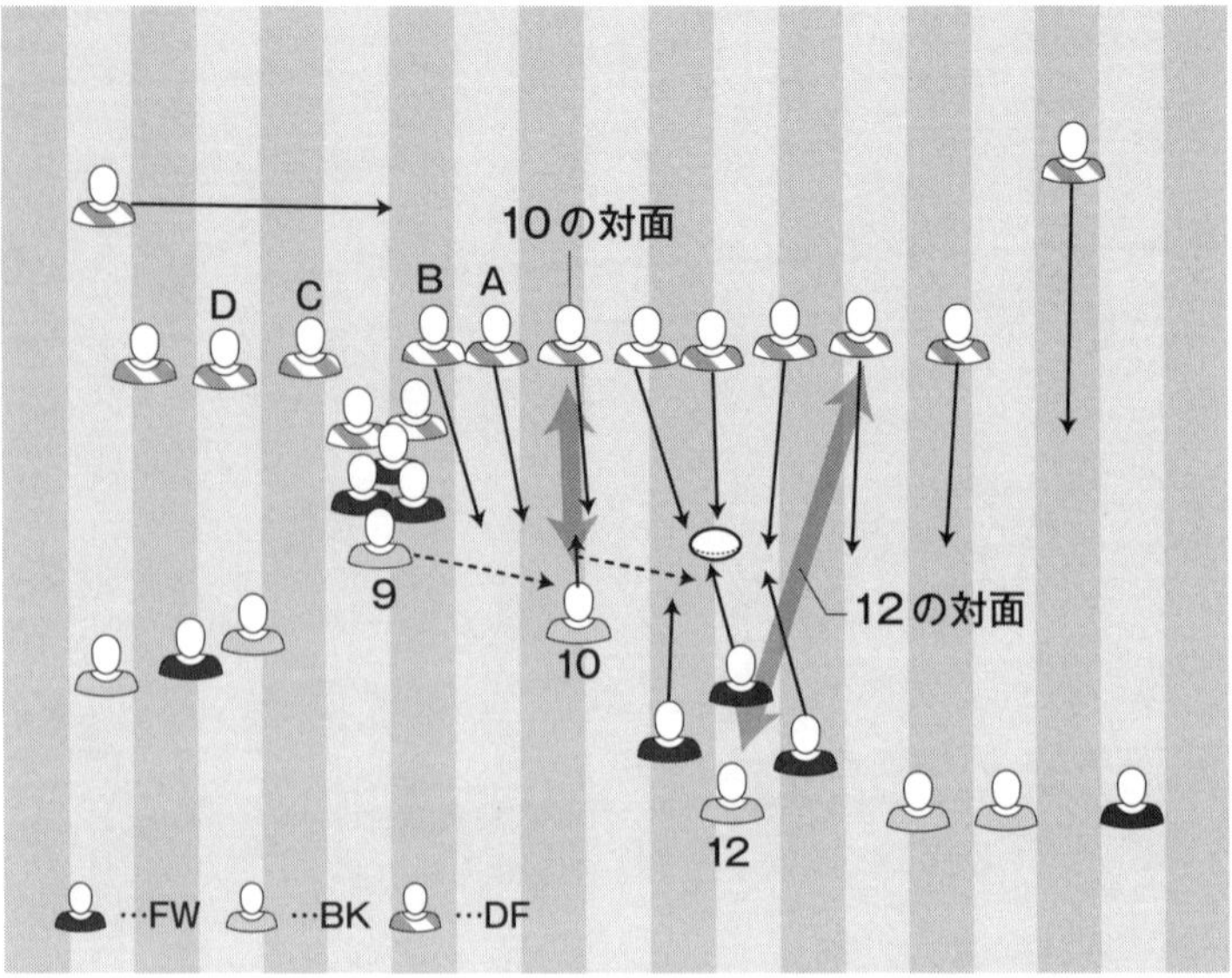

図1

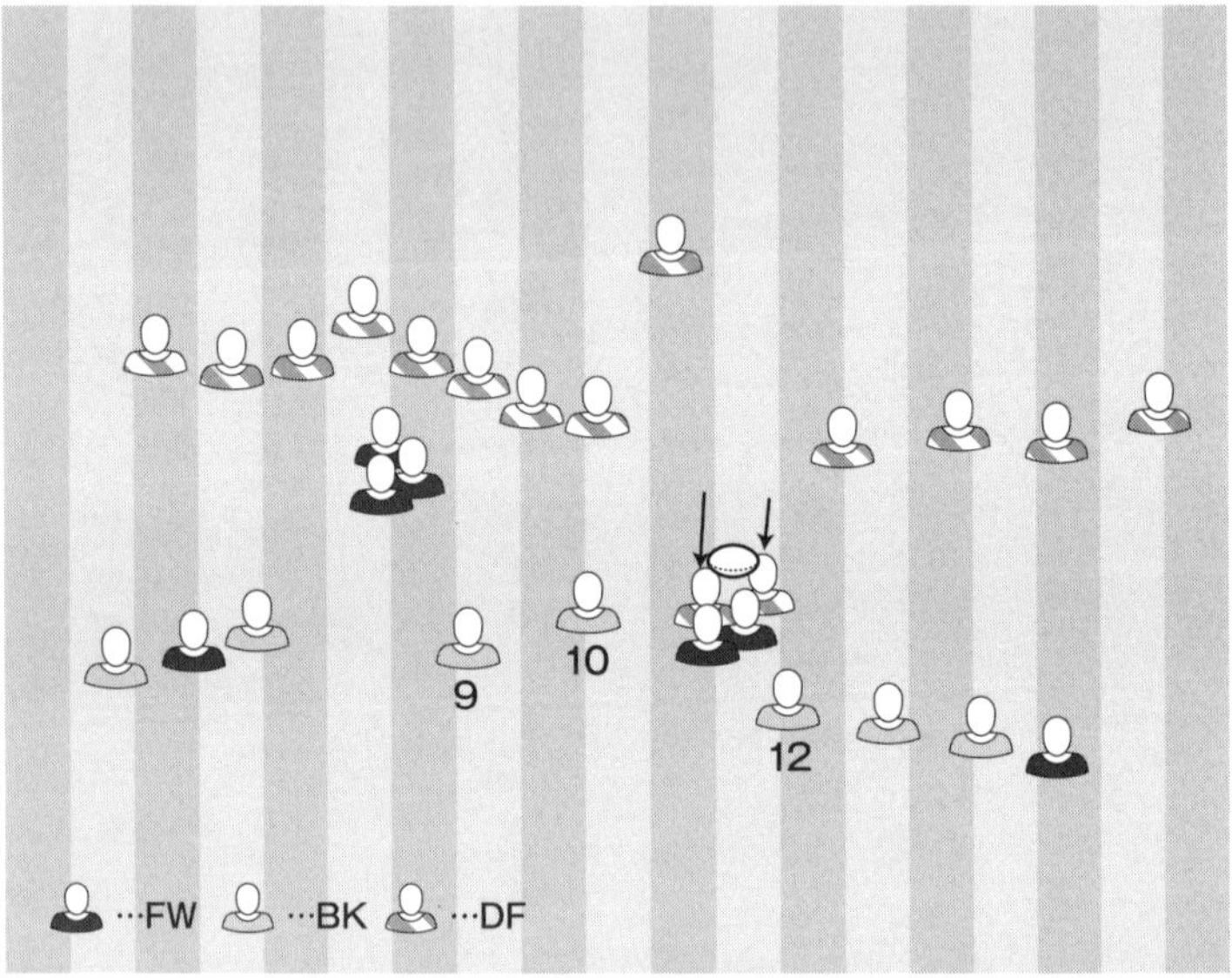

図2

V．ターンオーバーの方法

タックルが起こった際に相手のサポートよりも速くブレイクダウンに到達できれば、そのままボールを奪う「ジャッカル」でターンオーバーを起こすことができます。サポートプレーヤーがジャッカルしやすいように、タックルしながらそのままボールキャリアーの下敷きになるように身体を入れ替える「タートルタックル」というスキルもあります。姫野和樹選手がアイルランド戦でジャッカルしてターンオーバーできたのも、堀江翔太選手が「タートルタックル」でボールキャリアーを上向きにしたからだと言えます。

他には、そのままブレイクダウンの真上を乗り越えていく「カウンターラック」でターンオーバーを起こすことも可能です。ラインディフェンスでプレッシャーをかけず、相手よりフィジカルが優位な場合、そのまま相手を抱え上げてターンオーバーする「チョークタックル」というスキルもあります。どのような方法でターンオーバーを狙っているのか、また使い分けているのかを見るのもポイントです。

用語集

あ行

アシストタックラー

ボールキャリアーをタックルする2人目の選手。

アロー

フォワードのシェイプの形の一つで、三角形になるシェイプ。真ん中から内側にも外側にもパスが放れるので一般的によく使われる。

アンブレラディフェンス

ロングパスを外側に通されないように、内側よりも外側の選手が前に飛び出す防御システム。ショートパスを放ってきたら内側のディフェンスはスライドし、飛び出した外側のディフェンスも下がってスライドに切り替える。

位置的優位

ダブルラインによって生まれる優位性。

インテグラルメソッド

試合に近い状況での大局的なトレーニング。

■エスコート
キックを蹴られた側の選手が、直線的にチェイスをかけられないように真っ直ぐ下がり、相手のキックを追う選手に真っ直ぐボールを取りに行かせないスキル。

■エッジ
外側のポッドのこと。中央のポッドはミッドフィールドと呼ぶ。

■エリアマネジメント
テリトリー（地域）を考えてゲームを組み立てること。デンジャラス・ゾーン、キッキング・ゾーン、アタッキング・ゾーン、フィニッシュ・ゾーンとして区別している。

か行

■カウンターラック
ディフェンス側がブレイクダウンにプレッシャーをかけ、ターンオーバーするプレイ。通称「タイガー」。

■可変式ポッド
ポッドの配置が一定ではなく、防御の状況に応じて変化させる戦術。

■グルーピング

ディフェンスを集めること。通常、ブレイクダウンからのピック&ゴーや、9シェイプを使うことでグルーピングできる。

■グローバルメソッド
状況判断を伴う局面的なトレーニング。

■ゲームモデル
ゲームの設計図。チームの特徴を踏まえて、どのように戦っていくのかを決めたもの。

■ゴールデンメーター
ブレイクダウンの真上1ｍ四方のスペース。ここを制圧できるかどうかでブレイクダウンの優劣が決まる。

さ行

■シェイプ（Shape）
順目連続移動攻撃の戦術。また、ユニットの攻撃の形のことを言い、9番からを9シェイプ、10番からを10シェイプ、12番からを12シェイプと呼ぶ。

■質的優位（ミスマッチ）
バックスに相手のフォワードを相対させたり、フォワードに相手のバックスを相対させて優位を作ること。

■ジャッカル

タックルされて倒れているボールキャリアーのボールを防御側の選手が奪い取るプレイ。

■シャドーランナー
レシーバーの内側に位置し、その位置から走り込んで防御の内側の選手の足を止める選手。

■ジャム
防御側の選手が内側の攻撃側の選手に詰めるプレイ。バックドアに外側から詰める場合もジャムと呼ぶ。

■シャローディフェンス
バックスの選手が対面の外側に立って、外側から対面に向かってプレッシャーをかけるディフェンスシステム。フォワードの選手はバッキングアップに走り、ディフェンスラインの間を抜けてくる選手やディンフェスラインの外側を抜けてくる選手をマークする。ラッシュアップディフェンスのもとになったと言われている。

■シークエンス
決められたフェイズ数の攻撃をあらかじめデザインしておく戦術。

■シールド
キッカーに直接プレッシャーがかからないようにフォワードの選手がキッカーの

前にポジショニングするプレイ。

■スイベルパス（swivel pass）
フロントドアからバックドアへのパス。

■スイング
ブロッカー（フロントドア）に邪魔されないように、バックドアの選手にプレッシャーをかける動き。ブロッカーをよけて走る。

■数的優位（オーバーラップ）
攻撃側の人数が防御側より多い優位な状態。

■スクープ
ハーフがボールを持ち出すプレイ。

■ストレッチ
ディフェンスを広げること。攻撃側はボールを展開することで防御側のラインを広げることができる。

■スネイク（ハンマー）
ボールキャリアーの背中を掴んで相手とコンタクトした時も押し込み、ボールキャリアーが倒れた時にそのままブレイクダウンの真上を守るプレイ。

■スライダー
ダブルラインのバックドアの選手のこと。フロントドアの選手は「ブロッカー」と呼ぶ。

■スライドディフェンス

内側から、パスと同時に外側へノミネートを切り替えて、防御側の数的不利を補う防御システム。

た行

■タイムライン

時間軸でゲームを組み立てること。一般的には20分タームで考える。

■ダブルライン

攻撃側のラインが前後に二つある状態。

■タートルタックル

相手を倒すタックルだが、相手の上に乗るのではなく、相手が上に乗るように捻ってタックルする。ジャッカルを狙いやすいスキル。

■チャンネル

攻撃する地点（ポイント）。インサイド、ミッドフィールド、アウトサイド（エッジ）とある。

■チョップタックル

相手を倒すタックル。

■チョークタックル

相手を倒さないタックル。

■ドギー
スローボールからアタックを仕切り直すための手段。ブレイクダウンから少し離れたところでスネイクがついた状態で構えて、9シェイプでブレイクダウンを作りにいく。リサイクルスピードを上げて次のアタックに繋げていく。

■ドミネントタックル
相手にプレッシャーをかけて倒すタックルであり、カウンターラックに繋げる。

■トラッキング
タックルに入るまでのタックラーの動き方（追い込み方）。

■トランジション
局面の切り替わるところ。攻撃↓防御、防御↓攻撃の局面。

な行

■ナイトリング
後方のスペースを守る選手が2人の状態。「2バック」とも呼ぶ。

■ネガティブタックル
相手を仰向けに倒せないタックル。受けてタックルすること。

■ノミネート
対面を指差して自分のマークを示すこと。

は行

バッキングアップ
ディフェンスラインを抜けてくる選手を止めるためのディフェンスプレイ。ディフェンスラインの後ろを斜め後方に向かって走る。一般的には、対面の内側2人はハッスルラインを走り、３人目からバッキングアップに走る。

バックドア
ダブルラインの後方のラインのこと。前方のラインはフロントドア。

バックライン
攻撃側のキックに備えて後方に下がっている防御側の選手。

ハッスルライン
ボールキャリアーのカットインを抑えるため、バッキングアップに走らずにボールキャリアーの対面の内側のコースを走る。一般的にはボールキャリアーの対面の内側2人はハッスルラインを走る。

パドリング
左右の動きに素早く対応できるようスピードをコントロールするために細かく足を動かすこと。

パワーフット
コンタクトする際に踏み込む足のこと。ヒットする肩と同じ側の足で踏み込む。

ハンズアップ

両手を上げること。パスキャッチ、タックルの基本。

ピストンアタック

ブレイクダウンを挟んで両サイドを交互に連続させる戦術。ディフェンスをグルーピングさせる狙いがある。

ピラー

ブレイクダウンから一番近くにポジショニングする防御側の選手のこと。

フェイズ

局面のこと。次のブレイクダウンが発生するまでが一つのフェイズになる。

フォールディング

ディフェンスが順目方向に移動してポジショニングすること。

プラグ

ジャッカルをサポートする選手。真後ろから片足をジャッカルする選手の間に入れて膝を曲げて密着する。倒れ込まないように、軽く持ち上げるようにサポート。

ブリッジ

キャリアーが倒された時、キャリアーを掴んで防御側からボールを守るためのプレイ。

プレイ原則

ゲームモデルを実現するために、実行す

べき特定の「プレイ」ではなく、特定の「状況」。プレイ原則を実現するための準原則、準原則を実現するための準々原則と細かく設定することができる。

■ブレイクダウン（breakdown）

タックル後のボールの争奪をする局面のこと。1970年の『Dr.D.H.Craven rugby handbook』でDanie Cravenが「breakdown」と定義した。

■ブロッカー

ダブルラインで使うプレイ。デコイとも言うが、キャリアーにフラットに走り込んでディフェンスの足を止めるプレイ。

■フロントライン

オフサイドラインの後方で、ディフェンスラインに並ぶ一列目の防御側の選手。

■フロントドア

ダブルラインの前方のラインのこと。後方のラインはバックドア。

■ポケット

キックを蹴る際、キッカーが立つブレイクダウンの真後ろのエリア。

■ポジティブトランジション

ターンオーバーして防御から攻撃に切り替わる局面。

■ポスト

ブレイクダウンから2番目にポジショニングする防御側の選手のこと。

■ポゼッション

ボールを蹴らずにブレイクダウンを作りながらキープしていくこと。

■ボックスキック

ブラインド側に上げるキック。

■ポッド

いくつかの攻撃チャンネルにユニットを作り、人がボールを追いかけるのではなく、攻撃チャンネルにボールを動かして防御を崩していく戦術。

■ボールウォッチ

防御側の選手がボールばかり見て対面から目を離す行為。

■ボールキャリアー

ボールを持っている選手。単にキャリアーとも言う。

ま行

■ミッドフィールド（MF）

グラウンドの中央のアタックチャンネル。

や行

■ユニット

攻撃をリサイクルするための集団。ポッ

ドやシェイプは、ユニット単体やユニットを連携させて攻撃する。

ら行

■ラックチェイス

ディフェンスがブレイクダウンに寄っていく状態。

■(マンオンマン)ラッシュアップディフェンス

外側にスライド(ドリフト)せずにプレッシャーをかけるディフェンスシステム。

■リフォーム

ブレイクダウンを作っていたユニット(ポッドやシェイプ)が、そのまま真っ直ぐ下がってポッド攻撃のためにポジショニングする行為。

■リロード

ブレイクダウンを作っていたユニット(ポッドやシェイプ)が、順目側へ移動攻撃する行為。

■リードシェイプ

フォワードのシェイプの形の一つで、外側から内側に向かって斜めになっている。全員がパサーからのパスの選択肢になる。

■リンケージ

シェイプの戦術コンセプトの一つ。フロントドア、バックドアのどちらも攻撃できるように重なっている状態。

■レシーバー
ボールをキャッチする選手。

わ行

■ワイパー
エッジから折り返しの攻撃でブレイクダウンを作った後、順目に攻撃するのではなく、逆目側のブレイクダウンを作ったエッジで攻撃するプレイ。

第6章

戦術のトレーニングメソッド

インテグラルメソッド

国内では、「スキルが上達しないと戦術は使えない」と思われがちで、スキルの練習をしてから戦術の練習を始めることが少なくないように思います。

もちろん、キャッチやパスができないことには始まりませんが、ある程度のスキルがあれば戦術を使うのは可能ですし、戦術の練習をしていく中でスキルを高めることもできます。

個人的には1回の練習の中で戦術とスキルの同時進行で進めていくべきだと思います。戦術も最初から「15対15」で練習すると、メンタル（判断）の負荷が高くなるので、判断の負荷が低い状態から始めるべきです。

メンタルの負荷については「戦術的負荷」と呼んでおり、ピリオダイゼーションを用いて、計画を立てて高めていくべきだと思います。ここではいくつかメニューを紹介していきますので、是非とも参考にしていただければと思います。

少人数の練習で一人ひとりの役割を明確にする

まず、ポッドを使えるようにしていくための実践的な練習方法を紹介していきます。

国内では慣習的に「順目側に移動して数的優位を作る」が当然とされていたために、ブレイクダウンから真っ直ぐ下がってポジショニング（リフォーム）すること自体に慣れておらず、順目側に走っていく選手が少なくありません。

そこで、グラウンドを区切り、選手を区切られたグラウンドから移動せずに攻撃することから練習していきます。

ここでのプレイ原則は、「リフォームして前を見る」として、練習を重ねてこのプレイ原則を習慣化させていきます。

そのために「スモールサイドゲーム」という少人数での狭いグラウンドを使ったゲーム形式の練習（インテグラルメソッド）を通して戦術の理解を深めていきます。

少人数にすることで一人ひとりの役割（タスク）が明確になり、状況判断を限定することができます。

例えば、「前を見て空いているスペースにボールを運ぶ」というタスクと「ブレイクダウンに入るかどうか判断する」という二つのタスクがあれば、状況判断の負荷（難易度）が上がり、その精度が下がります。

そこで、前を見て状況判断ができるようになってから、「ブレイクダウンに入るべきかどうか」の状況判断ができるように負荷設定を行なっていくべきだと考えます。

最終的にはスモールサイドゲームで戦術を使えるようになれば、15対15の実践形式に移行していきます。

グラウンドの幅も紹介しておりますが、あくまで目安にしていただいて、パスの能力に応じて狭めたり、防御の人数も難易度を下げる場合は減らしていただければと思います。

ディフェンスはここではタッチで紹介していますが、ディフェンスにハンドダミーを持たせてコンタクトを発生させたり、ホールドで相手を掴むことでコンタクトの強度を出すことも可能です。

●レベル1
攻撃チャンネルを限定した3ポッド

24mのグラウンドを三つのレーンに分けて、攻撃側の選手を9人＋9番の10人、防御側の選手を7人で攻防を行います。攻撃側の選手は9番以外、3人ずつ三つのレーンに分かれてポジショニング。9番だけがレーン間を自由に移動でき、レーンの中にいる選手をポッドと見立てます。

防御側の選手は7人で24mを自由に動けます。

攻撃側の選手はタッチされたらその場でダウンして、同じレーンにいる残りの2人はダウンした選手にブリッジをしてブレイクダウンを作り、タッチした防御側の選手はそのまま防御に加わります。

攻撃側は、ブレイクダウンからボールが出ればすぐにリフォームして、前の状況を認知してどのようにスペースにボールを運ぶかを判断します。原則的には同じレーンでの攻撃はなしとします。

選手の内訳はフォワードの選手がエッジに2人ずつでミッドフィールドに1人、バックスの選手が両サイドのエッジに1人ずつとミッドフィールドに2人と9番です（図1・2）。エッジから逆サイドのエッジが空いている時は、ミッドフィールドをダブルラインにしてバックドア

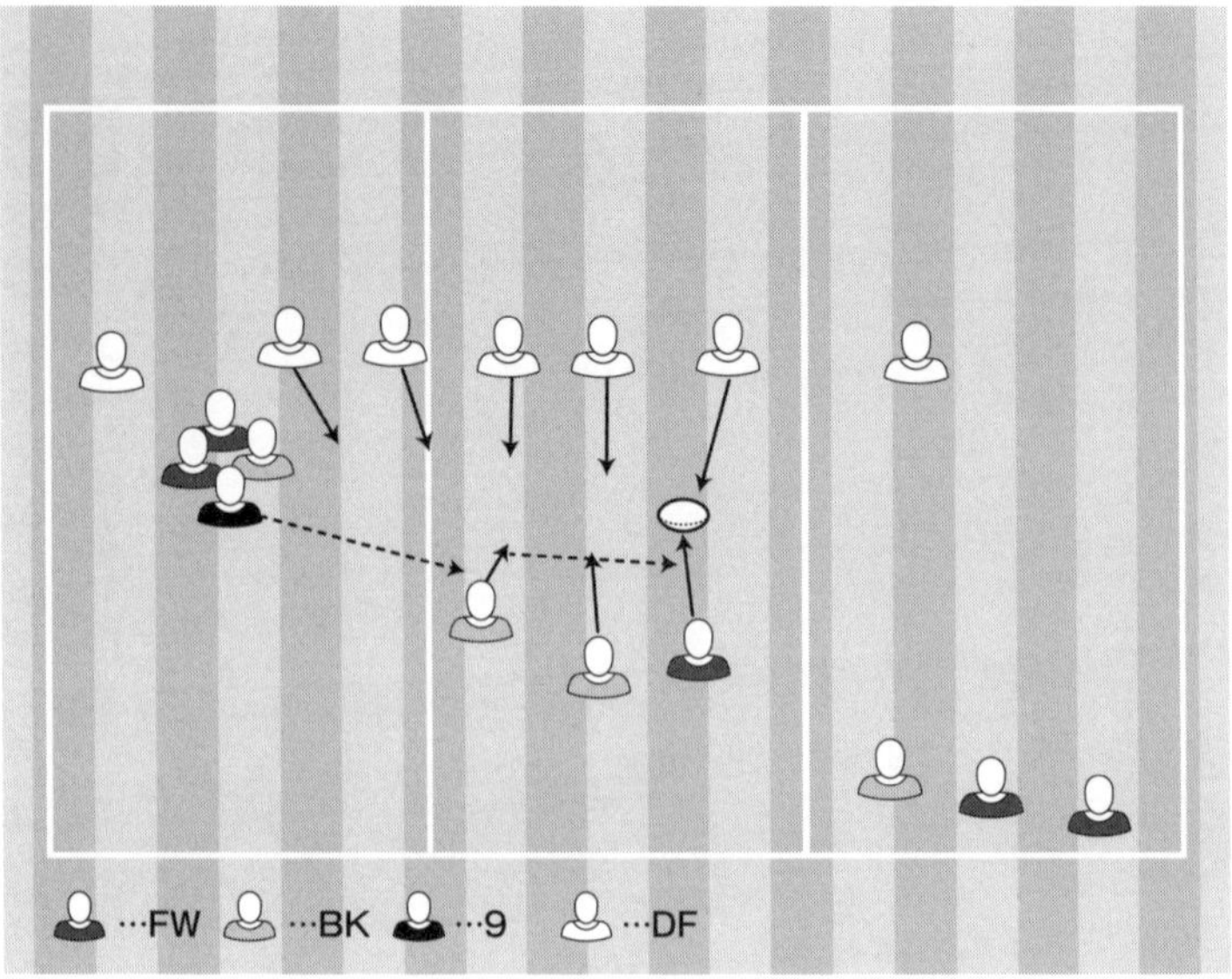

図1

のバックスを使い、逆サイドのエッジまで運びます（図3）。この選手の内訳は、エッジのフォワードを減らしてバックスを増やしたりとチームの状況によって変えてかまいません。グラウンドも9番のパスが届かないのであれば狭くして、防御側の人数を減らします。

ブレイクダウンポッドでは全員がブレイクダウンに参加しているので、それ以外のポッドの選手は前の状況を確認して、9番にどのポッドが空いているかという状況を伝えることと、ポッドにボールが運ばれた時にどのようにスペースにボールを運ぶかをポッド内でコミュニケーションを取ります。

トライを取るか、相手にボールが奪われ

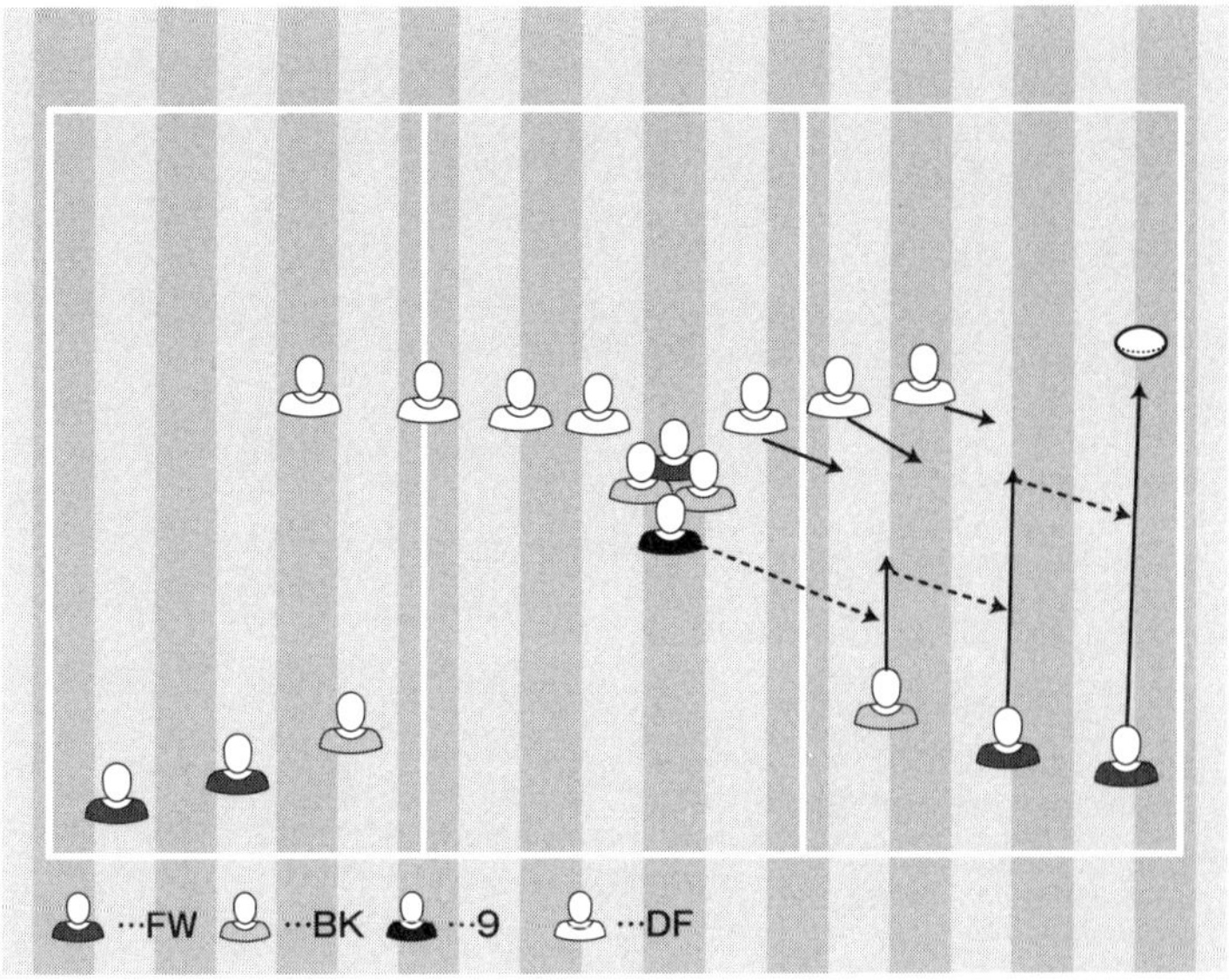

図2

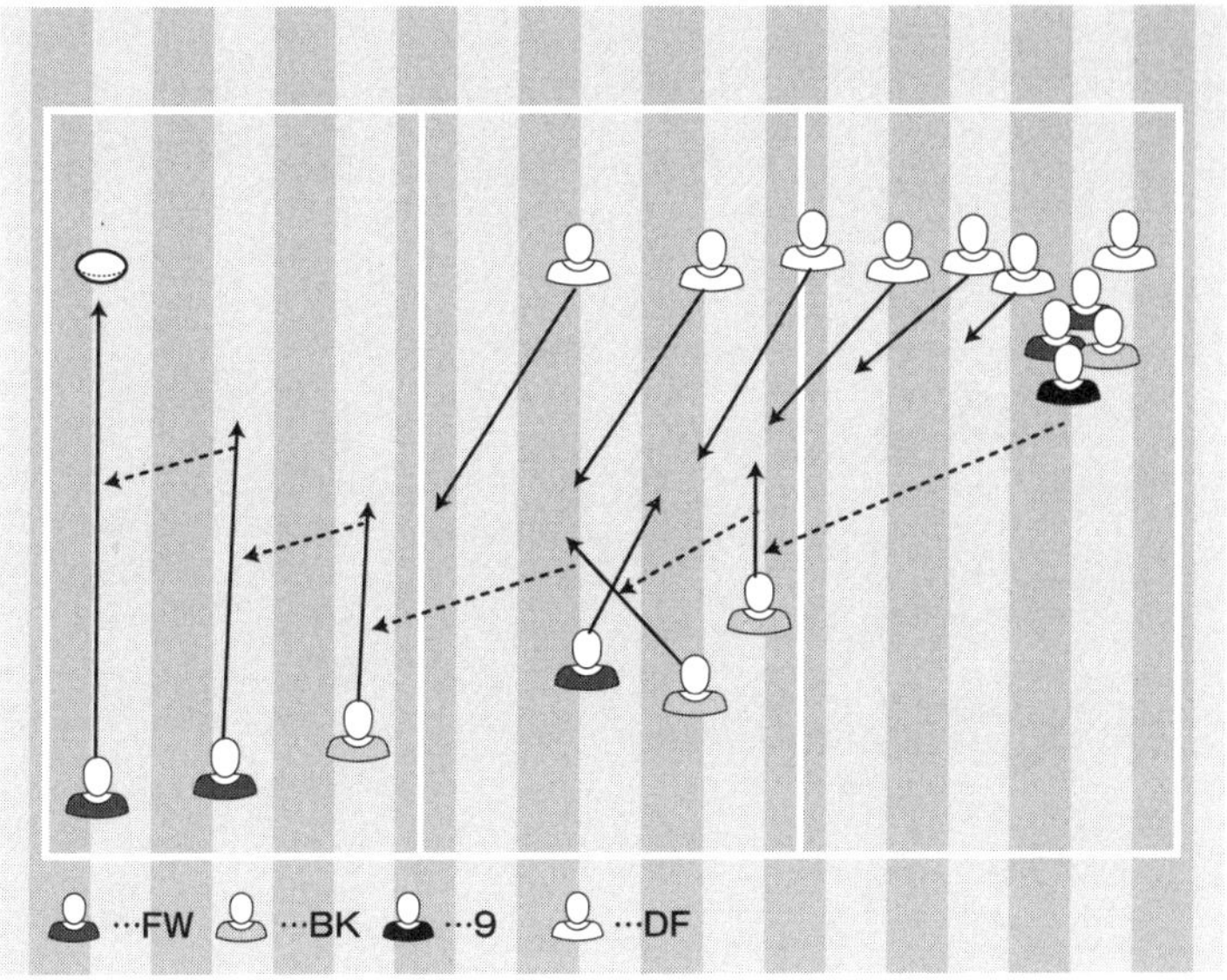

図3

るまで続けていきます。

●レベル2
ダブルラインを作る3ポッド

攻撃側の選手12人に対して防御側の選手9人。攻撃側は9番だけでなく、10番、12番の選手はレーン間の移動はありにして、ブレイクダウンリサイクルは他の選手に任せて状況判断に徹します（図1・2）。選手の内訳は、フォワードの選手が両サイドのエッジに1人ずつでミッドフィールドに3人、バックスの選手がエッジに2人ずつと9、10、12番です。

エッジでもミッドフィールドでもダブルラインを作ることができ、状況判断のレベルが上がります（図2・3）。

他ルールはレベル1と同じで、横幅は39ｍのグラウンドを三つのレーンに区切ります。

この練習にブレイクダウンの要素を加えたい場合、タッチされた選手がダウンしてタックルされた状態にすれば、ブレイクダウンを作ることができます。その際、攻撃側・防御側ともに一旦グラウンドに伏せてからブレイクダウンに参加するように指示することで、怪我のリスクを軽減できます。

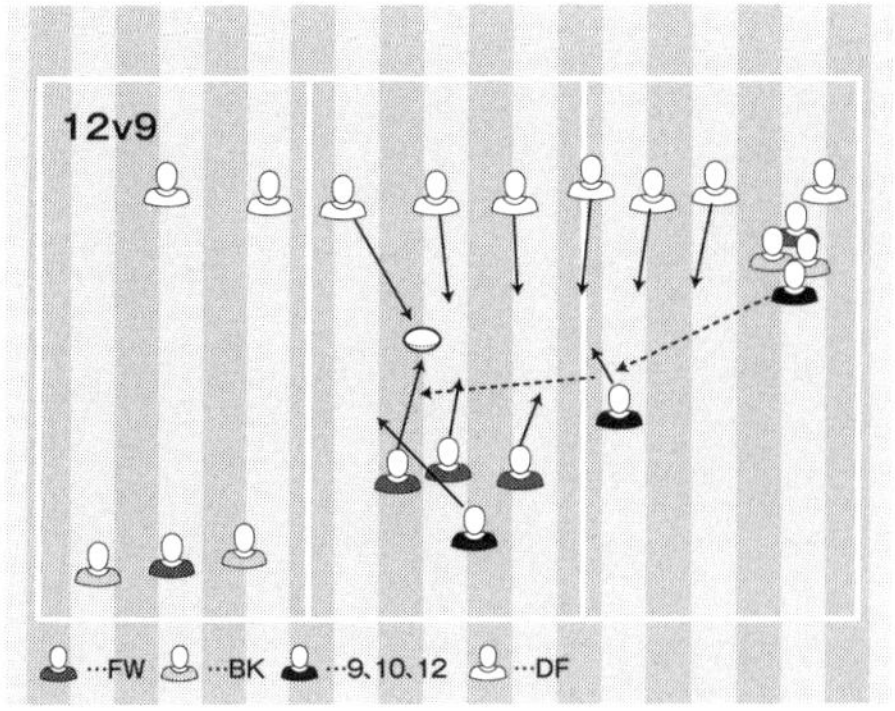

図1

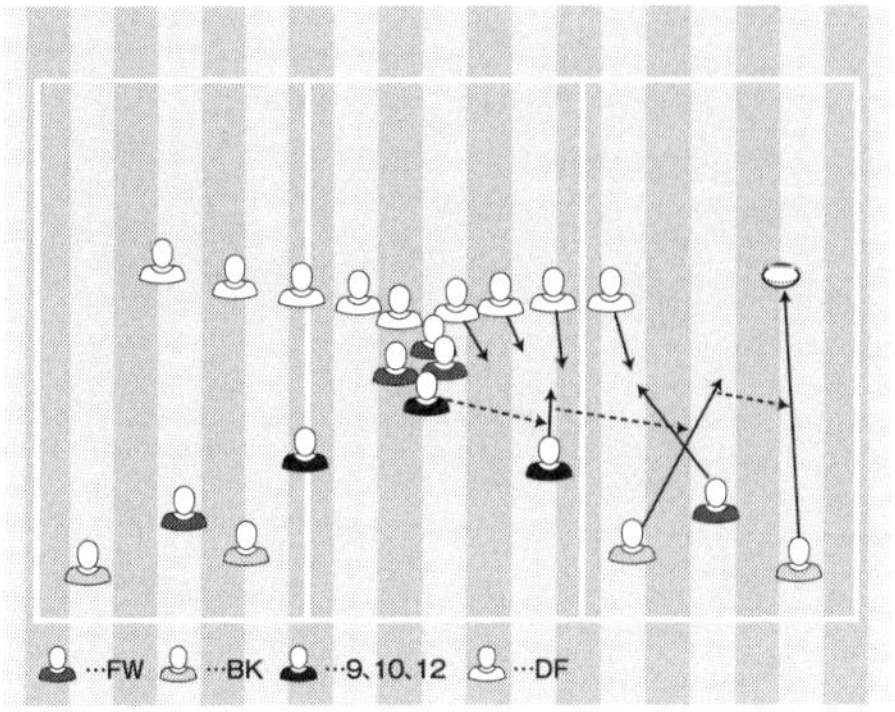

図2

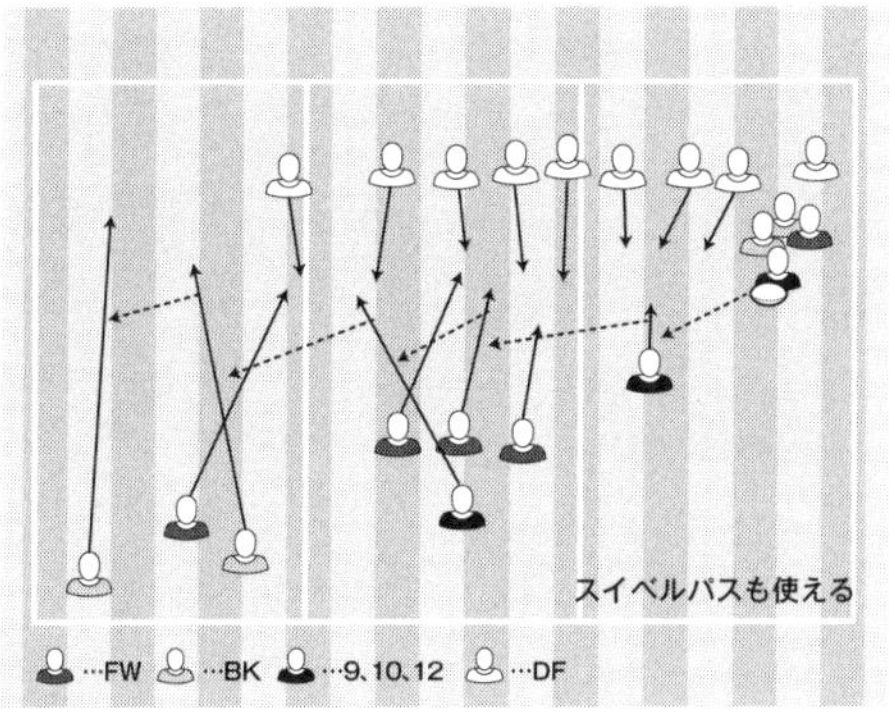

図3

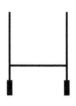

グローバルメソッド

前項のインテグラルメソッドでは、実践を通して戦術の理解を高めていきますが、これだけでは効率的にスキルを高めることができません。そこで、局面的なスキルを効率的に高めるためのグローバルメソッドを使った練習を紹介していきます。

ケース①
ディレクション

攻撃方向の精度を高めるための練習です。

横幅は20mで真ん中にマーカーを置きます。攻撃側の選手は4人で、防御側の選手は3人。一番前の選手がボールを取りに向かい、防御側がどちらかのサイドに分かれてポジショニング。攻撃側の選手は優位な方を選んで攻撃します（図1）。逆サイドの防御も移動してきます（図2）。攻防の人数を増やし、グラウンドの横幅を広げると、難易度を上げられます。

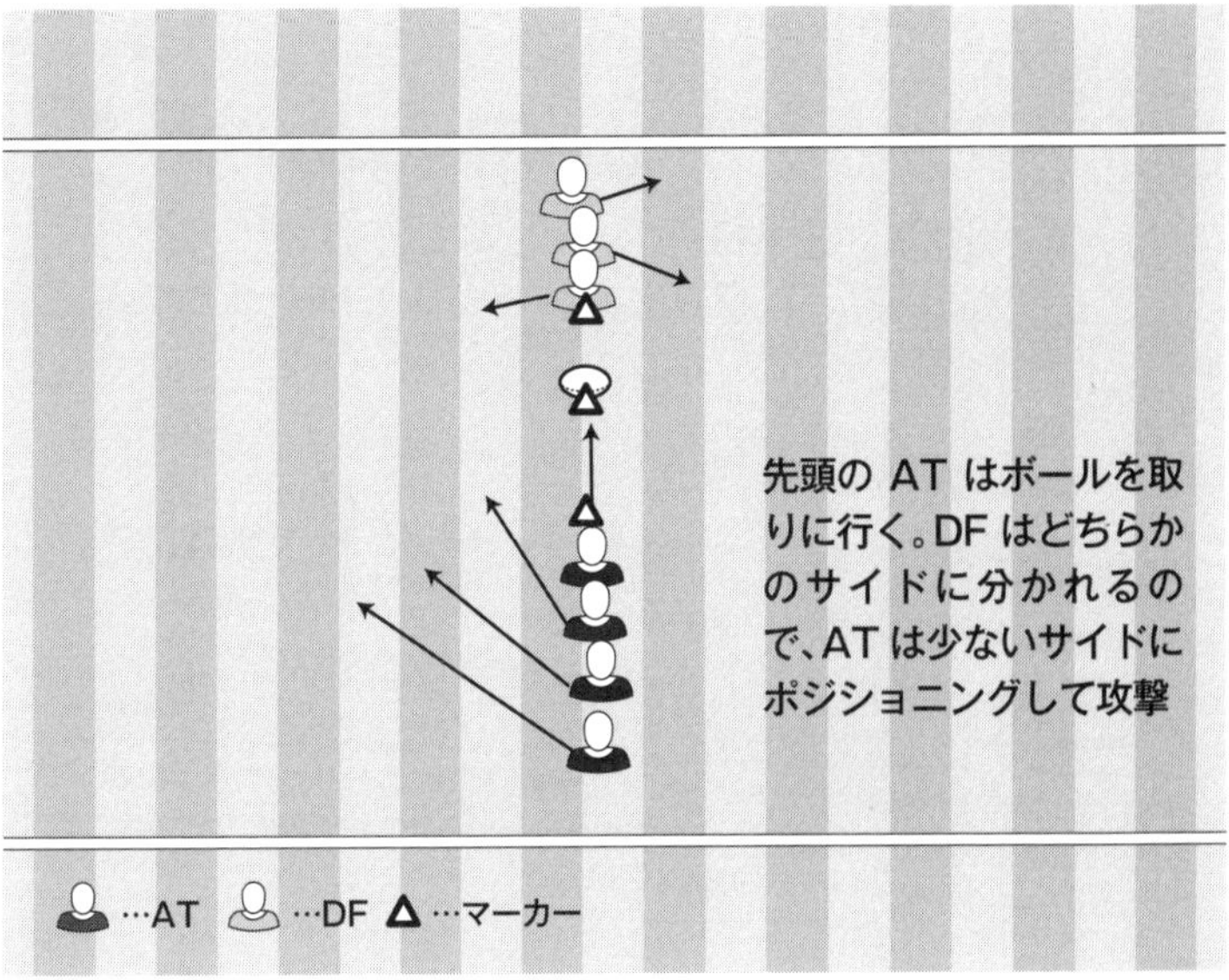
先頭の AT はボールを取りに行く。DF はどちらかのサイドに分かれるので、AT は少ないサイドにポジショニングして攻撃
…AT
…DF
…マーカー

図1

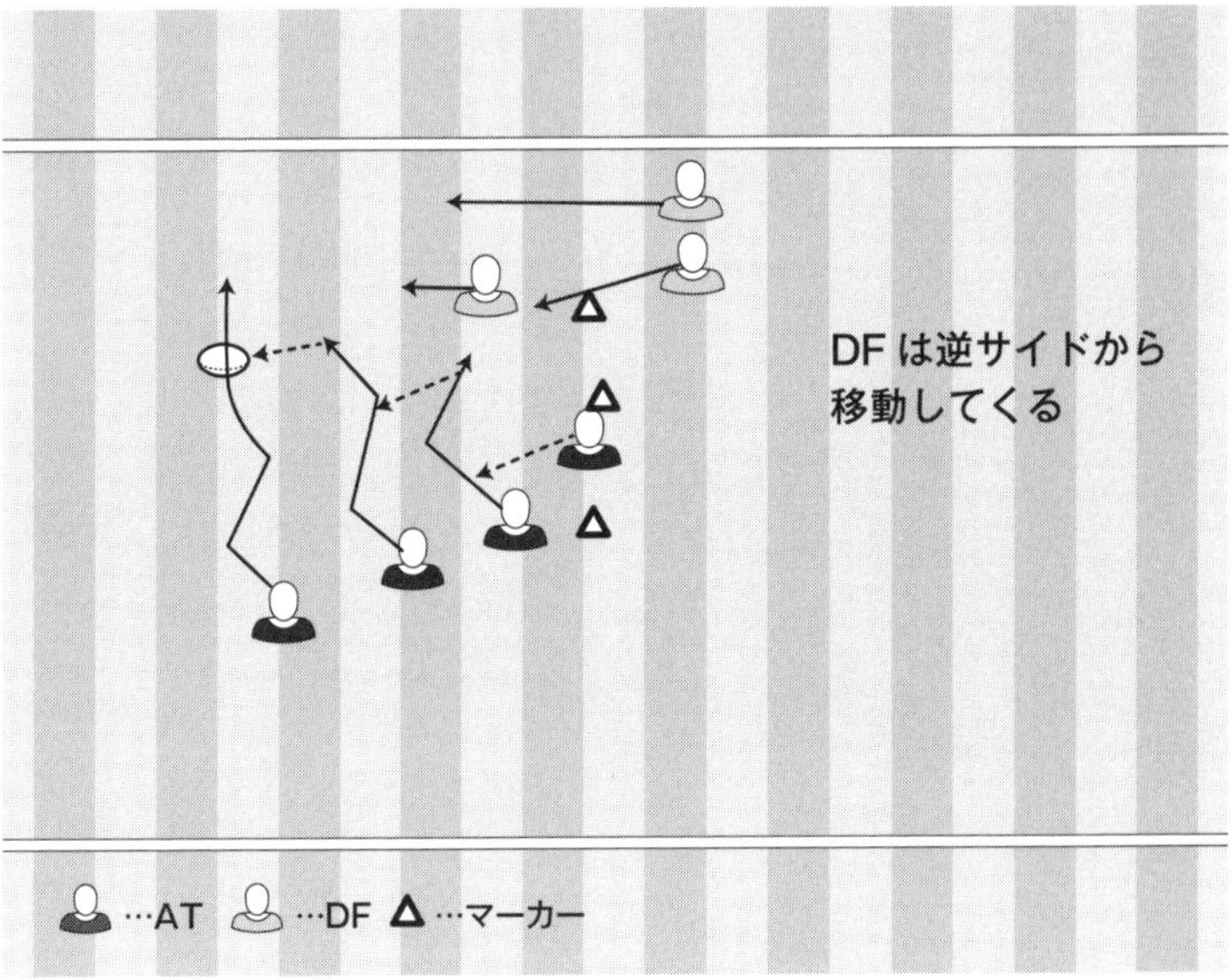
DF は逆サイドから移動してくる
…AT
…DF
…マーカー

図2

ケース②
エッジからの折り返し9シェイプ

横幅は10mで、攻撃側は9番とフォワードの選手3人、防御側はフォワード4人(図1)。お互いのマーカーはオフサイドラインで、エッジからの折り返しの攻防を意識した9シェイプの練習です。

また、折り返さずに隣にコートを作ってそこで攻防を行えば、9シェイプが順目側へリロードした状況の練習になります。

防御側も同じように移動しなければならないので、ポジショニングの遅れたスペースを見つけて攻撃を仕掛けることができます。

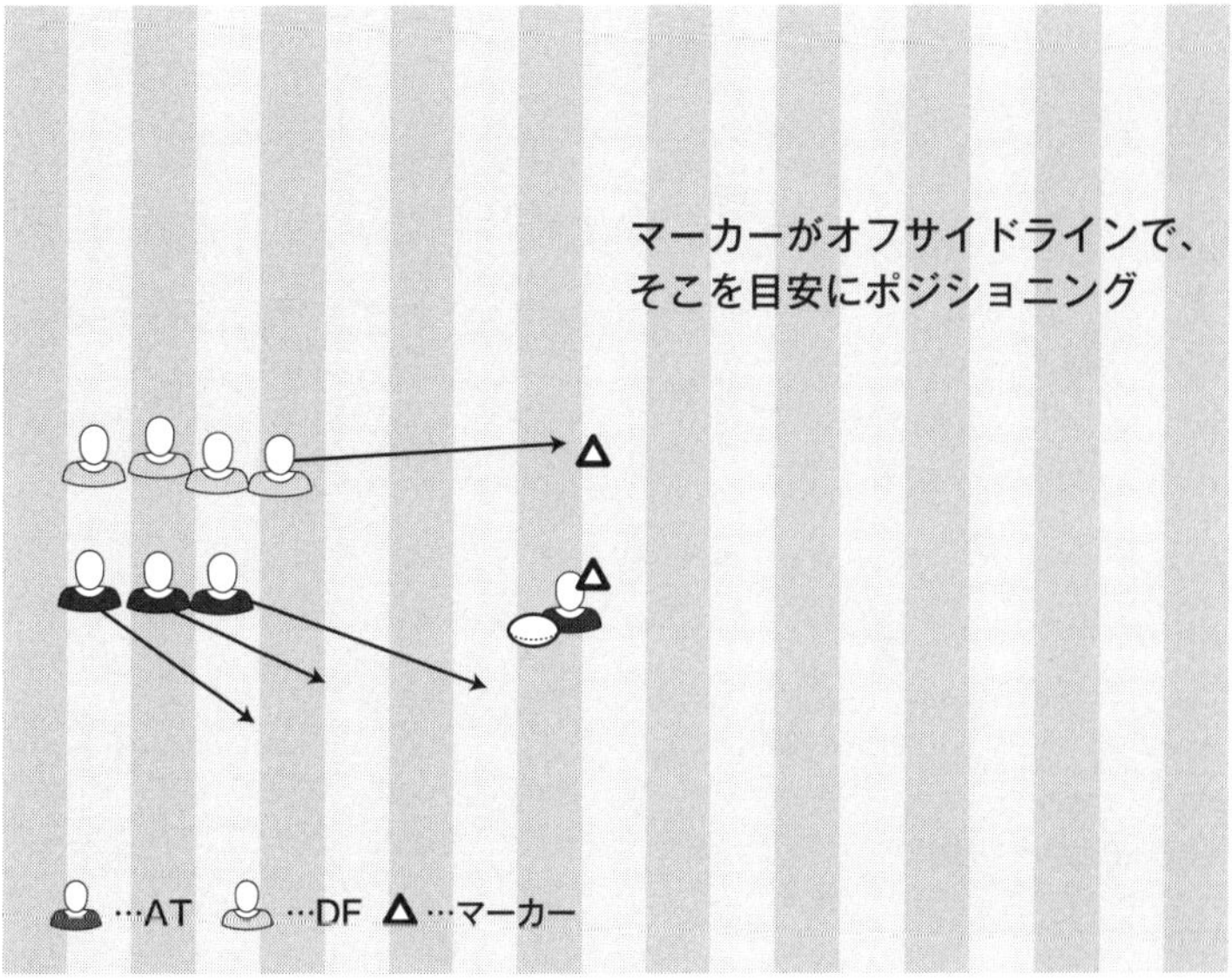
マーカーがオフサイドラインで、
そこを目安にポジショニング
…AT …DF △…マーカー

図1

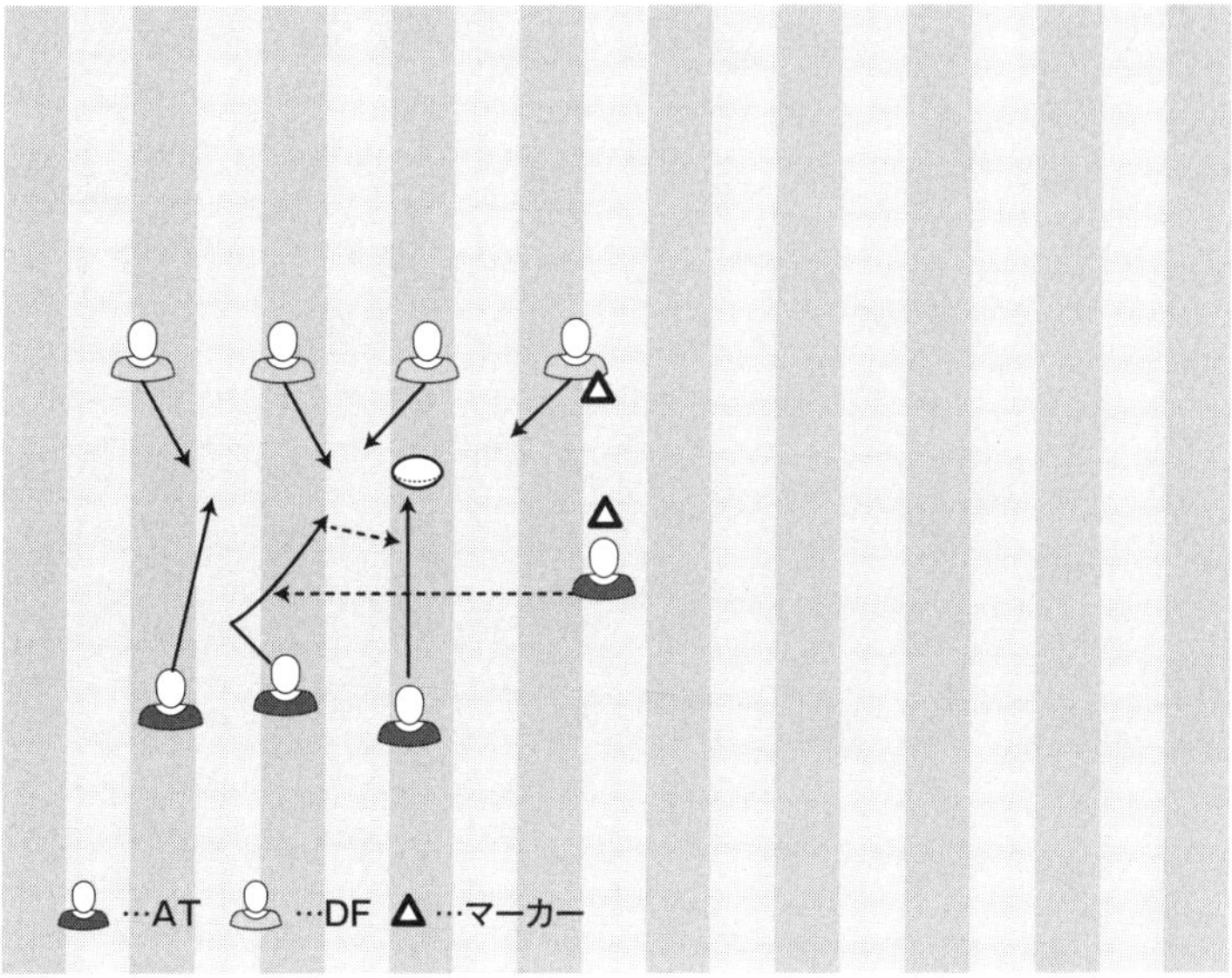
…AT …DF △…マーカー

図2

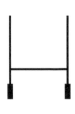

アナリティクスメソッド

戦術を実行するためにスキルを使いますが、そのスキルを身に付けることに特化したテクニック練習や、簡単な状況判断を伴う練習をご紹介します。同じ目的のメニューで段階的に難易度が高くなるように設定しています。ここでは9シェイプの練習を例にご紹介します。

ケース①
9番の走るコースとレシーバーの簡単な連動

●レベル1 「9番のコース」

横幅は15m。9シェイプで9番の走るコースと、レシーバーの連動にフォーカスした練習です（図1）。

●レベル2 「レシーバーのコース」

横幅は15m。ポールを4つ立ててゲートを作り、9番からのパスをキャッチしてからそれぞれのゲートを通ります（図2）。

●レベル3「9シェイプの状況判断」

横幅は15m。タックルバッグを持った選手を攻撃側の二つのゲートの真ん中に立たせて、タックルバッグを斜めにして一つだけゲートを塞ぎます。9番は空いているゲートを通る選手にパスします（図3・4）。

●レベル4「ダブルライン」

横幅は15m。バックドアに1人つけて、前後の選択肢をつけます（図5）。

●レベル5「ダブルラインでの状況判断」

横幅は15m。防御をつけて空いているスペースにパスします（図6）。

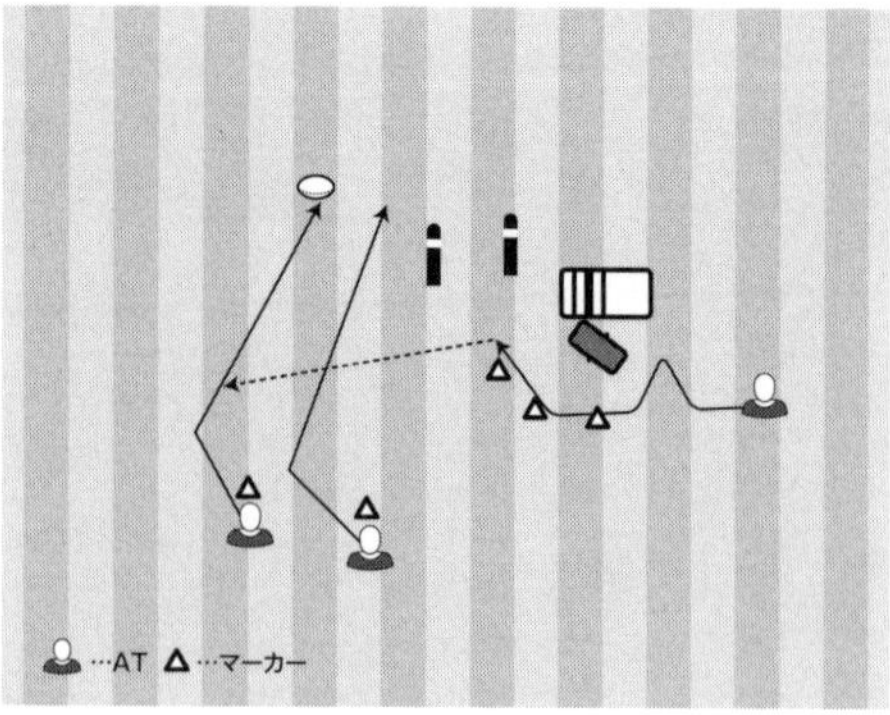
…AT
…マーカー

図1

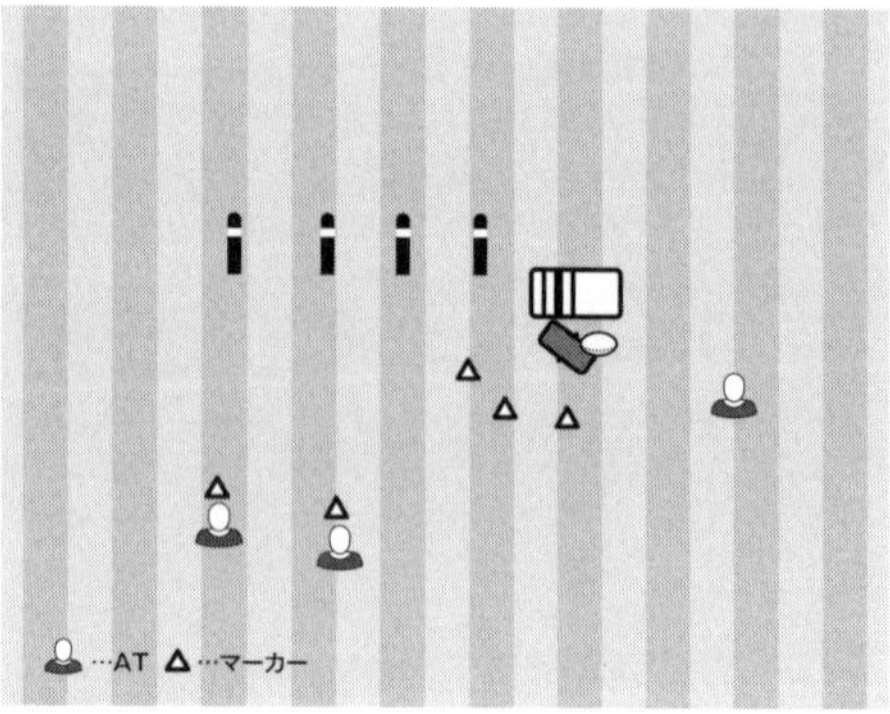
…AT
…マーカー

図2

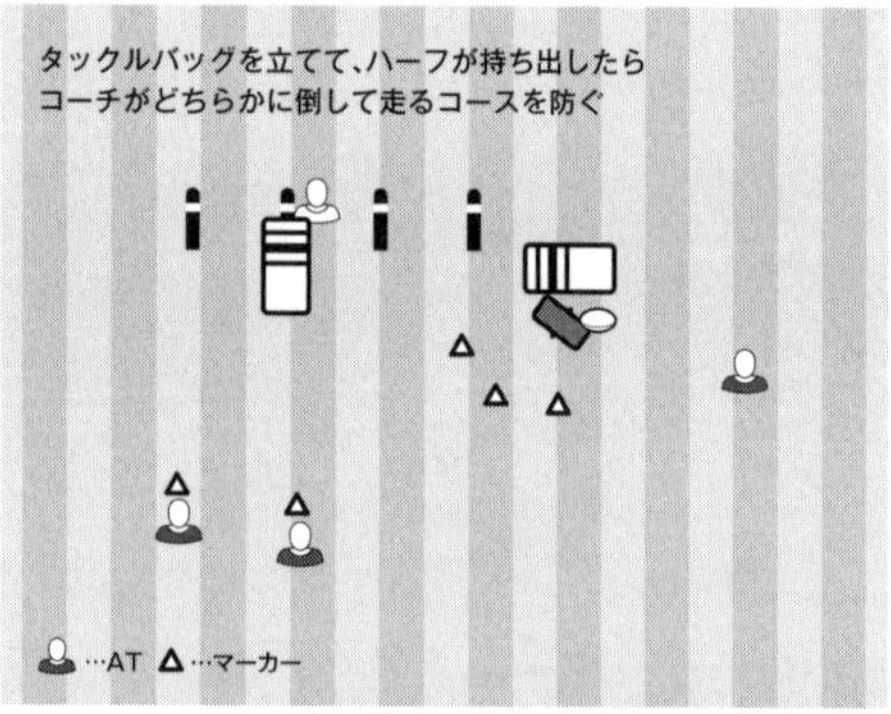
タックルバッグを立てて、ハーフが持ち出したら
コーチがどちらかに倒して走るコースを防ぐ
…AT
…マーカー

図3

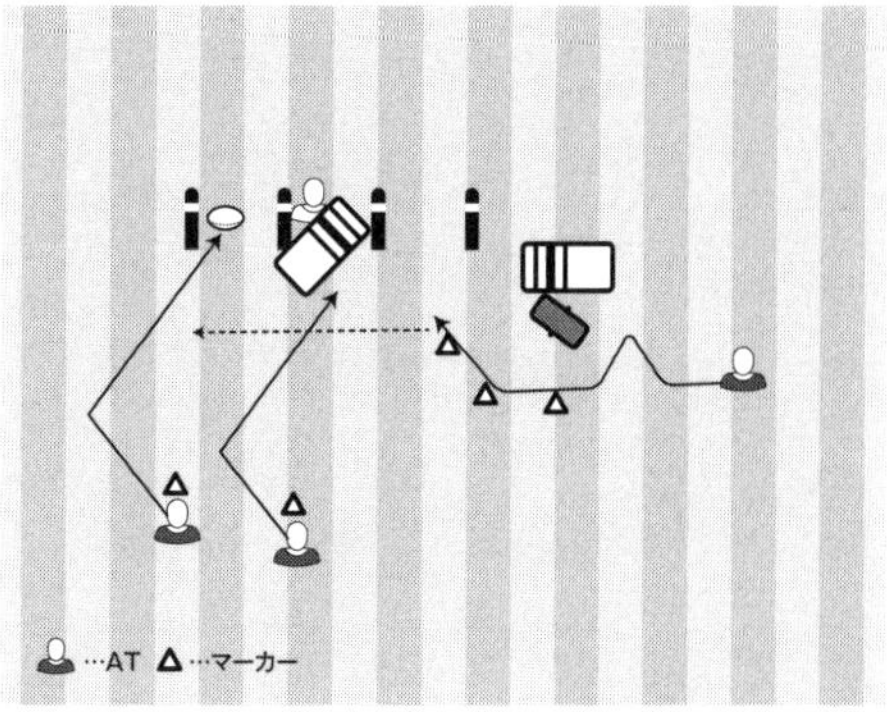

図4

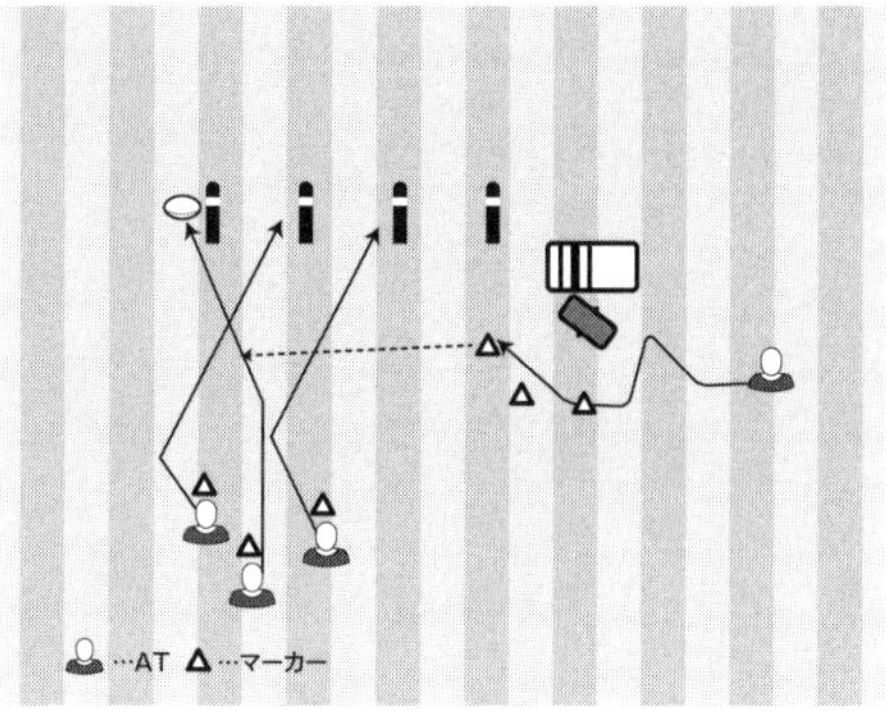

図5

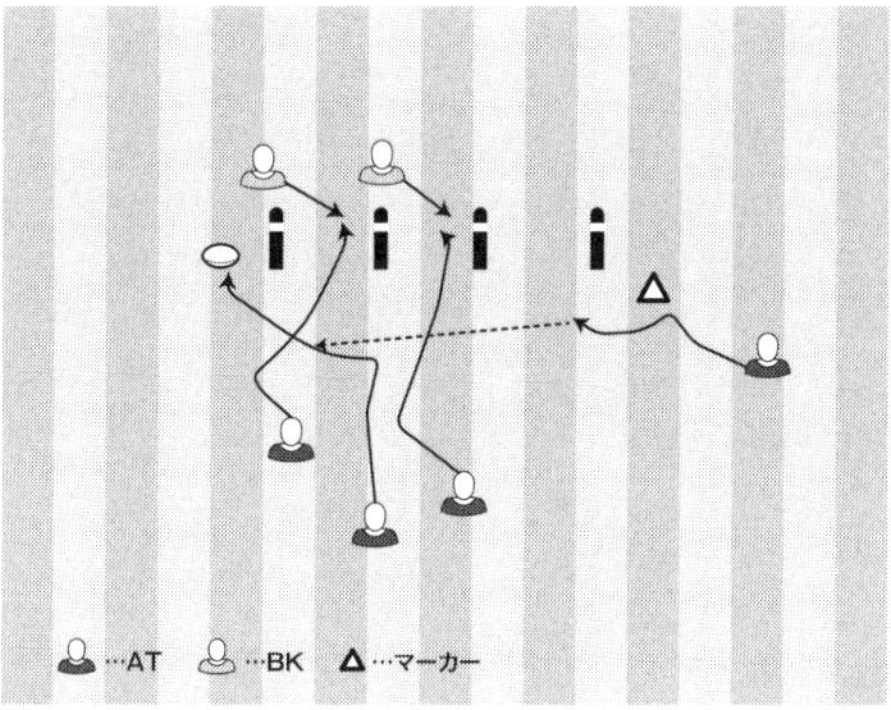

図6

ケース②
簡単な状況判断を伴うポッドアタック

横幅24m。攻撃側を9番とそれぞれのゲートで3人ずつ入り、防御側を縦に3人配置し、状況判断とコミュニケーションを用いて、空いているポッドにボールを運ぶ練習です。

防御側がいないゲートにボールを運んでブレイクダウン(図1)。ブレイクダウンを作っている時に防御側の選手がどこかのゲートに入るので、防御側の選手がいないゲートにボールを運んでブレイクダウン(図2)。これを3回続けます(図3)。

ブレイクダウンができている間に、他のゲートの選手はボールを見ずにどこのゲートが空いているのかを確認し、空いているゲートの選手がコールをかけて、ボールを要求します。

4つのポッドを使って攻撃する場合は、ゲートを4つにして行います。

その場合は防御側の選手を2人つけてゲートを二つ塞いでしまえば、難易度を高めることができます。

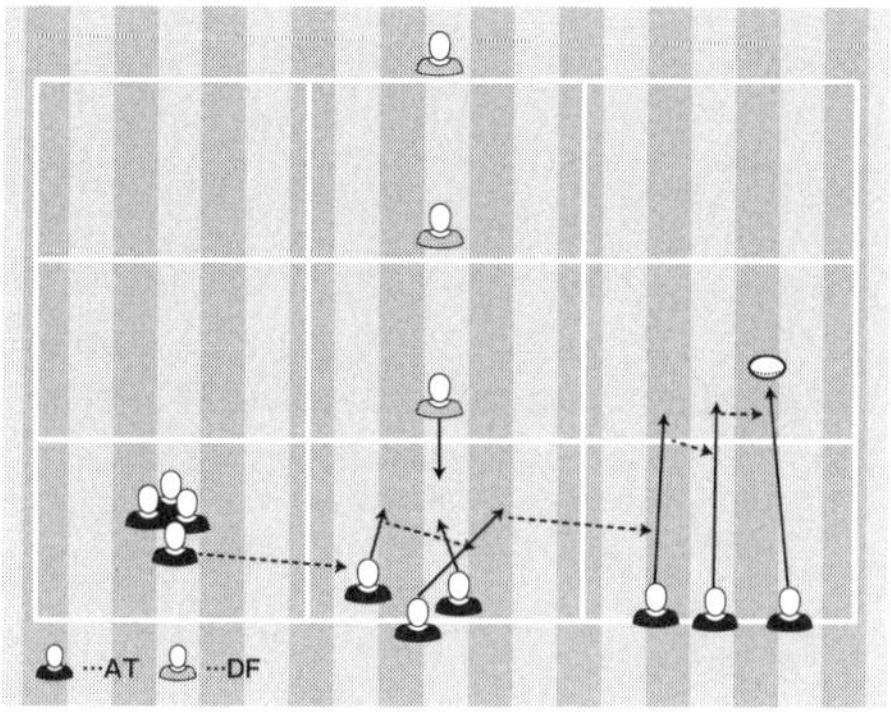

図1

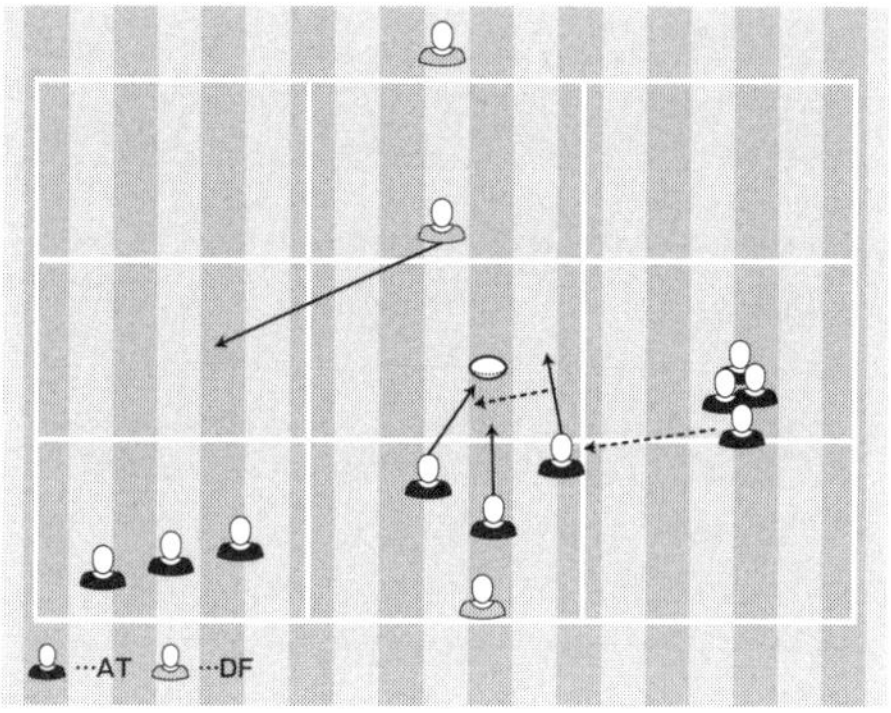

図2

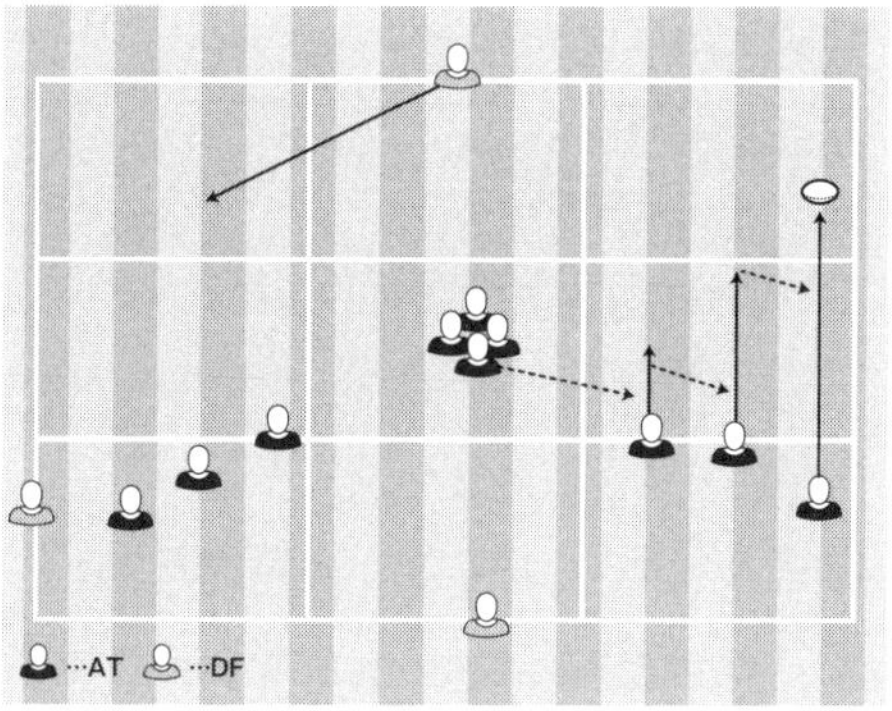

図3

ブックデザイン　山之口正和（OKIKATA）

カバー・本文写真　Getty images

DTPオペレーション　貞末浩子

図版作成　小林哲也

取材協力　君島良夫（Japan　Elite Kicking代表）、杉山敦俊、菊池滋充
脇真一郎（和歌山県立粉河高校サッカー部監督）
春川陰雫（日本フットボール考古学会）

編集協力　三谷悠
編集　滝川昂（株式会社カンゼン）

これまでになかった
ラグビー戦術の教科書

発行日　2020年4月7日　初版
2023年8月10日　第3刷　発行
著者　井上 正幸
発行人　坪井 義哉

発行所　株式会社カンゼン
〒101-0021
東京都千代田区外神田2-7-1 開花ビル
TEL　03(5295)7723
FAX　03(5295)7725
https://www.kanzen.jp/
郵便為替 00150-7-130339

印刷・製本　株式会社シナノ

ISBN 978-4-86255-546-5
Printed in Japan
定価はカバーに表示してあります。
ご意見、ご感想に関しましては、kanso@kanzen.jpまで
Eメールにてお寄せ下さい。お待ちしております。